DIGITAL ECONOMY AND
DIGITAL TRANSFORMATION

数字经济与数字化转型

程絮森　杨　波　王刊良◎编著

中国人民大学出版社
·北京·

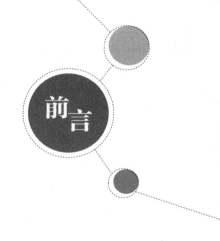

前言

习近平总书记在 2022 年 4 月 25 日考察中国人民大学时指出，加快构建中国特色哲学社会科学，归根结底是建构中国自主的知识体系。数字经济的快速发展，带动中国数字化转型不断创新发展；特别是在发展过程中，涌现出很多中国特色的数字经济与数字化转型的知识创新内容。本书的诞生，正是在这一背景下，以回答中国之问为方向，以落实立德树人为目标，融入思政课程内容，探索构建中国本土的数字经济与数字化转型领域的知识体系，增强四个自信，讲好中国故事。

随着大数据、人工智能、云计算以及区块链等数字化技术日益渗透进经济社会的各个发展领域，数字经济正在悄然之间重塑世界经济格局，成为国家决胜全球竞争的关键要素。全球经济的数字化转型已是大势所趋。二十大报告中多次提到数字化，以及加快发展数字经济的重大需求。政府工作报告明确指出要促进数字经济发展，加强数字中国建设整体布局。《"十四五"国家信息化规划》指明了数字化转型的方向，要将其作为生产方式、生活方式和治理方式变革的驱动力。中国要抓住新一轮科技革命和产业变革的发展机遇，就必须把握数字经济的发展规律和趋势，加快推动数字化转型。

在数字化变革的时代浪潮中，只有利用数字化技术加快实体经济与数字经济的深度融合，才能抢占行业领先地位，打造竞争优势。尤其在新冠疫情期间，数字经济及数字化转型帮助企业复工复产、缓解裁员压力、精准控制库存，有力保障了生产生活以及管理效能和作业效率。但随着抗疫形势好转，企业面临的国际竞争压力增强，数字化转型水平亟待提升。提供可靠的数字化转型产品及服务，提高自身的智慧运营能力和生态协同能力，是大多数传统企业存在的短板。数字化人才是解决问题的重要战略资源。只有培育和管理数字化人才，才能为数字化转型构建良好的"水土环境"。然而，目前数字化人才的培养机制仍然有待健全，数字化转型的产品开发不足，系统性专业图书资源匮乏。

本书由中国人民大学信息学院程絮森教授、信息学院案例中心杨波主任、商学院王刊良教授依托于中国人民大学开设的数字经济与数字化转型相关课程教学经验与资料编著而成，致力于顺应时代对数字化人才的召唤，希望解决数字经济及数字化转型领域缺乏专业书籍的困境。在本书的编著过程中，张晓萍、冉艳月、乔力杨、黄靖云、刘超、张一鸣、黄尔擎、张爽、张晓玲、刘婉欣参加了资料整理与校对工作。

本书包括数字经济与创新篇、数字化技术与平台篇以及数字化转型与产业篇三个篇章，全面描述了数字经济与数字化转型的总体框架，覆盖了电子商务与社会化商务、共享经济、新零售、智慧医养、在线教育和办公、网络游戏、元宇宙、数字化团队协作与交流等多领域。本书从基础知识和原理解读出发，囊括了企业数字化转型和互联网创新创业案例，构建了中国自主的数字经济知识体系和实践引导。本书内容翔实，案例新颖，选题前沿，选取案例均为中国本土案例，符合国家对数字经济人才培养的教育要求，能够满足各层次数字经济与数字化转型课程的系统化教学需要，可以为涉及数字经济与数字化转型课程的相关研究生专业、本科专业、高职高专提供合适的教学内容，同时也适合广大数字经济与数字化转型的研究者、企业家与爱好者阅读参考，还适用于各类单位与企业数字化转型的战略规划，以及人员培训与实战。

本书为教育部哲学社会科学研究重大课题攻关项目"生成式人工智能助推数字经济高质量发展的机制与路经研究"（项目编号：23JZD022）与国家自然科学基金重点项目（项目编号：72434006）的阶段性成果；也是中国人民大学研究生精品教材建设项目成果，受到中国人民大学 2022 年度"中央高校建设世界一流大学（学科）和特色发展引导专项资金"支持。

程絮森
于中国人民大学

目录

01

数字经济
与创新篇

第一章
数字经济概述

小米智能家居——我向往的生活

在智能家居领域，小米依靠其智能互联互通、智能的全场景体验、领先的布局等优势，一直深受年轻群体的喜爱。小米智能家居是围绕小米手机、小米电视、小米路由器三大核心产品，由小米生态链企业的智能硬件产品组成的一套完整的闭环体验设备。目前已形成智能家居网络中心小米路由器、家庭安防中心小蚁智能摄像机、影视娱乐中心小米盒子等产品矩阵，轻松实现智能设备互联，提供智能家居真实落地、简单操作、无限互联的应用体验。同时，极具竞争力的价格也将小米智能家居塑造为大众"买得起的第一种智能家居"。

从电动牙刷、蓝牙音箱到扫地机器人，这些小米智能生活产品覆盖人们生活的方方面面。在小米智能家居与《向往的生活》联动中，现代科技与古朴生活融合在了一起。视觉上，简约大方的智能产品与周围朴素简单的自然环境相得益彰，让人丝毫不觉突兀；使用上，其操作简单且智能，让人省去了很多生活上的烦恼。这样的体验直观地降低了大众科技的体验门槛，让人认识到科技不是高高在上的，而是唾手可得的。

随着人工智能技术的进一步提升、数字经济的进一步发展，以及用户需求的进一步扩大，智能家居行业的产品数量会不断增加，人们的生活将伴随着智能产品的渗透，得到相当程度的改善。智能家居将会由较低程度的智能化向着更高程度的智能化发展，产品质量也将不断提升，越来越多的用户将会体验到智能家居产品带来的便利。

虚拟现实（VR）技术将为用户提供一个可以身临其境的机会，使用户获得视觉、听觉和触觉等方面的满足。大数据技术通过数据挖掘、机器学习等方式，总结出用户对智能家居的使用习惯，建立用户资源库，未来可以更加有针对性地为用户提供产品服务。随着具有速度快、功耗低、低时延等特点的5G技术进一步普及，智能化链接的效率将会进一步提升。

正如小米的宣言所言：让每个人都能享受科技的乐趣。科技让智能生活触手可及，智能生活让每个人生活得更美好，最终让每个人都能过上"向往的生活"。

小思考

1. 你了解哪些智能家居的组成部件？
2. 还有哪些更多的智能家居应用场景？
3. 为什么智能家居能够在这个时代得到发展？
4. 智能家居背后的数字经济行业是从何时开始出现的？
5. 你认为"向往的生活"中，有哪些数字经济相关行业的参与？

一、数字经济的内涵和特征

（一）数字经济的内涵

数字经济是指以使用数字化的知识和信息作为关键生产要素、以现代信息网络作为重要载体、以信息通信技术的有效使用作为效率提升和经济结构优化的重要推动力的一系列经济活动。数字产业化与产业数字化是数字经济两大主要方面。数字产业化对应的产业主要为信息制造业、信息通信业、软件服务业等信息产业，还包括基于互联网平台的信息技术服务业新业态、新模式。产业数字化主要关注信息技术在传统工业部门的应用，是数字经济的重要组成部分，包括传统农业、工业、服务业中数字化发展的贡献。

从狭义上看，数字经济涵盖信息和通信技术领域；从广义上看，数字经济的发展不仅涉及信息和通信技术领域的发展，还涉及音乐、影视、游戏等娱乐业，出版发行业，以及工业控制、物流运输、军事工业等所有可以被数字化的产业和领域。

在我国，数字经济大多分为两种类型：数字产业化（即狭义的数字经济）与产业数字化（即广义的数字经济）。数字产业化所涉及的产业相当于传统的信息产业，包括国民经济行业分类中的电子及通信设备制造业，电信、广播电视和卫星传输服务业，互联网和相关服务业，软件和信息技术服务业。由于信息技术与国民经济其他产业部门的深度融合，数字经济活动在传统产业中产生，是产业数字化或数字经济融合的一部分。在不同国家、不同国际组织、不同机构之间，其研究或国民经济统计中对于数字经济的理解与表述可能会采取不同的口径。

（二）数字经济的特征

信息技术尤其是大数据，正逐步取代资金、土地和劳动力等传统生产要素，成为促进经济社会发展的关键要素。在数字经济时代，市场交易主体的经济活动和经济行为依赖于信息网络，与工业经济时代的交易行为、资源禀赋、成本结构、商业模式等均有显著不同。作为一种新的经济形态，数字经济呈现有别于传统工业经济的独有特征，主要体现在以下几个方面：

1. 数据成为驱动经济发展的关键生产要素

随着移动互联网和物联网的蓬勃发展，人与人、人与物、物与物的互联互通得以实现，数据量呈爆发式增长。全球数据增速符合大数据摩尔定律，大约每两年翻一番。庞大的数据量及其处理和应用需求催生了大数据概念，数据日益成为重要的战略资产。如同农业时代的土地和劳动力、工业时代的技术和资本一样，数据已成为数字经济时代的生产要素，而且是最为关键的生产要素。数据驱动型创新正在向科技研发、经济社会等各个领域扩展，成为国家创新发展的关键形式和重要方向。

2. 数字经济基础设施成为新的基础设施

在工业经济时代，经济活动架构在以"铁公机"（铁路、公路和机场）为代表的物理基础设施之上。数字技术出现后，网络和云计算平台成为必要的信息基础设施。随着数字经济的发展，数字基础设施的概念变得更宽泛，既包括宽带、无线网络等信息基础设施，也包括经过数字化改造后的传统物理基础设施。

3. 数字素养成为劳动者和消费者的新需求

农业经济和工业经济，对多数消费者的文化素养基本没有要求；对劳动者的文化素养虽然有一定的要求，但往往局限于某些职业和岗位。然而在数字经济条件下，数字素养成为劳动者和消费者都应具备的重要能力。数字素养是数字化时代的基本人权，是与听、说、读、写同等重要的基本能力。提高数字素养既有利于数字消费，也有利于数字生产，是数字经济发展的关键要素和重要基础。

4. 供给和需求的界限日益模糊

传统经济活动严格划分了供给侧和需求侧，一种经济行为的供给方和需求方界限非常清晰。但是，随着数字经济的发展，供给方和需求方的界限日益模糊，逐渐成为融合的"产消者"。在供给方面，许多行业中涌现出新的技术，能够在提供产品和服务的过程中充分考虑用户需求，不仅创造了满足现有需求的全新方式，还改变了行业价值链。

5. 人类社会网络世界和物理世界日益融合

随着数字技术的发展，网络世界不再仅仅是物理世界的虚拟映象，而是真正演化为人类社会的新天地，成为人类新的生存空间。同时，数字技术与物理世界的融合，也使得现实物理世界的发展速度向网络世界靠近，人类社会的发展速度将呈指数级增长。

6. 信息技术进步是数字经济发展的不竭动力

技术进步推动产业革命。蒸汽机引领工业革命，信息通信技术引发信息革命，促进数字经济不断壮大。近年来，移动互联网、云计算、大数据、人工智能、物联网、区块链等信息技术的突破和融合发展促进了数字经济的快速发展。

移动互联网的发展从根本上摆脱了固定互联网的限制和束缚，拓展了互联网应用场景，促进了移动应用的广泛创新。云计算的普及应用，改变了信息技术（IT）设施投资、建设和运维模式，降低了 IT 设施建设和运维成本，缩短了 IT 设施建设周期，提升了 IT 设施承载能力，加快了设备接入和系统部署。

物联网的发展推动物理世界、数字世界和人类社会之间的界限逐渐消失，计算技术进入人机物三元融合发展期，虚拟现实成为人机物三元融合的重要支撑。对物联网数据的处理必然需要大数据技术。计算能力的提高、计算成本的持续下降，以及数据传输、存储和分析成本的下降促进了大数据技术发展。人工智能技术的发展显著提高了大数据自主分析能力。如果不具有智能技术，即使存在所需的庞大数据，也无法对大数据进行收集、处理、分析，无法从中发掘出新的意义、产生新的价值。所以，大数据和人工智能技术的有效运用将推动物联网发展，实现物联网从量变到质变的飞跃。

区块链通过加密技术能形成一个去中心化的可靠、透明、安全、可追溯的分布式数据库，推动互联网数据记录、传播及存储管理方式变革，大大降低信用成本，简化业务流程，提高交易效率，重塑现有的产业组织模式、社会管理模式，提高公共服务水平，实现互联网从信息传播向价值转移的转变。

此外，高级机器人、自动驾驶、3D 打印、数字标识、生物识别、量子计算、再生能源等技术也可能成为未来的重要技术，这些技术与上述技术不断创新融合，以指数级速度展开，实现多种技术整体演进、群体性突破，推动数字经济持续创新发展。

■■■思考▶

1. 如何理解数字经济的内涵？
2. 数字经济与传统行业相比具有哪些特征？
3. 数字经济背后的技术支撑有哪些？
4. 你还了解哪些对于数字经济的理解？
5. 你认为数字经济最鲜明的特点是什么？

二、数字经济的发展历程

第二次世界大战以后，电子计算机的出现揭开了信息时代的新篇章。随着信息技术的不断创新发展，云计算、大数据、物联网、人工智能、下一代移动网络技术等不断发展布局及成熟应用，早期的信息技术已经发展成全新的数字经济。

数字经济（digital economy）最早由唐·塔普斯科特（Don Tapscott）在其1996 年出版的《数字经济：网络智能时代的前景与风险》（*The Digital Economy: Promise and Peril in the Age of Networked Intelligence*）一书中提出。1996 年，

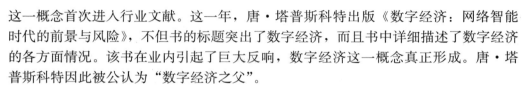

这一概念首次进入行业文献。这一年，唐·塔普斯科特出版《数字经济：网络智能时代的前景与风险》，不但书的标题突出了数字经济，而且书中详细描述了数字经济的各方面情况。该书在业内引起了巨大反响，数字经济这一概念真正形成。唐·塔普斯科特因此被公认为"数字经济之父"。

唐·塔普斯科特认为：在传统经济中，信息流是以实体方式呈现的；在新经济中，信息以数字方式呈现，因此数字经济基本等同于新经济或知识经济。美国商务部于1998年和1999年连续发布两份关于数字经济的报告，使数字经济的概念更加广为人知。但2001年互联网泡沫的破灭，使数字经济一度归于沉寂。随着以云计算、大数据、物联网、移动互联网、人工智能为代表的新一代信息技术的成熟和产业化，数字经济重新进入高速增长的轨道，新产品（服务）、新业态、新模式不断涌现。

20世纪90年代，特别是其后半期，美国经济出现了高增长、低通货膨胀、低失业率的繁荣景象，多数人将其主要归功于信息技术的应用。1998年，美国商务部发布 *The Emerging Digital Economy*，从政府角度判断数字经济的到来，并开始设计测量指标、搜集数据，将数字经济纳入官方统计中。此后，又陆续发布了 *The Emerging Digital Economy II* 和 *Digital Economy 2000* 等。"数字经济"概念在全社会开始广泛使用。

目前，随处可见"数字经济"一词，政府、学术界、行业、传媒、普通民众都在使用这一概念，描述信息技术革命引发的经济现象。从2002年起，世界经济论坛每年发布 *The Global Information Technology Report*，从首份报告起数字经济就出现在正文中，甚至出现在2016年报告的副标题中。OECD连续多年测量数字经济，在若干报告的标题中也使用数字经济，如 *Measuring the Digital Economy：A New Perspective*。

比较具有共识的数字经济的定义是2016年的G20杭州峰会通过的《二十国集团数字经济发展与合作倡议》提出来的，即"数字经济是指以使用数字化的知识和信息作为关键生产要素、以现代信息网络作为重要载体、以信息通信技术的有效使用作为效率提升和经济结构优化的重要推动力的一系列经济活动"。

国务院在2022年1月印发的《"十四五"数字经济发展规划》中指出："数字经济是继农业经济、工业经济之后的主要经济形态，是以数据资源为关键要素，以现代信息网络为主要载体，以信息通信技术融合应用、全要素数字化转型为重要推动力，促进公平与效率更加统一的新经济形态。"

▓▓▓ 思考 ▶

1. 数字经济最早是由谁提出的？
2. 比较具有共识的数字经济的定义是在哪一次会议上提出的？
3. 你认为数字经济的发展可以分成几个阶段？
4. 你认为数字经济的发展趋势大体如何？
5. 你还了解过哪些数字经济发展的事例？

三、我国数字经济的发展

近年来，我国经济发展进入新常态，经济持续保持中高速增长，并呈现 L 型增长趋势。未来我国经济发展急需寻求新动力。国家高度重视创新，创新成为"五大发展理念"之首，而信息技术创新是重要的着力点。国务院出台了一系列政策，力推信息技术创新及数字经济。目前，我国数字经济发展已初见成效。国家部分职能部门已开始尝试使用并推广互联网技术，例如：国家食品药品监管总局将相关药品监管系统迁移至云平台，利用云计算强大的数据处理能力，提高药品流通效率和政府监管效率；杭州市政府建设统一的"电子政务云"，向各部门提供存储、计算等云服务资源，改变了各部门独立建设电子政务系统的局面，减少了建设和运营成本，为云计算企业开拓了新市场。又如，我国已有多个城市开展云计算相关研究和项目建设，具体包括：北京市制定"祥云工程"行动计划；上海市发布"云海计划"三年方案，致力打造"亚太云计算中心"；广州市制定"天云计划"。同时，多数省市加强了对云计算产业的研究与部署，并联合信息技术企业积极推动云计算产业发展，强化信息基础设施建设，重点搭建三大服务平台——商务云平台、开发云平台和政务云平台。

（一）数字经济政策支持力度日益加大

数据强国战略进入务实推进期。国家高度重视大数据开发应用，先后出台多个文件强调加快数据强国建设。2015 年 7 月，国务院办公厅印发《关于运用大数据加强对市场主体服务和监管的若干意见》，要求以社会信用体系建设和政府信息公开、数据开放为抓手，充分运用大数据、云计算等现代信息技术，提高政府服务水平，促进市场公平竞争，释放市场主体活力，进一步优化发展环境。同年 8 月，国务院发布《促进大数据发展行动纲要》，就全面推进大数据发展和应用，加快建设数据强国提出主要任务。"十三五"规划也提出实施国家大数据战略，大力推进数据资源开放共享。目前，广东佛山、辽宁沈阳、四川成都等多地相继成立大数据管理局，由政府牵头，统筹公共数据开放，研究制定并组织实施大数据战略，引导和推动大数据研究和应用工作。上海、北京、武汉、浙江等地还推出政府信息资源开放平台，面向社会开放政府数据，促进数据资源开发利用。贵阳成立大数据交易所，面向全国提供完善的数据交易、结算、交付、安全保障、数据资产管理和融资等综合配套服务。随着国家大数据战略的实施，政府数据开放进程加快，将有更多省市设立大数据管理机构，建设数据开放平台，研究制定大数据战略落地实施政策，为政府数据有效流动提供有力支撑，大数据应用将逐步深入经济社会各领域。

"互联网＋"政策红利持续释放。我国积极部署"互联网＋"战略，相继出台一系列政策文件。商务部是第一个落实"互联网＋"专项行动计划的部委，于 2015 年提出《"互联网＋流通"行动计划》，意图通过推动互联网与流通业双向深度融合，推动流通业实现高端化发展，同时促进改变服务方式，不断释放流通业消费潜力。国家能源局于 2016 年发布《能源互联网行动计划大纲》，设立了 12 个支撑课题，结合我国能源分布的实际情况，确定我国能源互联网发展方向及发展重点。国务院印发《关于积极推进"互联网＋"行动的指导意见》，提出包括创业创新、协同制造、现代农业、智慧能源、普惠金融、益民服务、高效物流、电子商务、便捷交通、绿色生态、人工智能等 11 项具体行动。

2022 年 1 月，国务院印发《"十四五"数字经济发展规划》，提出数字经济是重组全球要素资源、重塑全球经济结构、改变全球竞争格局的关键力量。随后，济南、遵义等多地政府印发了地方政府数字经济发展规划。《"十四五"数字经济发展规划》提出，计划到 2025 年实现数字经济核心产业增加值占 GDP 比重达到 10％，智能化水平明显提高，数字经济治理体系更加完善。到 2035 年，数字经济将迈向繁荣成熟期，数字经济发展基础、产业体系发展水平将位居世界前列。

（二）企业朝"大数据化"和"云化"方向加速迈进

大数据应用价值日益显现。工业大数据发展和应用不断向全产业链渗透，数据成为驱动制造企业创新发展的重要元素。例如：红领集团通过大数据平台，向客户提供服装高端定制服务，企业营收业绩一度实现翻倍增长；远大集团通过远程实时采集、分析用户空调数据，实时感知机组的运行状态，并进行故障排查，为客户空调检修服务提供有效的数据支持；IBM 为上海电力公司开发基于大数据分析的智能停电计划，将设备可用系数提高到 99.9％，企业售电量及年产值增加 0.65％；宝洁公司凭借百度的用户体验行为数据分析报告，得以精准定位消费者偏好，制定有针对性的营销策略；福特公司运用大数据技术充分考虑用户消费使用习惯，使汽车功能设计更加符合消费者日常需求；三一重工集团搭建了在线诊断云平台，运用高精度传感器采集机械装备的实时状态数据，实现设备故障的远程诊断；海尔集团运用会员大数据平台，建立相应的数据分析模型，与用户住址等相关数据进行匹配比对，对营销信息实现精准投放。随着国家大数据战略的持续实施，大批企业将充分认识到大数据的潜在商业价值，探索构建数据驱动型企业，以此获取竞争优势。

工业软件"云化"演进日益加速。当前，工业软件"云化"之势悄然形成。一大批传统工业软件企业开启"云化"转型。例如：宝信软件通过区域性工业云公共服务平台，将航空、汽车、钢铁等大量制造资源聚合开发，为中小型制造企业提供云服务；用友公司将企业资源计划（enterprise resource planning，ERP）等软件产品不断迁移到云端，为客户提供不同的增值服务；数码大方通过"工业软件云服务平台"向用户提供云服务，用户也可通过平台分享自己的作品，实现信息共享和知识复用。此外，一些创业型企业积极抢抓行业机遇，推出各种工业软件云服务产品。例如，北京市多家科研机构联合成立研发孵化机构，聚合大批合作伙伴，推出北京"云链"工业 SaaS 云平台，该平台通过集成研发设计、企业管理等多种工业企业软件，为广大中小型制造企业提供软件租用服务，改变了传统上只有购买套装软件才可使用的方式。工业软件企业以"云端"方式发展将日益普及，工业软件套装模式将逐步被"云化"模式取代。云服务将凭借其独有的成本和资源优势，成为工业软件的主要使用方式。

（三）制造业新业务、新模式层出不穷

智能制造进入行业发展快车道。我国政企联合发力，推动智能制造快速发展。《中国制造2025》中指出，将智能制造作为两化深度融合的主攻方向。工信部组织了智能制造试点示范专项行动，推动开展100个智能制造专项行动，成为推动我国智能制造发展的重要"幕后推手"。

2021年通过的"十四五"规划纲要指出，推动制造业优化升级要求"深入实施智能制造和绿色制造工程，发展服务型制造新模式，推动制造业高端化智能化绿色化"。

（1）地方政府积极抢抓智能制造发展机遇，面向智能制造领域，纷纷制定出台一系列相关配套政策。

青岛3D打印研究院等多家单位联合搭建3D在线打印平台，汇聚撮合制造工厂、设计师、物流配送、客户等产业链上下游资源，有效推动创意产品的个性化定制。三一重工、长虹电器等制造企业面向家居、机械等智能制造细分领域，积极抢占产业体系入口。3D打印、工业机器人等智能装备普及日益加速。智能工厂逐步成为制造企业标配，智能制造技术创新愈加活跃，智能装备和产品大面积普及，智能制造厂商在市场竞争中不断涌现。

（2）互联网加速制造业生产模式变革。随着互联网加速向制造领域渗透，传统制造企业纷纷基于互联网开展规模个性化定制、线上线下融合（O2O）、制造服务化转型等新业务。

广州花都开发区57家汽车装备制造企业采用基于互联网的智能集成系统，实现生产线的全自动、小批量柔性制造；鲁泰集团采用虚拟试衣、大数据等新技术，构建网络化定制生产体系，通过线下体验、线上销售的方式，为消费者提供性价比高、设计个性化、剪裁个体化的衬衣产品；胜机、金泰等装备制造企业利用互联网技术实现网络化协同设计、性能测试、虚拟装配等，缩短研发周期，降低研发风险；美克家居和IBM、苹果联合针对高端用户开发了零售店互动营销App，用户通过App下单，对家具实现网上选型、设计和搭配；红豆集团通过互联网集结服装纺织产业链企业和个人客户，将面料馆、纺织材料交易中心、红豆商城交易中心等要素资源连接起来，以红豆云商的模式，向客户提供交易、信息、交割等服务，形成了为传统纺织企业提供行业应用服务、为智能设备厂商提供配套服务的融合型平台。截至2017年6月，该平台注册企业2800多家，交易企业近400家，交易额达84.76亿元。未来，将有越来越多的制造企业意识到互联网对生产制造全过程、全产业链和产品全生命周期的改造提升作用，整合线上线下不同的优势资源，开展远程诊断、

个性化定制等新业务新模式，加速向基于互联网和数据驱动的新型生产模式转变。

（3）跨境电商成为制造业国际化的要道。

近年来，我国跨境电商发展迅猛，成为制造企业拓展海外市场的重要通道。大批制造企业积极搭乘跨境电商的快车，市场触角延伸到全球各个角落。一方面，跨境电商是有效化解产能过剩的平台。截至 2017 年上半年，福建晋江制造企业从事跨境电商的数量已突破 1 500 家。浙江义乌等制造业密集地区，通过电商出口，有效疏解高达数十亿元的库存压力。另一方面，跨境电商是有效协助企业连接国际市场的通道。例如，浙江奥康鞋业通过兰亭集势，实现对 200 多个国家的广泛销售；福建九牧王服装集团通过跨境电商平台，市场边界得到大范围拓展，实现了全球近 30个国家男装市场的部署；广东易事特电源公司与拉美地区的电商平台合作，市场范围拓展到 30 多个拉美国家；广东鹰牌陶瓷集团通过 TradeKey 跨境电商平台开展网络销售，将业务拓展到全球 180 多个国家。

思考▶

1. 我国数字经济的发展目前有哪些方面的举措？
2. 举例说明你身边的数字经济发展情况。
3. 我国数字经济的发展对传统行业的影响如何？
4. 你认为我国数字经济发展最重要的目标是哪一方面？
5. 你对于我国数字经济发展的前景有何畅想？

四、全球数字经济的发展

（一）全球数字经济发展概况

1. 数字经济规模不断扩张

各国数字经济蓬勃发展。当前，全球经济增长动能减弱，不确定、不稳定因素明显增多，但各国数字经济发展依然取得了明显成效。2021 年 8 月，中国信息通信研究院发布《全球数字经济白皮书》，指出：2020 年，美国数字经济规模蝉联全球第一，达到 13.6 万亿美元；中国依然保持全球第二大数字经济体地位，规模达到5.4 万亿美元；德国、日本、英国位列第三至第五位，分别达到 2.54 万亿美元、2.48 万亿美元、1.79 万亿美元。此外，法国、韩国、印度、巴西、俄罗斯、瑞士、新加坡、马来西亚、泰国、捷克等 27 个国家数字经济规模超过 500 亿美元，奥地利、越南、新西兰、卢森堡等 10 个国家数字经济规模介于 100 亿美元与 1 000 亿美元之间。立陶宛、斯洛文尼亚、爱沙尼亚、拉脱维亚、塞浦路斯等数字经济体量较小，不足 100 亿美元。

各国数字经济成为国民经济重要组成部分。2020 年全球数字经济占 GDP 比重为43.7%，数字经济在国民经济中的核心地位不断稳固。2020 年，德国、英国、美国数字经济在 GDP 中已占据绝对主导地位，德国占比为 66.7%，英国占比达到 66%，美国占比为 65%，占比排名居前三位。韩国数字经济占比超过 50%，日本、爱尔兰、法国、新加坡、中国、芬兰、墨西哥等 7 个国家数字经济占 GDP 比重超过 30%。其余国家数字经济占比低于 30%。

2. 数字经济增长放缓

受到新冠疫情等安全因素影响，当前世界经济增长基础并不稳固，全球经济深度衰退，增长动能开始减弱，不确定、不稳定因素明显增多。

2020 年，各国数字经济增速同比略有放缓，部分国家存在负增长。2020 年，中国数字经济同比增长 9.6%，增长速度为全球第一。立陶宛、爱尔兰、保加利亚数字经济同比增速超过 8%。此外，卢森堡、丹麦、瑞典、爱沙尼亚、芬兰、瑞士、罗马尼亚、越南等 8 个国家数字经济同比增速超过 5%，德国、韩国、加拿大、日本、法国、美国、澳大利亚、英国等 22 个国家数字经济保持正增长。但是，在疫情影响下，巴西、墨西哥、南非等国家数字经济出现负增长。

在全球 GDP 增长停滞、部分国家 GDP 负增长的背景下，2020 年全球数字经济同比仍有 3% 的增长，显著高于同期 GDP 增速。数字经济如今已经成为提振全球经济的关键力量。

3. 传统产业加快数字化转型

以互联网、大数据、云计算、人工智能等为代表的信息技术发展推动传统产业加速数字化、网络化、智能化转型升级。产业数字化是各国数字经济差距的主要来源。从数字经济内部结构看，数字产业化平稳推进，是数字经济的先导产业。以 5G、半导体、集成电路、人工智能为代表的数字产业化、工业互联网、智能制造等成为全球产业升级和产业优势重塑的关键。

各国产业数字化在数字经济中占据主导地位。2021 年中国信息通信研究院发布的《全球数字经济白皮书》指出：2020 年，全球数字产业化占数字经济比重为 15.6%，占 GDP 比重为 6.8%；产业数字化占数字经济比重为 84.4%，占 GDP 比重为 36.8%。各国产业数字化占数字经济比重均超过 50%，德国产业数字化占数字经济比重达到 90%，英国、美国、澳大利亚、法国、日本、南非、巴西、加拿大等 12 个国家产业数字化占比也均超过 80%。数字经济规模越大的国家，产业数字化占数字经济比重越高。

在产业渗透中，全球第三、二、一产业数字化发展逐次渗透。在新冠疫情影响下，网络零售、在线视频、在线教育等服务业数字化发展迅速，也催生出无人工厂、工业机器人等制造业数字化生产新模式。2020 年，第一产业数字经济占比 8%，第二产业数字经济占比 24.1%，第三产业数字经济占比 43.9%。

4. 全球数字经济发展分化

发达国家数字经济发展领先于发展中国家。在 2021 年中国信息通信研究院发布的《全球数字经济白皮书》调查的 47 个国家之中，挪威、瑞士、澳大利亚、爱尔兰、德国、瑞典、新加坡、荷兰、丹麦、加拿大、美国、英国、芬兰、新西兰、比利时、日本、奥地利、卢森堡、韩国、法国等 20 个发达国家数字经济规模达到 24.4 万亿美元，占全球数字经济总量的 74.7%；27 个发展中国家数字经济规模仅为 8.2 万亿美元，占全球数字经济总量的 25.3%。2020 年，高收入国家数字经济规模为 25.3 万亿美元，中高收入国家数字经济规模为 6.6 万亿美元，中低收入国家数字经济规模为 7 035 亿美元。从占比来看，发达国家和高收入国家数字经济成为其国民经济主导。2020 年，发达国家数字经济占 GDP 比重为 54.3%，发展中国家数字经济 GDP 占比为 27.6%。

整体来看，经济发展水平较高的国家在数字经济发展方面水平较高，发达国家和高收入国家在全球数字经济发展格局中占有优势地位。全球数字经济发展分化的现状较为明显，少数发达国家在数字经济发展上远超其他发展中国家。

（二）各国数字经济发展战略

1. 英国

早在 2009 年，英国政府就推出了"数字大不列颠"行动计划，以英国主导世界数字经济时代为目标，将信息与通信技术（ICT）的发展视为应对金融和经济危机的关键，推动英国宽带基础设施建设和 ICT 及产业的发展。

为了规范实施"数字大不列颠"行动计划，英国政府于 2010 年 4 月颁布实施了《数字经济 2010 年法案》。英国政府加强对数字经济相关基础设施和业务发展、互联网域名使用和媒体发展情况的监督检查和管理工作，加大对音乐、媒体、游戏等网络内容著作权的保护力度，有力地推动了"数字大不列颠"计划的实施。

英国也发布了"产业战略：人工智能领域行动""国家计量战略实施计划"等一系列战略行动计划。截至 2020 年 12 月，英国已经向包括虚拟技术在内的沉浸式新技术研发投入 3 300 万英镑，向数字安全软件开发和商业示范投入 7 000 万英镑。

2. 美国

美国是数字革命的重要发源地，率先提出了数字地球、人工智能、电子商务、大数据、云计算、共享经济、工业互联网等理念，发展数字经济具备先发技术、产业、人才等优势。

20 世纪 90 年代，克林顿政府首先提出"信息高速公路"和"数字地球"的概念。1998 年，美国商务部发布《浮现中的数字经济》，揭开了美国数字经济发展的大幕。2016 年奥巴马政府发布《国家人工智能研发战略计划》，特朗普政府于 2019 年对该计划进行了更新。疫情发生以来，美国持续强化国家战略，2021 年发布《临时国家安全战略指南》等，不断提升其数字经济发展实力。

美国政府在战略层面将人工智能、量子信息科学、先进通信网和先进制造四大科技应用领域列为国家"未来产业"。美国通过《2021 年美国创新与竞争法案》，针对可能对国际科技竞争格局产生影响的关键技术领域，包括人工智能、高性能计算、量子计算、机器人、灾害预防、先进通信、生物技术等，提出投入 1 000 亿美元聚焦技术研发。在此法案的"芯片和开放式无线电接入网 5G 紧急拨款"部分，美国明确设立半导体生产激励基金等项目，2022—2026 财年每年为每个基金项目拨款 1亿美元。

3. 日本

日本政府于 2009 年 7 月 6 日制定了《i-Japan 战略 2015 年》，主要是为了建立安全而又充满活力的数字化社会，实现信息技术的方便使用，突破数字技术应用的各种壁垒，确保信息安全，通过数字技术和信息在社会经济中的渗透扩散打造全新的日本。在《科学技术创新综合战略 2020》中，日本针对人工智能、物联网、大数据等革命性网络空间技术和包括机器人、3D 打印、自动驾驶在内的制造技术，制定了研发战略。

日本着手开发使用人工智能的多语言翻译，投资 110 亿日元，力争在 2025 年前完成开发并在 2025 年大阪世博会投入使用。日本 2019 年投入 3 090 亿日元用于中小企业信息化应用和数字产品创新及服务研发，制定"中小企业生产力革命促进计划"，准备在未来投入 3 600 亿日元。

在电子政务方面，日本政府通过明确数字经济发展评价标准、推广"国民个人电子信箱"、政府首席信息官等途径，推进政府管理体制改革，建立更加便利、标准、高效、简洁、透明的政府。在教育和人力资源领域，日本政府加大对教育机构信息教育和数字技术设施的投入，加快远程教育发展，提升学生的学习欲望和专业能力以及利用信息的能力，培养拥有较高数字能力的专业人才，为日本数字经济发展做好人才储备。

4. 新加坡

新加坡政府早在 2006 年 6 月 19 日就正式宣布启动"智慧国 2015"（IN2015）计划。该计划为期 10 年，政府共计投资约 40 亿新加坡元，通过信息通信的融合、创新和合作，实现利用无处不在的 ICT，将新加坡打造成为"一个智慧的国家、全球化的城市"。

新加坡通过建设高速、全覆盖的以有线和无线宽带网络为核心的 ICT 基础设施，推动数字媒体、娱乐、教育培训、金融服务、制造与物流、保健与生物以及电子政府的发展，使信息通信技术与经济生活更加紧密地结合起来，经济实力和创新能力全面提高。

新加坡政府的"IN2015"计划，主要是通过 ICT 的发展，来带动各个经济部门的数字化进程，推动经济的发展，加快智慧国家建设，提升国际竞争能力和创新能力。

5. 德国

德国秉持制造业重点理念，将在机械制造、电子技术工业及化工等领域积累形成的生产优势作为其经济创新的核心。为进一步推动德国工业数字化发展，德国发布"工业 4.0"战略，明确数字化是实现工业创新发展的基础条件。德国政府发布《德国工业战略 2030》，认为机器与互联网相互链接构成的工业 4.0 是极其重要的突破性技术，工业生产中应用互联网技术逐渐成为标配，以实现制造、供应、销售信息的数据化、智能化。

2018 年，德国政府发布了《德国高科技战略 2025》，提出到 2025 年将研发投资进一步提高，并且将数字化转型作为科技创新发展的核心。《联邦研究与创新报告 2020》显示，2018 年德国政府和经济界在研发领域投入约 1 050 亿欧元，占 GDP 比重达 3.13％，2025 年科研投入将提高到 3.5％。

2015 年，德国启动了"中小企业数字化转型行动计划"。2016 年出台的《未来中小企业行动方案》将中小企业数字化转型作为十大行动领域之一。2019 年，德国政府提出"中小企业数字化改造计划"，对中小企业进行投资建设数字化试点。2020 年，新的投资补助计划"Digital Jetzt"出台，旨在进一步帮助企业改善数字化业务流程。

思考

1. 全球数字经济发展的现状如何？

2. 数字经济产业在全球范围内不同国家的发展有哪些区别？

3. 各国数字经济发展政策有哪些区别和联系？

4. 我国应该如何调整数字经济发展策略以适应国际发展形势？

5. 你了解过哪些其他国家的数字经济发展策略？

第二章
数字经济时代的创新

案例 ▶   **首汽约车——数字化时代的创新**

    "首汽约车"指的是首约科技（北京）有限公司实施开发运营的"首汽集团旗下产品"。2015 年 9 月 16 日，"首汽约车"App 正式推出。与市面现有专车不同，首汽约车车辆全部为政府许可的出租运营车辆，挂有北京出租车特有的京 B 牌照，司机持有从业许可证件，无须交份例钱，也无须管油和维修。2017 年 1 月 16 日，北京正式核发第一张网约车驾驶员资格证，首汽约车 15 名司机获得。首汽约车司机孟涛成为第一位具有合法资格驾驶网约车的驾驶员，证件编号为 1100000001。2017 年 4 月 7 日，深圳市交通运输委员会为品牌为"首汽约车"的首汽科技（北京）有限公司深圳分公司，颁发了深圳首批网络预约出租汽车经营许可证。2018 年 11 月 21 日，哈啰出行宣布正式携手首汽约车，在北京、上海、杭州、南京、合肥等全国 60 多个城市同步接入首汽约车网约车业务。目前，首汽约车已获得北京、杭州、宁波等 17 个城市的网络预约出租汽车经营许可。

    2020 年初，一场突如其来的疫情让整个中国网约车市场迅速"变脸"。时至今日，这场持续近两年的疫情不仅仍在影响着人们的出行方式，也放大了整个网约车市场的格局与困境，"烧钱大战"与获客、盈利难之间的矛盾不断激化。与此同时，随着政策的加码及监管的收紧，如何在盈利与可持续发展之间找到平衡，逐渐成为各网约车企业的重要战略考量。然而，与整个行业形成反差的是，首汽约车近来的经营方式却呈现与其他平台不同的态势。自行业诞生以来，补贴就是网约车业内的高频词。但市场持续高额补贴的结果就是，平台普遍亏损。网约车行业陷入了价格与服务的囚徒困境，没人能停下高额补贴的脚步。而首汽约车却在补贴战中停止了超额补贴的脚步,成为行业中的"逆行者"。

对于首汽约车来说,当下的行业环境更需要健康的发展模式。聚合平台的出现打破了传统的用户行为习惯,所有的平台都可以在一个 App 中接单让平台间的屏障极大减弱,价格的趋同也让很多用户不再主动做出选择。在这样的市场行情之下,服务创新、健康发展才是网约车平台的核心能力。相较于短期补贴,热潮后的黏性才是当下的关键要素。就网约车服务来说,扎实的产品、优质的服务都很重要,但更重要的是这些品质服务的源头——平台司机端的建设。

司机作为网约车市场的经脉,对平台企业的稳定发展起着至关重要的作用,获得感、幸福感、安全感也是其最基本的需求。然而,司机收入不稳定、无法安心工作、流失严重,仍是当前网约车市场难以改变的一大痛点。首汽约车从 2015 年成立之初便深刻认识到这个行业痛点,并通过多种措施不断加强对平台司机的保障,提升司机的获得感、幸福感和安全感。针对新司机评级低、单量少等问题,首汽约车推出了"新保底"计划,该计划可为新司机提供多方面的收益保障。新加入的司机只要完成时长、调度、完单率、服务质量及风控考核,确保付出了有质量的劳动,即可获得报酬。

作为网约车行业品质服务的象征,首汽约车自成立起就将司机的素质建设放在首要位置,始终聚焦"业务素质提升＋企业精神传承"这个内核。为提升司机的业务水平,首汽约车还通过"老带新"、服务标准、线上课堂等多种方式对平台司机进行标准化、系统化培训,实现对司机的安全品质服务系统教育。除了系统严格的培训,企业文化、优秀精神的传承也是首汽约车的特点,首汽约车至今依然保留着首汽集团"传帮带"的优良传统。这种优质的培训机制和精神传承机制,不但为首汽约车的品质服务奠定了坚实的根基,而且让首汽约车在巨头环伺的网约车市场中,始终保持着强大的战斗力和旺盛的生命力。

资料来源:《中国消费者报》。

小思考

1. 首汽约车和其他网约车平台有何不同?
2. 你从首汽约车的数字化转型和创新过程中得到了什么经验?
3. 首汽约车的发展还存在着哪些威胁和困难?
4. 滴滴打车为何能够占领市场优势?相较于首汽约车,滴滴打车是否存在明显优势?

一、数字创新的定义、内涵和特征

(一)数字创新的定义

信息技术与产业的融合发展进入了新的数字化时代。无线宽带与智能终端的快速普及，社交媒体、云计算、大数据、可穿戴设备、3D 打印等数字技术的飞速发展，"一直在线"的应用场景实现，正在改变许多产品与服务的形态。在数字化的背景下，企业创新不能采取传统意义上的线性流程方式，事先确定好参与者、组织者等来推进。数字化产生的新技术、新组件使企业能利用的资源大大丰富，企业需要具备新的能力、战略、组织、制度等，才能满足用户的个性化需求。如苹果公司、亚马逊公司、通用电气公司等企业的创新实践均表明，企业利用数字化基础设施，依托产品平台，与外部开发者、用户等形成创新生态系统，通过整合及利用不同层级的数据资源形成独特的价值路径，可以与开发者、用户共同创造价值，进而增强公司的持续竞争优势。这种被称为"数字创新"（digital innovation）的创新模式重塑了物理形态的产品和企业的价值创造逻辑，甚至重塑了业态。

　　什么是数字创新？随着数字化时代的深入，学术界已经对于数字创新的概念进行界定，突出数字化技术与产品物理组件的融合以及新产品、新工艺或新商业模式的出现。概括而言，现有研究主要从过程和结果两个角度进行探讨。首先是从创新过程方面，数字创新是指企业使用新的数字化渠道、工具和相关方法来改善企业的运营，提高创新的效率。数字化资源在这一过程中主要扮演流程管理工具、项目管理系统、信息管理系统、沟通工具的角色。而从创新结果来说，数字创新是指数字组件和物理组件重新组合以产生新产品，是数字化能力嵌入纯物理物质中的产物，是利用数字化资源产生的新人工制品。企业通过数字化资源为现有的非数字产品和服务添加新属性。也有学者将数字创新的过程和结果综合起来，认为数字创新是层次模块架构中的数字组件的一种重组，以为用户或潜在用户创造新的使用价值。而两者的主要区别在于，一个视角认为数字化创新是用数字化资源改善企业创新过程绩效，另一个视角认为数字化创新是通过数字化资源为现有的非数字产品和服务添加新属性。从时间先后顺序上看，以产品创新为结果的观点最先出现。随着新一代信息技术的扩散，又有学者关注到数字化技术在创新过程中的应用、数字化技术对商业模式的影响等。基于对数字创新过程和结果难以分离的认识，Henfridsson 试图突破过程和结果视角的束缚，从较为全面的角度讨论数字创新。但 Yoo 等人的定义更强调产品创新与组织创新维度的变化、社会—技术结构关系的变化，以及创新过程如何从与非数字化要素关联转向与数字化要素关联。Fichman 等人则强调，企业采用数字创新需要在技术、组织等各方面做出转变以适应新的发展模式。

　　综合学术界对数字创新的不同定义，我们将焦点放在我国对数字创新本质的解释上。习近平总书记在 2018 年网信办工作会议上提出，要利用互联网新技术新应用对传统产业进行全方位、全角度、全链条的改造，要提高全要素生产率，释放数字对经济发展的放大、叠加、倍增作用。国务院发展研究院也将数字化转型定义为利用新一代信息技术，构建数据采集、传输、存储、处理和反馈的闭环，打通不同层级与不同行业之间的数据壁垒，提高行业整体的运行效率，构建全新的数字经济体系。下一部分，我们将结合数字创新的内涵更好地理解数字创新的定义。

（二）数字创新的内涵

实施数字创新需要各个创新主体不断挖掘潜在的组织或社会需求，对数字技术的进步具有较深刻的洞察，理解不断增长的数字基础设施重构产品或服务创新的组织过程、产品和商业模式。数字技术的进步解耦了内容创造过程中产品或服务的功能性与媒介性，从而催生新的产品和新服务。数字创新的嵌入性和融合性推动了传统产业、新兴产业与互联网、自动化等信息科学和数字化技术及产业的融合，通过对既有产品的重新组合与对各个产品组件的重新配置，不断催生新的产品和服务，从而满足社会潜在需求，比如耐克跑鞋和苹果公司的计算产品（手机）组合催生了智能健康监测服务。

因此，本书将数字创新定义为产品或服务的数字、物理组件通过新的组合产生新产品或提供新服务的过程，且数字创新产生的新产品或新服务既嵌入数字化技术中又受到数字化新技术的不断驱动，从而在产品、服务的生产过程中不断产生新的数字与物理组件的组合方式。数字创新要求物理和数字化产品、生产方式和组织逻辑之间相互连接、组合。此外，非竞争性（非排他性）、可扩展性、可复制性以及可重新组合性也是数字创新的重要特性。

数字化技术的嵌入及其与产业创新过程的融合是数字创新的基本特征。通过产业融合，可以汇聚不同行业的知识团体、产品和服务以及技术资源，以产生数字技术驱动的新产品和新服务。新兴的数字技术通过克服空间限制、社会与技术限制，降低了创新实施资源门槛，扩展了数字创新的过程和范围，例如虚拟团队、开放论坛或者众包形式等。数字创新过程的数字化通过技术、知识的共享和数字组件的有效使用，增强了创新参与者间的连通性，提升了资源的使用效率，增进了创新过程的透明性；开放的数字开发平台（包括软件库）、产品组件配置和检验环境、创新参与者沟通平台以及知识共享平台，为获取编码化的创新资源提供了接口和渠道；而开放的数字创新不仅仅局限于软件产品，比如通用电气和宝洁等企业基于互联网创新团体创建了快速和高效发现新产品创意和解决方法的创新形式，这些数字创新形式催生了大量的新产品和服务。有些企业开发出了通过数字化技术支持众包的创新战略平台，比如 IBM 的 Innovation Jams 和海尔的 HOPE 系统等对接全球创新资源的数字化平台。可以发现，数字创新正是基于数字化技术的高度灵活性在产品中不断嵌入新的功能。数字创新通过促进已有产品与环境或者产品之间的组合，改变了产品的特征，比如智能手机和 App，通过与已有产品设计或者架构无关联的数据连接起来，拓展了基于传统产业的数字创新类型。

（三）数字创新的特征

1. 收敛性

数字化的发展使数字融合成为现实。数字化技术具有相同的基础设施能力，这为产品和服务提供了新的机遇。数字融合使原本为不同目的而创建的设备、网络、服务和内容得以组合和重组。随着四层数字架构变得更加松散耦合，这些层内和层间的数字表示可以被操纵和重新组合，创造无限的新表示可能性。通过这个重组的过程，数字融合创造了一个以前无法预见的空间。

然而，数字融合的影响并不局限于传播和媒体。许多非数字产品现在包括数字组件，使它们能够与其他数字设备交互，连接到互联网，或与它们运行的环境交互。这为组织和创新者提供了区分客户或用户体验的新方法。例如，数码相机和手机上的全球定位系统（GPS）服务，与建筑物、汽车或服装上的综合数字地图和传感器结合起来，提供一系列服务和产品创新，将以前不相连的用户体验连接起来，创造出一种新的虚拟现实世界。数字融合也改变了产品的性质，使之成为数字平台。越来越多的公司为其产品建立数字服务架构，并将其作为创新轨迹的一部分进行战略控制。例如，汽车的大多子系统已经数字化，并通过汽车网络系统连接起来。因此，汽车已经成为一个移动计算平台，在这个平台上可以开发新的服务、内容、网络和设备——通常由传统汽车行业以外的公司开发。此外，数字融合也会影响产品和服务的开发过程。例如，在 AEC 行业，新的数字工具允许设计师不但可以制作数字化建筑图纸，而且可以从事数字化施工管理的其他方面，如现场测量、调查数据、制造数据、成本估算、获悉风险和时间数据，以及运用施工知识；而且，连接以前不连接的建筑过程的数据，创造了一个空间，以实施新型的创新过程。每一次，由于数字融合，以前不连接的社区和他们的知识之间建立了连接，这些社区的参与者可能会把他们的技术能力和独特的知识带入网络，为数字发明打开一个新的空间。

2. 数字物质性

欲理解数字创新，我们必须认真对待数字的物质性。有效的数字创新研究将考虑数字技术的物质特征和更广泛的社会技术结构。以往关于组织创新的研究普遍忽视了数字创新的独特物质特征。正如 Lavie 所指出的，"将技术变革作为外生事件是技术不连续研究中的一个常规假设"。技术创新本质上是黑盒的，被描述为一个随机过程。因此，文献中主要关注的是如何应对外生的技术变化，主要是通过结构的规定，如创建灵巧的组织或重量级团队。最近，在产品或服务都是 IT 支持的数字化创新背景下，物质性得到了更大的关注，考虑数字物质性如何与产品和过程的物理物质性交织在一起获得呼吁。随着数字和物理物质变得相互交织，应该考虑它们如何相互塑造对方，以及它们如何在适应和抵制组织机构时相互渗透。因此，物理物质与数字物质的界面对于未来的数字创新研究具有特殊的理论意义。随着组织使用数字技术，它们变得越来越虚拟化。个体与之互动的物质产物并不仅仅由原子组成，还包括始终体现与环境的符号关系的比特。这不可避免地增加了物质世界的社会维度，与此同时，数字服务架构导致了对模型和数据的日益依赖。这就提出了新的挑战，即如何表示以前在数字模型中不存在的领域。同时，数字材料带来的新功能和能力创造了创业机会，这将是未来数字创新的主要途径。以往的创新研究将这些物质特性（包括物理和数字）视为其领域之外。与以往的创新研究不同，未来的数字创新研究将考虑物理和数字世界的相互渗透，以及它们如何与人类社会结构交织在一起。因此，数字创新的研究需要解决能够实现跨社会、实体和数字无缝整合的组织形式问题。其中的一个重要问题就是，数字物质性如何生成深深嵌入日常生活体验中的产品和服务的新的社会技术安排，以及产品和服务的新的数字化能力如何改变它们。过去关于信息技术的研究集中于将社会实践从当前和本地环境"提升"到全球和分布式领域的影响，而未来关于数字创新的研究将强调数字如何与物理现实互动，包括特定的物理位置、具体的用户界面和特定的功能支持。

数字创新既包括物理物质（例如时间和地点，工作的物理环境和包括硬件在内的人工制品的物理功能支持），也包括数字物质（嵌入式数字功能提供的功能支持）。后者是由嵌入产品本身和周围环境中的数字物质的七个属性定义的。在数字化的背景下，人们通过"纠缠"现有的物理物质与新的数字能力来扩展。在任何特定的社会技术背景下，物理物质和数字物质日益被视为相互构成。产品和服务的持续社会材料数字化要求组织利用新的知识资源和工具。由于数字创新的自我参照性质，这些新的资源要求组织通过采用或发明额外的数字工具来改变其工作实践。然而，与财务杠杆一样，数字工具也承担着巨大的内在风险，可能导致意想不到的后果，特别是当底层模型或数据结构不能准确"反映"物理物质的基本要素时。例如，过度依赖数字模型和规则被视为金融危机的关键原因之一。类似的风险也出现在其他领域，如复杂建筑项目，或同时使用物理模型和数字模型的复杂工程项目。

3. 生成性

生成性是指没有直接参与技术原始创建的参与者开始创建可能与工件的原始目的不一致的产品、服务和内容的方式。生成性被认为是数字表征的直接结果：数字化作为表征的概念本身就促进了对新组织方式/新做事方式的思考，并使之合法化。数字内容的可追溯性进一步支持生成性，使会话生产成为一种创新过程。此外，数字能力的生成能力鼓励数字平台的发展，并允许增加灵活性、增长和变化。生成水平越高，发现新想法的速度就越快，创新周期也就越短，迭代次数也就越多；与广泛用于控制创新的基于线性门的模型相比，这是一个更动态、更敏捷的创新过程。随着创新过程变得更加动态和敏捷，"迭代成本的向下转移"使得更高层次的探索和重构成为可能。

4. 异质性

数字融合以不可预见的方式将资源和组件组合在一起，需要整合以前不相关的知识、活动、工件和能力。当设计师、工程师、企业家和用户利用数字能力来设想新的服务、产品和流程时，他们会接触到外国词汇，使用不熟悉的工具和方法，并遇到模棱两可甚至矛盾的社会世界。融合带来的一个重要挑战是如何管理知识的异质性，特别是在围绕设计师的模型和材料实践的多样性，数据流，以及数据和创新所有权的斗争中。数字创新的分布式特性使异质性的挑战更加复杂。在过去，很多创新都是集中的。然而，数字技术使多种形式的分布式智能成为可能，因为不同的自主参与者共同产生创新。分布式智能在创新中的一些例子是开源或平台项目，如

Linux、谷歌、维基百科或 Digg。分布式情报在以数字为媒介的创新竞赛中也很明显，在预测市场和 NASA Clickworks 等竞赛中也很明显。

数字创新研究中的另一个关键问题是，如何在创新过程中利用技术能力（及其不可避免的不完整性），以提升社会异质性水平。结合平台和双边市场被认为是产生和维持社会异质性的重要因素，这有助于推动创新。异质性与数字创新的生成性相结合，可以产生无限的创新，不断地创新循环，以响应先前认可的机会，并在新认可的机会中进一步创新。由于创新者之间异质性水平的提升，不同知识社区之间的知识变得不对称，这需要具备 n 维学习能力来成功地穿越严格的知识迷宫。这种学习能力涉及在使用新颖知识和成功的创新者需要掌握的已知知识之间的微妙平衡——一方面，太多的新颖性可能会导致混乱；另一方面，太少的新颖性可能会导致停滞。

5. 数字创新的轨迹

数字技术可以从根本上降低通信成本，从而使分布式参与者参与创新过程的成本更低。创新过程可以变成开源项目，利用群体来产生想法。这种开放带来了创新轨迹的根本性转变。我们越来越多地看到组织和创新者转向双分布形式，这与垂直整合的单一创新来源有很大不同。开源和众包等新形式的创新将创新的中心从组织内部转移到组织的边缘。创新活动的非中心化将智能推向组织扩大网络的边缘。去中心化的创新轨迹超越了简单的地理分散。它反映了数字服务体系结构的松散耦合，以及数字创新的聚合和生成维度所需的知识的异质性，正如我们在前面讨论的那样。例如，苹果 iPhone 所激发的许多创新来自成千上万的应用程序开发者，而不是苹果公司本身。虽然苹果公司在创建 iPhone 和 iTunes 商店的数字平台方面发挥了重要作用，但正是处于苹果公司创新网络边缘的小型开发者催生了应用程序创新。在这种情况下，他们的分布式创新活动增强了创新网络的社会异质性，进而导致了无限的数字创新。

通过分布式创新者之间持续的对话，去中心化创新轨迹导致了"准时化"创新的出现，数字技术成为生成记忆的手段。创新活动中心的偏离可以在实践中发现，如无领导社区、离岸和分布式设计实践，以及创新的自组织。未来的数字创新过程必须适应伴随非中心、分布式创新过程出现的物质和社会限制。

另一个由去中心化创新轨迹引起的挑战涉及知识产权的治理。数字创新刺激了从等级和集中的控制形式（价值是通过单一的所有权中心创造的）向分布式和横向的价值创造协调的转变。根据所涉及的任务和参与者的性质，可以使用不同形式的分布式协调。合作与竞争之间的辩证关系现在被重新表述为更动态的系统关系，强调在一个共享的平台上同时存在竞争和合作。在新的去中心创新空间中，建构控制点和价值提取的替代形式成为重要的战略创新。控制点架构面临的一个关键挑战是通过适当的知识产权治理形式平衡价值创造和价值捕获之间的紧张关系。新的数字平台和它们的架构控制越来越像"业务平台"，比如培育新的组织形式和赋予组织优势。

6. 速度

这里的"速度"指的是数字化平台实现变革的速度。自 Mendelson 和 Pillay 对工业的"时钟速度"进行研究以来，速度现象在学术界已经广为人知。速度包括组织需要创新的频率、允许的创新速度和所需的扩散速度。所有数字化领域的步伐加快导致了一种需要持续快速创新的局面。此外，这一步伐每年都在加快——在我们的数字化时代正走向一种奇点状态。诸如大数据、云计算、元宇宙、生成式人工智能等数字技术正颠覆传统行业运营模式，各个组织和行业越来越多地将数字化技术与企业业务整合，从而改变了原有产品的基本形态、新产品生产方式、商业模式和组织形态。数字经济时代的企业或者平台以前所未有的速度实现业务、流程、产品或服务的革新。尽管数字创新带来了前所未有的机遇，但仍存在诸多挑战，包括企业如何快、稳、准地实现数字化技术和业务的契合，企业如何评估数字创新绩效，企业如何实现数字创新快和好的平衡等。

> **思考**
>
> 1. 试述数字创新产生和发展的原因。
> 2. 结合数字创新的内涵与特性，阐述数字创新的定义。
> 3. 数字创新将会给组织和行业带来什么重大影响？为什么？

二、数字创新的类型

（一）数字产品创新

数字产品创新，指将新的数字技术运用到产品研发和生产的过程中，最终产生新的数字产品。对于特定市场来说，新的产品或者服务包含了数字技术，或者是得到了数字技术的支持。

通过数字技术来塑造新数字产品的方式有两种：第一种是通过数字连接，利用数字连接拥有的跨时间和空间能力，企业可以完成多种资源的整合，并且可以利用数字化资源提高效率、协作能力。第二种是数字融合技术，把不同的信息转换成统一的数字格式，以一种可以再改变产品特征的方式，链接不相关的知识，增强知识的异构性和组合性。

数字产品也能分为两种：其一是纯数字产品，比如各种各样的 App，仅由数字技术支持。我们的日常生活和纯数字产品不可分割：利用 App 进行购物、与朋友聊天、查看新闻或者更进一步控制智能家电。其二是数字技术嵌入物理部件中产生的产品，比如智能产品。麻省理工学院的智能城市项目设计了一辆城市汽车，通过一条智能线控飞行软件总线将重新设计的具有独立马达、转向装置和悬挂装置的车轮和智能地图集成在一起。又比如小米和雀巢怡养推出的"雀巢怡养小米 MIUI 智能营养健康平台"，小米的智能手环获取用户的健康数据，而智能平台通过数据分析，依靠大数据和算法为用户提供个性化营养报告和养生建议。在这样的一个智能平台中，既有物理设施，也有操作系统等数字部件，并且与云端数据进行连接，从而形成了一款新的数字产品。这两款数字产品的相同点是都依赖于数字基础设施以保证数字产品创新顺利进行，都需要拥有不同知识主体的人员共同参与，都需要强调组织战略与数字战略协同。不同点则在于是否与物理部件相组合：前者可无限次更新迭代、重新整合和重新使用；而后者强调数字技术与硬件设备结合改变产品体系，使得数字技术具有实体性。

（二）数字服务创新

数字服务创新，指在数字技术的发展和应用过程中产生新服务。随着信息与物质的分离和全球通信网络的快速发展，越来越多的创新将是无形的、数字化的、围绕社会现象共同创造的。数字服务创新可为客户提供新的、独特的价值主张，形成竞争优势，创造战略价值。特别是大数据分析（BDA）的发展，为数字服务创新提供了新的可能。例如，家电制造商可以在产品中使用传感器来跟踪客户如何使用产品，并将这些数据与来自社交媒体平台的客户生成内容结合起来，从而洞察客户的偏好和行为。与大规模定制不同，BDA可使企业根据客户行为推断出客户偏好，自动定制用于提供服务的渠道或用户界面。

（三）数字流程创新

数字流程创新，指数字技术的应用改善甚至重构了原有创新的流程框架。数字技术的广泛运用对创新各阶段均会产生影响。例如，在创意产生和产品开发阶段，数字仿真技术和数字孪生技术的应用使其成本大大降低。在产品推广阶段，物联网技术也使物流和销售变得更加透明。在过程管理中运用数字技术和信息管理系统有利于促进新产品开发和其他组织功能之间的集成，支持跨组织的信息捕获、共享和组合。例如，惠而浦以专注于生产高质量产品而闻名，在整个创新过程都使用了信息技术，从而削减了创新成本。

数字孪生技术构造了物理世界的完全镜像——数字世界，从而给数字化赋能和进行智能化运营。例如TCL集团，将数字孪生技术运用到智能工厂里，通过对物理工厂运用完全数字镜像技术，实现了生产前的预演、生产中的监控诊断再到生产后的评估优化。全面导入人工智能（artificial intelligence，AI）诊断，通过物联网收集生产线数据，继而进行大数据分析，利用AI技术结合专家经验建立模型进行AI诊断，实现生产流程的自检和自我优化。

在数字流程创新中，要注意两个问题。首先，数字流程创新的时间和空间边界变得模糊。由于数字技术的引进，很多传统的时间和空间限制都变得不再重要。其次，数字流程创新往往会伴随着许多衍生创新，这一点尤为重要。

（四）数字组织创新

数字组织创新，指数字技术重塑或改变了组织的形式和结构。数字技术不但会给商业模式、价值链、客户关系、公司文化带来一定的影响，改善现有组织结构，而且会影响工作岗位的重要性、工种、工作地点和工作内容，甚至改变企业形态。产品和服务的数字化也会影响组织结构和能力，数字技术会给组织参与者、组织结构、组织实践、组织价值观、组织文化带来颠覆性影响，这些影响将会改变、威胁、取代现存的组织、生态系统和行业游戏规则，这种新的组织被称作数字组织。例如，阿里巴巴集团 2015 年宣布全面启动"中台战略"，构建符合数字经济时代的"大中台、小前台"的组织模式和运行机制，增强组织的开放性和灵活性。又如，专注于"电"相关产业的正泰集团 2014 年任命了首席数字官，负责集团大数据部门的建设和运营。从 2014 年开始，正泰集团通过要素数字化、生产智能化和管理平台化三个步骤逐步实现了数字化转型。其中，首席数字官的出现就是组织平台化中数字组织创新的过程。

特别需要强调的是，数字组织创新和组织文化密切相关，仅仅改变组织流程和组织结构是远远不够的，企业还需要根据数字化进程，塑造合适的数字创新的组织文化。

（五）数字商业模式创新

数字商业模式创新，指数字技术改善或重塑现有的商业模式。商业模式创新被定义为企业在价值创造、价值挪用或价值交付功能上的变化，从而导致价值主张发生重大变化。而在这一价值变化和重塑过程中，数字资源将会成为价值路径的重要组成部分。Teece、Li 等学者认为数字技术已逐渐成为商业模式创新的关键驱动因素，提出数字技术可从自动化、扩展和转换这三条路径增强、补充和取代现有的商业模式。例如，Zara 的快时尚商业模式就是利用大数据系统的多样性和快速度，对第三方供应商的流行趋势数据和其门店的客户支出数据进行实时分析，使 Zara 能够在保持低库存的同时提供不断变化的流行服装品种，这对顾客接受的价值产生了显著的影响。

需要指出的是，数字创新各类型之间并非非此即彼，而是存在着交叉融合关系。在数字创新中，往往伴随着多种类型的创新，数字创新会带来产品、流程和商业模式的同时改变，并改变或颠覆整个行业。例如，数字服务创新是由于数字技术的出现创造了新的服务形式，而这种新的服务形式会改变原有的创新流程和组织结构，进一步发展为新的数字商业模式，如优步、滴滴打车服务被归类为数字服务创新。但同时数字服务创新也改变了产业的组织形式和结构，形成了新的商业模式，有的学者就提出数字服务是数字商业模式的一种。

而传统企业如何进行数字商业模式的创新呢？第一，数字增强。不改变现有的商业模式，而是通过数字增强技术来增加企业与客户以及其他利益相关者之间的交流互动，这是现阶段中国大部分企业采取的策略。第二，数字拓展。采用数字技术来拓展现有的商业模式。数字技术可以帮助企业开拓新的细分市场，拓展市场分销渠道。第三，数字转型。通过数字技术来改变现有的所有商业模式。比如，海尔正在推出用户全流程参与体验的 COSMOPlat（具有中国自主知识产权、全球首家引入用户全流程参与体验的工业互联网平台），让用户全链条地参与设计研发、生产制造、物流配送等环节，以用户需求驱动企业不断创新，从根本上改变了传统家电制造企业的商业模式。

思考▶

1. 简述数字创新的优势。
2. 试结合自身经历简述数字创新为某一行业带来的改变。
3. 结合案例谈谈在数字化转型过程中产生的数字创新类型。

三、数字创新的关键要素

（一）数字创新者

数字创新者推动了创新的数字化转型，加速了数字创新进展，是数字创新的主体，需要具备创新素养，即获取、理解、整合和应用数字资源的能力。与传统创新者相比，数字创新者需要将数字技术与创新者特征和动机相结合，致力于创新活动，为企业或行业数字化转型打好基础，因此，他们要具有显著的数字素养、识别数字创新机会和数字吸收的能力，一般为企业高层管理团队和数字技术研发人员。他们的支持是数字创新成功的关键。对于高层管理团队来讲，其支持态度可以向组织成员传达高层管理者对数字创新战略的重视，也决定了创新资源的充足性。对于数字技术研发人员，应该提高对数字环境的扫描能力和吸收能力，及时识别组织内外部与数字环境相关的创新机会，并充分利用外部知识和资源，加快数字创新进展。

（二）数字创新公民

在数字网络中，公民参与创新过程具有很强的自愿性。自愿参与数字创新行为或活动的公民可称作数字创新公民。数字创新公民不仅是数字创新的服务对象，还是创新过程的参与者，其为创新难题的解决提供了新的方式和思路。一是数字创新公民自愿参与性强。数字素养、数字公民意识、享乐动机、个人习惯和数字创新平台的开放性能够增强和提升数字创新公民的参与意愿。二是数字创新公民具有知识异质性。数字创新公民的多样性、异质性知识和创造力，能有效帮助解决创新过程中遇到的复杂社会问题。三是数字创新公民的参与有助于改进创新过程。数字技术的扩散改变了用户对产品的需求。企业应该寻求对产品最终用户的深入了解，以帮助改进现有产品和服务，从而为数字创新发展找到正确方向。

数字创新公民是数字公民的重要组成部分，是可以为社会从事创新服务的数字公民。数字公民由那些遍及全球、使用信息技术手段参与社会生活的人组成，是一个更为广泛的概念。国家发改委国际合作中心主任黄勇指出，数字公民的出发点和落脚点都在"人"上面，充分体现了"以人民为中心"的理念，体现了数字中国的核心价值，让数字世界与物理世界实现融合发展。以福州为例，新大陆公司首提数字公民，并联合各合作伙伴做了一些先行先试的工作，得到了国家各部委及省市领导的关心和支持，在这个过程中愈发认识到，数字公民建设不是一个企业、一个省域的事，这是一个时代的伟大事业，需要全社会各行各业、全民共同参与。福建省物联网产业联盟理事长王晶表示，新大陆公司联合福建省空间信息工程研究中心成立数字公民联合实验室，开展数字公民法理研究和技术标准研究；联合福州市鼓楼区政府开展全球首个数字公民试点；联合福州市人社局开展数字公民创新应用试点；联合福州市数字办制定了首个自然人身份二维码应用技术规范；等等。数字公民是数字化时代的新事物，是新时代的共同事业，必将在新时代经济社会生活各领域绽放出喜人的成果。

（三）数字技术

数字技术通常指大数据、云计算、人工智能、区块链、5G 等代表性技术。也有学者提出，数字技术是指嵌入信息通信技术之中或是融合信息技术的产品或服务。无处不在的数字技术深入渗透到许多组织的产品、服务和运营的核心，并从根本上改变了产品和服务创新的本质，其作用体现在：一是支撑数字创新。数字技术是数字创新的基础支撑和价值传输的必要组成，是服务提供、价值共同创造和服务创新的重要方面，很大程度上改变了各类创新主体的创新逻辑、创新模式和创新过程。二是赋能数字创新。数字技术可为依赖于传统要素的产业赋能，改变传统产业的发展模式，推动产业升级，并推动融合型产业和新生型产业的产生。三是提升数字创新绩效。数字技术进步会加速数字创新进程，推动各类创新主体跨领域、跨界创新，提升资源获得的便利性，提高资源配置效率并产生杠杆效应。

（四）数字创新平台

数字创新平台是在数字基础设施之上创建和培育的，是能够在外部生产者和消费者之间实现价值创造互动的服务和内容的数字资源载体，其作为数字创新的重要支撑，不仅是企业创新活动的中心，还为企业数字创新提供方向。数字创新平台在资源获取和价值创造方面具有优势：一是有利于建立强大的创新生态系统。数字创新平台邀请多个外部团体，如消费者、生产者、服务和数字产品的提供者，以及第三方开发者参与交互和创造新价值，其可用性和低成本、低门槛、高效率的特性，有利于吸引更多创新者加入，为创新者互动提供了载体，增强了资源流动性，提高了合作透明度和信任度。二是改变了企业价值获取、价值创造的路径，进而影响企业决策制定。数字平台的分层架构和模块化架构，使组织能够获得新的价值创造机会，能够帮助数字创新者把握技术、模式和管理决策的制定，对数字创新参与者采取不同的管理策略，保障了创新活动顺利进行。

例如，iLabPower 是通过对移动互联和云计算等新技术的创新应用，借助于创腾对医药和材料研发领域 20 年的深耕体验，自主研发的新一代基于云端先进架构的数字化研发平台，覆盖从研究发现、产品化开发到生产质量检验整个研发生命周期，涵盖研发项目，过程和实验数据管理，研发资源（试剂、仪器和设备）管理，以及研发成果和申报注册管理。iLabPower可以帮助企业和研究机构快速实现其研发的数字化转型，满足其变革传统研发和创新模式的战略需求。

（五）数字创新文化

文化是企业和组织的灵魂，发挥着核心作用。在数字经济蓬勃发展的组织中，组织文化是最突出的创新要素。创新文化强调通过灵活的组织结构和外部关注来改变，这一过程需要通过探索、冒险和发现实现发展。企业建设具有明确导向的数字创新文化至关重要，良好的数字创新文化对创新主体的每位成员有着潜移默化的影响，可在无形之中创造价值。具体而言，组织需要重点建设的数字创新文化包括：承担风险的文化，允许试验和学习的文化，分享观点和分权决策的文化。组织内分享观点、分权决策的文化和低风险规避文化将对数字创新产生积极影响。此外，社交媒体的扩散可以帮助企业探索新知识，利用现有知识或者新知识进行更多更好的创新，也有利于打造充满活力的数字创新文化。

思考

1. 如何理解数字创新各要素之间的关系？
2. 举例分析数字技术在数字创新过程中扮演的角色。
3. 尝试对比中外企业，理解数字创新文化在企业数字化转型过程中发挥的作用。
4. 试分析应该如何进行数字创新的组织和管理。

第三章
数字贸易

📖 案例 ▶

敦煌网：外贸生意的首要选择

敦煌网是由王树彤在 2004 年创立的电子商务网站，经过多年的发展，已经成为中国领先的 B2B 跨境电商在线交易服务平台。不同于阿里国际站大单采购与小额批发全面铺开的模式，敦煌网差异化地选择了小额 B2B 赛道，为跨境电商产业链上的中小微企业提供"店铺运营、流量营销、仓储物流、支付金融、客服风控、关检汇税、业务培训"等环节全链路赋能，通过整合传统外贸企业在关检、物流、支付、金融等领域的生态圈合作伙伴，打造了集相关服务于一体的全平台、线上化外贸闭环模式，极大地降低了中小企业对接国际市场的门槛。

目前，敦煌网已经拥有 230 万以上的累计注册供应商，年均在线产品数量超过 2 500 万，累计注册买家超过 3 640 万，卖家主要位于中国，覆盖全球 223 个国家及地区，拥有 100 多条物流线路和 10 多个海外仓，在北美、拉美、欧洲等地设有全球业务办事机构。根据艾瑞咨询报告，2020 年，在中国消费品采购方面尤其是小额消费品采购方面，敦煌网是全球第二大中国跨境出口 B2B 电商平台，按商品交易总额计，市场份额约为 7.2%；在中国小额消费品采购方面，敦煌网是美国市场最大的中国跨境出口小额 B2B 消费品电商平台，按商品交易总额计，市场份额约为 17.0%。

近年来，全球去中心化电商市场增长快速，尤其是由社交平台等私域流量场景引导的分散式购物得到越来越多用户的青睐。顺应此潮流，敦煌网在 2020 年 9 月推出全新跨境 SaaS 产品 MyyShop，旨在"让人人可参与全球贸易"，通过将敦煌网积累的供应链能力与适应海外社交场景的建站、分销工具嫁接，形成一套完整的供应链服务，从而帮助欠缺专业能力的"电商小白"快速打开自身流量变现新局面。同时，MyyShop助力中国外贸工厂、跨境卖家以及出海品牌商贸易业务，快速开拓新市场。

随着全球数字贸易的崛起，以跨境电商为代表的新业态、新模式已成为推动外贸转型升级和高质量发展的新动能。近年来，我国外贸新业态蓬勃发展，持续创新。跨境电商5年增长近10倍，2021年继续保持两位数增长，市场采购贸易规模6年增长5倍，2021年出口额再创历史新高。

新冠疫情加速了全球消费者从线下到线上的转移，加速增长的需求让大量中国卖家涌入跨境电商行业，跨境电商的竞争愈发激烈。2021年6月24日，敦煌网向港交所主板递交上市申请，以求未来更好地发展。

⫶⫶⫶ 小思考 ▶

1. 除了敦煌网，你还知道哪些跨境电商平台？它们各自的特点又是什么？
2. 敦煌网的商业模式是什么样的？
3. 为什么近年来跨境电商的发展如此迅速？
4. 为了应对如此激烈的竞争，你能为敦煌网提出哪些措施？
5. 面对纷繁复杂的国际局势，我国外贸面临怎样的风险与挑战，又有哪些机遇？

一、数字贸易概述

（一）数字贸易的定义

中国信息通信研究院在2020年发布的《数字贸易发展白皮书》中将数字贸易定义为：数字技术发挥重要作用的贸易形式。数字贸易不仅包括基于信息通信技术开展的线上宣传、交易、结算等促成的实物商品贸易，还包括通过信息通信网络（语音和数据网络等）传输的数字服务贸易，如数据、数字产品、数字化服务等贸易。

国务院发展研究中心与中国信息通信研究院在联合发布的《数字贸易发展与合作报告2021》中将数字贸易定义为：信息通信技术赋能，以数据流动为关键牵引、以现代信息网络为重要载体、以数字平台为有力支撑的国际贸易新形态。贸易方式的数字化和贸易对象的数字化带来贸易模式的革命性变化。数字贸易正对国际贸易格局产生深远影响，推动全球产业链、供应链、价值链和创新链深刻变革，成为新一轮经济全球化的重要驱动力量。

在本书中，我们将数字贸易理解为依托于一系列数字化技术而进行供需双方交付的贸易形态。一方面，数字贸易将传统贸易与信息技术紧密结合，以各种数字化载体实现对传统商品、服务贸易过程的深度融合；另一方面，数字贸易赋予了无形的数据流贸易的价值，包括数字化产品、数字化服务等。

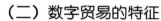

（二）数字贸易的特征

1. 虚拟数字性

数字贸易中的核心资源为无形的、高流动的数据。由于数字化技术的飞速发展，数据信息对于企业经营决策起到不可替代的作用，甚至成为多数服务企业关键的生产要素，数据的复制、共享、海量等特点为企业带来了全新的价值增值。随着数字经济时代的到来，人们对相应的数字产品和服务的需求越来越大，服务贸易在国内国际贸易中的占比持续走高。贸易方式中，线上数字广告的投放以及相关网站的开设成为获取企业信息的重要途径，交易也可以通过互联网平台以电子支付方式进行。

2. 高效普惠性

数字贸易依靠信息通信等技术手段，使得企业进入贸易市场的门槛大大降低。以国际贸易为例：传统贸易中，受到成本的影响，中小企业很难参与跨国贸易；而数字技术缩短了市场的物理距离，降低了中小企业进入市场的成本，有助于中小企业实现规模经济。数字平台打破了传统的跨国巨头公司对于市场的垄断，使越来越多的中小企业、个体商户参与到跨国贸易中。数字贸易可以高效地实现对劳动力、技术、资本等资源的合理配置。

3. 透明精准性

数字贸易使得整个贸易过程的链条从上游到下游都变得空前的透明、可视、可追踪，它改变了过去贸易难以度量跟寻的情况。从商品下单到支付再到运输的全过程都可以监测到。

4. 跨界融合性

数字贸易的跨界融合性表现在数字贸易与各种产业结合升级的产业新形态。如"数字贸易＋农业""数字贸易＋钢铁""数字贸易＋金融""数字贸易＋化塑"等，这些产业通过与数字贸易的结合都焕发了新的神采，实现了价值增值，形成了相应的数字化生态。

（三）我国数字贸易发展现状

我国高度重视数字贸易的发展，在法律法规保障、市场开放、政府引导等方面都开展了十分积极的尝试和探索，为完善数字贸易发展制度和市场环境做出了不懈的努力。

"十三五"时期，我国数字贸易取得不错的成效，数字贸易领域有序开放，规模快速扩大，发展基础更加坚实，市场主体愈发活跃，国际市场持续拓展，关于数字贸易的法律法规初步形成。这一时期，我国的数字基础设施处于世界先进水平，移动终端、互联网、无线宽带规模居于世界前列，超算、5G、量子通信等新技术世界领先，基本建成面向全球重点国家的信息高速通道，超大的市场规模足以支撑新业态的产业化和规模化发展，这些都对数字贸易的发展起到了推进作用。受到新冠疫情的影响，2020 年传统服务贸易受到较大冲击，数字贸易逆势而上。其中，我国数字服务贸易规模达到了 2 947.6 亿美元，与 2011 年相比基本实现翻番，年平均增速达到 6.7%，在世界主要国家中排名靠前；跨境电商进出口总额达 1.69 万亿元，同比增长 31.1%，成为货物贸易增长的有力支撑。同时期，我国数字贸易在取得明显进步的同时也面临着许多问题：一是关键的核心技术开发创新能力有待提升，需要培养更多的高端专业技术和管理人才；二是数字治理理念和手段相对滞后，数字服务领域开放程度有待提升；三是城乡和区域间发展有差距；四是目前我国的相关法律法规还不能完全满足数字贸易发展的需要。

《"十四五"对外贸易高质量发展规划》提出了"创新发展服务贸易""提升贸易数字化水平"的要求。习近平总书记也提出要打造数字贸易示范区。"十四五"时期，我国数字贸易发展面临多重机遇。商务部服贸司副司长王东堂表示：第一，党中央、国务院高度重视数字贸易发展，明确指出要加快数字贸易发展，推进数字服务出口基地建设。第二，新冠疫情导致人员跨境出行受限，大量依赖面对面的传统服务贸易转到线上，推动数字贸易逆势增长。第三，全球数字经济蓬勃发展，预计将推动全球数字贸易保持高速增长，为我国数字贸易发展提供了广阔的市场空间。第四，大数据、云计算、人工智能、区块链等新兴数字技术快速推广应用，为数字贸易发展奠定了坚实的产业基础。第五，"一带一路"沿线国家合作潜力巨大，建设数字丝绸之路将为我国的数字贸易相关企业提供新的市场机遇和前景。可以预见，在未来的一段时期内，我国的数字贸易会获得更充分的发展，能力、规模、水平都将持续提升：一是数字贸易的规模将会不断地扩大，服务贸易和货物贸易的比重都将得到提升；二是伴随着数字技术的不断发展和数字化转型的不断推进，新业态和新模式将不断地涌现，服务业的形式更加丰富，数字贸易会和越来越多的领域相结合；三是数字贸易的规则制度将更加健全，主要国家纷纷出台数字贸易国家战略，完善国内立法等数字贸易规则，因此，健全数据资源保护、跨境传输等制度法规能保障我们在国际贸易中的权利。

（四）全球数字贸易发展现状

放眼全球，近年来主要经济体都十分关注数字贸易的发展，纷纷出台数字贸易战略，将数字贸易作为国家发展规划的重点。全球数字贸易在此基础上发展迅速，成为国际贸易与经济增长的新引擎。2020 年全球数字服务贸易规模达 31 309.1 亿美元，数字服务贸易在服务贸易中的占比从 2011 年的 48.1% 稳步提升至 2020 年的 62.8%；曾在一年时间提升 11.5 个百分点，涨幅超过去十年总和。本书将介绍美国、欧盟、日本等经济体的数字贸易政策现状。

1. 美国

美国的信息技术和互联网技术全球领先。在先进科技的支持下，美国的数字经济发展一直处于领先位置。作为全球数字贸易最为活跃的国家之一，美国一直是全球数字贸易治理体系的积极推动者和引领者。

2013 年，美国国际贸易委员会在《美国和全球经济中的数字贸易Ⅰ》中首次提出"数字贸易"的概念，即数字贸易是利用互联网传输、交付产品和服务的商业活动或国际贸易。此后，美国不断完善数字贸易的概念，将国内贸易、实现智能制造的服务以及无数其他平台和应用、全球价值链中的数据流都纳入数字贸易的范围当中。

美国一直推动数字贸易规则制定并主导贸易谈判以符合美国的切身利益，其中跨太平洋伙伴关系协定（TPP）是美国利益优先的典型代表。2015 年，美国贸易办公室出台了数字贸易议程"数字十二条"，作为美国在 TPP 中的谈判标准，具体内容包括推动形成免费开放的互联网、禁止数字海关关税、确保基本的非歧视原则、确保跨境数字流、防止本地化障碍、禁止强制技术转让、确保技术选择、采用先进的认证方法、提供可行的消费者保护、保障网络竞争、开发创新的加密产品和建立自适应数字框架，在 2016 年更新为"数字二十四条"，增加了保护关键源代码、促进网络安全合作、维护市场驱动的标准化和全球交互操作性、消除所有制造产品的关税、就投资和跨境服务包括数字交付达成稳健的市场准入承诺、确保更快更透明的海关程序、提升透明度和促进利益相关者参与制定法规和标准、确保与国有企业的公平竞争、促进严格和平衡的版权保护和执行、推进现代专利保护、打击贸易秘密盗窃和确认合格评定程序等相关内容。

TPP 曾被美国相关人士称为"有史以来最雄心勃勃、最有远见的数字贸易协议"。但特朗普上台后，美国的贸易政策转向双边主义。2017 年，美国退出 TPP，此举也被部分美国人士认为是美国数字贸易发展遇到的挫折。2020 年，美国总统特朗普签署了修订后的"美国—墨西哥—加拿大协定"（USMCA），继承并更新了 TPP 中的数字贸易规则，继续维持着代表美国利益诉求的"美式模板"。

2. 欧盟

欧盟是全球最大的数字市场之一，有着完善的数字化基础设施和较为广阔的市场，其信息化程度和开放水平在全球处于领先位置。欧盟非常注重打造欧洲数字单一策略。2015 年，欧委会公布了数字单一市场战略，提出要打破数字市场壁垒，将数字经济增长、安全的网络环境和数字商品服务的准入作为三大支柱，寻求通过一系列的举措来突破法律和监管的阻碍。2020 年，欧盟出台一系列文件如《欧洲数据战略》《塑造欧洲数字未来》等来配合新的数字贸易发展战略，希望在欧盟建立统一的数据市场，推动数字化转型，大力发展人工智能。此外，欧盟一直十分重视对数据隐私和消费者的保护。

英国的脱欧事件给欧盟的数字贸易发展带来了很多的变数，英国相关的法律政策制度不再延续欧盟的政策特点，这势必会造成英国在信息技术产业领域与欧盟发生摩擦。作为欧盟之前实力强劲的重要的核心成员国，英国的离去也会使欧盟的科技金融实力出现一定程度的下滑。由于伦敦曾是欧盟的金融中心，所以英国脱欧势必会改变欧盟的金融贸易格局。

3. 日本

作为曾经的世界第二大经济体，日本的数字经济和数字贸易发展水平也是处于世界领先的位置，《日本复兴战略》曾明确提出要利用数字贸易振兴日本经济。2018年，日本经济产业省出台了《通商白皮书》，呼吁应对国际电子商务骤增的"数字贸易时代"，强调这将成为日本企业发展的良机，其中特别介绍了当时中国经济的快速变化，指出当时中国消费者通过电子商务从日本购买的商品交易额超过了1万亿日元，并有逐年递增的趋势。

为了促进日本数字贸易的发展，日本实行一系列税收优惠制度支持数字信息产业投资，激发企业信息化的发展活力。同时，日本非常重视对知识产权的保护，设立了名为"日本知识产权桥"的主权专利基金，防止海外实体对日本企业知识产权的侵犯。

4. 韩国

作为新兴经济体的韩国，其数字贸易发展程度较高。韩国政府十分重视数字贸易的发展，要打造新的出口支持平台，促进数字贸易发展，打算通过使用区块链、5G和人工智能等新技术，改善贸易环境，促进电子商务等发展，促进出口，使韩国成为数字贸易强国。韩国对于数字贸易的监管也较为严格，2015年通过的《云计算发展与用户保护法案》，对云服务提供商（CSP）规定了包括向其客户和部长报告信息泄露、不得向第三方提供客户信息或将其用于指定用途以外的其他目的等义务。同时，韩国对于外国数字产品有着较高的要求，提出必须对政府采购品进行额外的安全验证，电器和无线电设备需添加韩国 EK 认证标记。韩国不允许外国卫星服务企业进入韩国境内，并禁止这类企业直接向最终用户出售服务。

（五）数字贸易的技术驱动

新兴技术的出现对数字贸易的发展起到了非常大的推动作用。物联网帮助企业实现了智能仓储和高效配送，极大地提升了物流管理效率，保证了贸易流通的安全透明性；云计算构筑了数字贸易的基础；人工智能的出现使得数字贸易更加智能化、自动化，促进了数字贸易全流程的管理；区块链为数字资产交易搭建了一个可信赖的环境，实现数据信息共享。下面对这些技术进行简单的介绍。

1. 物联网

物联网（Internet of Things，IoT），是指通过相关的信息传感设备将任何物体与网络相连接，实现人物、物物之间的信息交互，从而实现对物理世界的控制和管理。感知层、网络传输层、应用层是物联网发展的关键要素。感知层主要负责对物理世界的识别、采集、处理，并通过通信模块将物理实体连接到网络传输层和应用层；网络传输层负责信息的传输与控制；应用层负责各种基础设施和物联网应用。

根据全球移动通信系统协会（GSMA）发布的《2020年移动经济》（The Mobile Economy 2020）报告，2019年全球物联网总连接数达到120亿；预计到2025

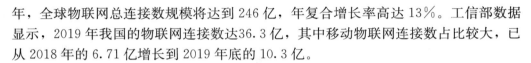

年，全球物联网总连接数规模将达到 246 亿，年复合增长率高达 13%。工信部数据显示，2019 年我国的物联网连接数达 36.3 亿，其中移动物联网连接数占比较大，已从 2018 年的 6.71 亿增长到 2019 年底的 10.3 亿。

2. 云计算

百度百科将云计算定义为通过网络"云"将巨大的数据计算处理程序分解成无数个小程序，然后通过由多部服务器组成的系统处理和分析这些小程序，得到结果并返回给用户。

云计算属于分布式计算，主要分为三种类型：基础设施即服务（IaaS）、平台即服务（PaaS）、软件即服务（SaaS）。IaaS 包含云 IT 的基本构建块，它提供对网络功能、计算机（虚拟或专用硬件）和数据存储空间的访问；PaaS 负责管理底层基础设施（一般指硬件和操作系统）；SaaS 提供了一种完善的产品，其运行和管理皆由服务提供商负责。目前，云计算已经成为企业数字化转型的必然选择。根据中国信息通信研究院 2021 年发布的《云计算白皮书》，2020 年，我国云计算整体市场规模达 2 091 亿元，增速达 56.6%。其中，公有云市场规模达 1 277 亿元，相比 2019 年增长 85.2%；私有云市场规模达 814 亿元，较 2019 年增长 26.1%。

3. 人工智能

人工智能是计算机科学的分支，它是研究、开发用于模拟、延伸和扩展人的智能的理论、方法、技术及应用系统的一门新的技术科学。简而言之，人工智能就是使计算机模拟人的思维过程和智能行为。人工智能技术主要有模式识别、机器学习、数据挖掘和智能算法四类。

如今，人工智能风靡全球，有着十分重要的战略意义，全球人工智能产业进入加速发展阶段，主要国家纷纷从战略上布局人工智能。我国十分重视人工智能的发展，并取得了突出的成效，具体体现在产业规模的不断壮大、领域结合的不断扩展、技术能力的不断创新提升、科研环境的优化以及各种政策的不断支持。

4. 区块链

区块链起源于比特币，是比特币支撑的底层技术之一。本质上说，区块链是一个去中心化的共享数据库，它有着非常坚实的信任基础，有着非常广阔的应用前景。区块链可以大大提高数字贸易的透明度和可信任度。根据中国信息通信研究院 2020 年发布的《区块链白皮书（2020 年）》，各国政府都非常重视区块链技术的发展，纷纷加强对区块链产业的战略布局。2019—2020 年，全球 24 个国家发布了专门针对区块链产业发展及行业监管方面的专项政策或法律法规。欧盟、中国、澳大利亚、印度、墨西哥等经济体积极发展区块链产业，制定了产业总体发展战略。2012 年至 2020 年 9 月，各国政府部门发起或参与的区块链实验项目数量多达 236 项，主要涉及金融（包括央行数字货币）、公共服务、政府档案、数字资产管理、投票、政府采购、公共投票、土地认证/不动产登记、医疗健康等领域。2013 年至 2020 年 9 月，全球区块链发明专利申请量达到 3.5 万件，授权量达到 2 165 件。其中，中国的申请量达到了 2.1 万件，授权量为 998 件，均高于其他国家。截至 2020 年 9 月，美国、中国、欧盟、日本等国家或地区的区块链行业组织已增加到 19 个，大体分为以开发解决方案为核心要素的技术创新类、以关注某个国家或地区生态构建所面临的挑战为主要目的的生态合作类和基于行业关系探讨应用发展路径的行业创新类。

> **思考**
>
> 1. 试分析"十四五"时期我们应如何推动数字贸易的发展。
> 2. 你还知道哪些国家的数字贸易政策或发展规划？
> 3. 试分析相关技术如何推动数字贸易的发展。

二、数字贸易价值

（一）数字贸易和传统贸易的区别

1. 平台不同

传统贸易中，贸易行为大多在买卖双方之间单独发生，而且是在固定的场所和机构，生产商和零售商之间一般还会有代理商、批发商的存在，交易过程可能需要纸质单据、纸质合同。数字贸易则把线下的场所完全地转移到线上的互联网平台，并且互联网平台在贸易中起着非常重要的作用，它将宣传、支付、订单、物流等各种功能都集成在一起，极大地提高了贸易的效率，降低了贸易成本，不论是对供应者还是对消费者而言都提供了极大的便利。

2. 对象不同

传统贸易的对象一般是有形商品，而数字贸易的一大特点就是贸易对象的数字化。随着信息数字技术的发展进步，部分无形的产品和服务可以以数字的方式被记载、存储，具备了交易的可能性。这也使得服务业在贸易中的比重越来越大，数字产品和服务越来越丰富。

3. 方式不同

信息技术直接改变了贸易方式。以信息传播为例，传统贸易中的企业向消费者宣传大多通过广告、线下活动宣传的方式，这些方式有明显的时空限制；而数字贸易在信息传播的过程中会采取数字广告、搜索引擎的方式，这些方式不但更加丰富多彩，而且受时空的限制很小，为消费者了解企业、企业之间互相熟悉都提供了极其便利的渠道。

4. 监管不同

传统贸易中，各国国内的贸易制度、贸易协定是主要承担约束功能的法律法规制度，跨国贸易则依靠海关、商务部门以及世界贸易组织（WTO）等国际机构进行监管。数字贸易则增加了对于数据安全的监管内容，重视数据隐私，更强调技术监管。

（二）发展数字贸易的意义

1. 是满足人民美好生活的必然需要

毋庸置疑，数字贸易的出现，极大地改变了人们的生活状态，提升了人们的生活质量。随着智能手机在中国不断普及，以微信支付、支付宝为代表的消费扫码支付方式逐渐取代了现金支付，成为人们主要的支付方式；网上浏览商品、下单、取快递、拆快递，慢慢成为人们生活的一部分。数字贸易的发展，使人们能够足不出户地购买全球优质的产品和服务，增进了人民的福祉。

2. 是中国实现贸易强国的必经阶段

习近平总书记曾作出"要加快从贸易大国走向贸易强国，巩固外贸传统优势，培育竞争新优势，拓展外贸发展空间，积极扩大进口"的重要论述。"十四五"规划纲要也提出：立足国内大循环，协同推进强大国内市场和贸易强国建设。数字贸易的出现为中国的中小企业走出国门、迈向国际市场提供了重要的契机，对推动中国贸易增长具有重要的意义，是中国推动经济高质量发展的重要举措。要把我国变为贸易强国，大力发展数字贸易是必不可少的一步。

3. 是争夺国际贸易话语权的需要

现在主要经济体都把发展数字贸易上升到国家层面的战略，可见数字贸易的地位之重要。目前，我国数字贸易虽然发展势头向好，初具规模，但还存在国际竞争力弱等不足。只有大力发展数字经济，不断创新，才能提升我们的国际竞争力，才能在世界贸易体系中有自己的话语权，为自己创造公平合理的贸易环境。

（三）数字贸易的产业应用与价值重构

1. 数字贸易＋农业

我国十分重视农业的数字化转型。国务院发布的《"十四五"数字经济发展规划》提出发展智慧农业和智慧水利，加快推动种植业、畜牧业、渔业等领域数字化转型，加强大数据、物联网、人工智能等技术深度应用，提升农业生产经营数字化水平，推进"三农"综合信息服务，创新发展智慧农业，提升农业生产、加工、销售、物流等各环节数字化水平。数字乡村建设是乡村建设的战略方向，可以整体带动和提升农业农村现代化发展，为乡村经济社会发展提供强大动力。

目前，我国的农业发展仍然存在物流运输管理水平较低、上下游产业链存在信息壁垒等问题。向农业产业链引入数字贸易有望解决农业的痛点，实现农业的价值重构。

数字农业是信息技术在农业领域的综合应用。它将遥感、地理信息系统、全球定位系统、通信和网络技术、自动化技术等与地理学、农学、植物生理学、土壤学等基础学科结合，对农业生产中的现象、过程进行模拟，以实现合理利用农业资源、降低生产成本、改善生态环境、提高农作物品质的目的。在生产阶段，可以凭借数字贸易平台来实现对农作物的智慧管理，即在农业生产的过程中融入智能播种、智能灌溉、土壤检测、农业大数据等先进技术，从而精确提升农业的生产效率，保证农作物的高质量生长。

数字贸易平台为农产品的销售提供了新的机遇，它克服了以往农产品销售无法准确地把握市场动态从而产生供应不足或者滞销等问题的瓶颈，提升了农户或企业和消费者的信息交互效率。

物流方面，数字贸易平台为农产品的销售、运输大大简化了流程，它可以直接使农户和消费者对接，省去了上下游采购、批发等诸多流程，解决了供应链过于冗长的问题，大大提升了运输效率。

2. 数字贸易＋教育

依靠互联网等相关技术的发展，远程教育打破了传统教育的时间和空间限制，教育资源得以在全球范围内流动与分配。我国的一些教育企业也走向了国际市场，在其他国家推广自己的产品和应用。专家和业内人士认为，随着在线教育的提质升级，线上、线下相结合的混合式学习将成为教育的新常态，教育领域的国际合作有望驶入快车道，尤其是在疫情暴发的背景下，相对低成本、高效率、大规模的在线传播形式为国际教育交流合作打开了突破口，也为跨境教育提供了新渠道，有利于促进包括跨国网络教育、远程教育等在内的教育服务贸易的发展。

3. 数字贸易＋游戏

游戏类的跨国交易其实已经屡见不鲜。在2019年的"中日数字贸易发展论坛"上，日本知名游戏和IP企业的与会者提出"中日共同开发，着眼全球市场"。论坛的主办方是分众游戏。游戏作为一种文化产业，在全球的热卖也被看作文化软实力的输出。其中，《原神》就是极具有代表性的游戏产品。《原神》所属公司为上海米哈游网络科技股份有限公司，是国家文化出口重点企业，主要业务是围绕原创IP为用户提供游戏、动画、漫画、音乐、小说及周边产品等全产业链服务。

《原神》开发周期长达4年，研发投入达1亿美元。在制作研发上，通过在人物建模、角色动作、过场动画等方面广泛运用顶尖的真人动态捕捉、人工智能等技术，在视听表现、战斗体验、养成与交互等层面达到了市场领先的效果，为玩家打造内容丰富的开放世界冒险游戏；在IP打造上，以游戏为核心，辅以小说、漫画、周边产品为用户创造美好的虚拟世界，构建全产业链运营模式。《原神》将中国传统文化融入游戏内容，在场景设计方面，从桂林山水中汲取灵感，打造出奇幻世界观下的璃月东方美景，为玩家提供沉浸式的游戏场景体验，向全球用户传递中华山水之美。在音乐制作方面，游戏背景音乐大量运用中国音乐元素和乐器，邀请上海交响乐团、伦敦爱乐乐团等顶级乐团参与制作，独具东方特色的交响旋律吸引了众多海外玩家。《原神》成为中国游戏"出海"的领跑者。《原神》以13种语言版本在全球近150个国家和地区同步上线，登上美国、日本、韩国、德国等 20 多个主流游戏市场畅销榜第一名，海外下载量超 2 000 万，全球收入超 6 亿美元，连续蝉联中国手游出海收入榜冠军。

思考

1. 试分析数字贸易对于教育行业的改变与影响。
2. 你还知道哪些与数字贸易紧密结合的产业？

（四）RCEP 的签署与我国数字贸易发展建议

《区域全面经济伙伴关系协定》（RCEP），2012 年由东盟发起，2020 年 11 月 15 日由包括东盟十国和中国、日本、韩国、澳大利亚、新西兰在内的共 15 个国家历经 8 年、31 轮正式谈判后最终签署。RCEP 是一份全面、现代、高质量和互惠的自由贸易协定，面向的是构建世界上参与人口最多、成员结构最多元、发展潜力最大的自由贸易区。RCEP 在 2022 年 1 月 1 日正式生效。

RCEP 的内容包括 20 个章节。就数字贸易方面看，RCEP 首次在亚太区域内达成了范围全面、水平较高的诸边电子商务规则成果，并对电信、电子商务、知识产权等领域做出了高水平承诺。如 RCEP 的第八章附件二电信服务附件规定了公平使用电信相关基础设施的电信服务规则，纳入了有利于促进电信行业市场竞争的多项新条款，为区域内电信服务营造了更加开放、公平的数字贸易营商环境；在第十二章包括电子商务信息跨境传输、保护线上消费者和个人信息、设立法律框架监管电子交易、避免增加不必要的监管负担等内容，致力于营造透明、高效的数字贸易制度环境。RCEP 承认各缔约方通过电子方式传输信息可能有各自的监管要求，但同时明确规定，不得阻止投资者或服务提供者为进行商业行为而通过电子方式跨境传输信息。此外，RCEP 承认各缔约方为保证通信安全和保密要求，对于计算设施的使用或位置可能有各自的措施，但同时明确规定，缔约方不得将使用其境内计算设施或将设施置于境内作为投资者或服务提供者在其领土内进行商业行为的条件。RCEP 知识产权章共包括 14 节 83 条和 2 个附件，将著作权、商标、地理标志、专利、工业设计、传统知识和民间文学艺术全部纳入保护范围，为发展数字内容贸易提供了制度保障。RCEP 对知识产权的保护水平高于 WTO 的《贸易知识产权协定》（TRIPS），生效后将提升成员国知识产权的整体保护水平，严厉打击侵权假冒行为。

我国数字贸易的发展随着 RCEP 的生效迎来了机遇期。首先，RCEP 成员国之间的互联互通有利于释放市场的巨大潜力，加快我国数字产品和服务"出海"的速度，降低我国中小企业进入国际贸易市场的门槛，为我国中小企业提供了更广阔的发展空间。其次，RCEP 有利于帮助成员国提升贸易产品的数字化水平。在疫情影响全球供应链背景下，RCEP 释放东盟国家人口红利优势、日本和韩国的技术资本优势、澳大利亚和新西兰的资源禀赋优势，促进亚太区域产业链、价值链和供应链融合发展，倒逼我国顺应数字化发展趋势，加快传统服务向数字化转型。

对于我国企业来说，一定要深入地学习熟悉 RCEP 的规则，分析自身在目标市场的比较优势，探寻市场开拓机遇；对于各级政府来说，则要积极地开展 RCEP 专题培训服务，引导企业参与。要促进企业的数字化转型，RCEP 中规定的无纸化、电子系列内容都在倒逼企业从管理层、组织架构、企业文化等方面进行数字化变革，并且要广泛地应用数字技术，提高企业的效率。

我国要积极参与到国际市场当中，并且要引领数字贸易规则和标准的制定，要基于我国丰富的数字贸易场景和日益发达的数字技术总结制定出公平公正合理的数字贸易规则和标准，向世界发出"中国声音"，牢牢将规则和标准制定的话语权把握在自己手中。

三、服务贸易

（一）服务贸易的概念

服务贸易是一国的法人或自然人在其境内或进入他国境内向外国的法人或自然人提供服务的贸易行为。服务贸易有广义与狭义之分。狭义的服务贸易是指一国以提供直接服务活动的形式满足另一国某种需要以取得报酬的活动。广义的服务贸易既包括有形的活动，也包括服务提供者与使用者在没有直接接触情况下交易的无形活动。本书采用广义的服务贸易概念。服务贸易的主要方式有：从一成员境内向任何其他成员境内提供服务；在一成员境内向任何其他成员的服务消费者提供服务；一成员的服务提供者在任何其他成员境内以商业存在形式提供服务；一成员的服务提供者在任何其他成员境内以自然人的存在形式提供服务。

世界贸易组织界定了服务贸易的十二大领域，包括商业服务、通信服务、建筑及相关工程服务、金融服务、旅游及旅行相关服务、娱乐文化与体育服务、运输服务、健康与社会服务、教育服务、分销服务、环境服务及其他服务。

商业服务是商业活动中涉及的服务交换活动。商业服务是一个广泛的服务贸易门类，会计服务、设计服务、语言服务、法律服务等都属于商业服务的范畴，

通信服务主要包括电信服务、视听服务及其他电信服务等。大家平常沟通联络使用的电话传真、上网冲浪使用的宽带等都属于通信服务对象。

建筑及相关工程服务是指工程建筑从设计、选址到施工的整个服务过程。如北京冬奥会的场馆设计筹建就属于建筑及相关工程服务。

金融服务在现代社会几乎无所不在。银行存款缴费、刷卡消费、股票债券投资等都属于金融服务。

旅游及旅行相关服务是指旅馆饭店等提供的住宿、餐饮及相关服务，还包括旅行社及导游服务等。随着人民生活水平的不断提升，旅游越来越受到大众的喜爱，旅游的相关服务也由此衍生出来。

娱乐文化与体育服务与我们的生活密切相关，涵盖的内容也非常广泛。娱乐文

化与体育服务贸易的高质量发展和高水平开放对于中国文化产业国际竞争力的提升以及中国 2035 年文化强国的建成都具有非常重要的现实意义。

运输服务是指利用运输工具将货物或旅客送达目的地，使其空间位置得到转移的业务活动。在当今世界，快递作为一种快捷运输服务方式，受到国内外消费者的欢迎。我国的快递企业也在陆续走出国门，走向海外市场，服务全球消费者。

健康与社会服务也是随着人们生活水平不断提高而产生的，其服务需求越来越多，网上诊病的服务也越来越多。

教育服务是指各国间在高等教育、中等教育、初等教育、学前教育、继续教育、特殊教育和其他教育中的服务交往。上网课便是享受教育服务的体现。

分销服务指产品销售过程中的服务交换。以盒马生鲜为例，其社区体验店是由大数据、物联网、人工智能支撑的分销服务创新成果。我们能买到进口鞋、进口化妆品等都是分销服务的功劳。

环境服务是指污水处理服务、废物处理服务、卫生及相关服务等。城市废水的清洁工作可能外包给某一污水处理公司，这就属于环境服务。

其他服务包括服务外包、供应链服务等内容。比如说在第五届服贸会上，有信达供应链集团展示了跨境电商、供应链等六大核心业务，重点推介了"有信达智能通关平台"，该平台直接联通海关系统，可实现在线下单、一键申报，帮助企业降低人力成本、提高操作效率。

服务贸易有四种提供方式，分别为跨境交付、境外消费、商业存在、自然人流动。

跨境交付是指服务的提供者在一成员方的领土内，向另一成员方领土内的消费者提供服务的方式。如在中国境内通过电信、邮政、计算机网络等手段实现对境外消费者的服务。

境外消费是指服务提供者在一成员方的领土内，向来自另一成员方的消费者提供服务的方式。如中国公民在其他国家短期居留期间享受国外的医疗服务。

商业存在是指一成员方的服务提供者在另一成员方领土内设立商业机构，在后者领土内为消费者提供服务的方式。如外国服务企业在中国设立公司，为中国企业或个人提供服务。

自然人流动指一成员方的服务提供者以自然人的身份进入另一成员方的领土内提供服务的方式。如某外国律师作为外国律师事务所的驻华代表到中国境内为消费者提供服务。

（二）我国服务贸易发展态势

在党中央和国务院的坚强领导下，我国的服务贸易取得了长足的发展。根据商务部等 24 部门联合印发的《"十四五"服务贸易发展规划》（以下简称《规划》）中显示的数据，"十三五"时期，我国服务进出口额累计达 3.6 万亿美元，比"十二五"时期增长29.7％（据商务部统计，下同）。2020 年，在克服新冠疫情不利影响的背景下，我国服务进出口 6 617.2 亿美元，规模保持世界第二位，全球占比提升至 6.9％。其中，服务出口 2 806.3 亿美元，比 2015 年增长 28.4％，年均增速 5.1％，高于全球 5.3 个百分点；服务进口 3 810.9 亿美元，比 2015 年下降 12.5％；服务贸易逆差 1 004.6 亿美元，比 2015 年下降 53.7％。由此可见，我国服务贸易的总量规模处于稳步增长的阶段。

同一时期，我国以金融、电信计算机、信息服务等为代表的知识密集型服务贸易快速增长，成为我国服务贸易增长的主要推动力。2020 年，知识密集型服务进出口 2 947.6 亿美元，占服务贸易总额比重达 44.5％，比 2015 年提升 17.1 个百分点；服务外包离岸执行额 1 057.8 亿美元，比 2015 年增长 63.7％，成为稳外贸的重要力量。

经过国务院的批准，我国先后在 28 个地区开展服务贸易创新发展试点工作并取得了积极成效，服务外包示范城市增加到 31 个，辐射带动作用明显加强，转型升级取得积极进展。文化、数字服务、中医药服务等首批 42 个特色服务出口基地建设步伐加快，成为扩大服务出口的有力支点。总体看，东部地区服务贸易发展居主导地位。中西部服务贸易快速发展，成为打造内陆开放型经济新高地的重要突破口。

我国的开放合作也不断深化。"十三五"时期，我国与巴西、日本、乌拉圭、俄罗斯、阿根廷、巴拿马、葡萄牙等 7 个国家新签双边服务贸易合作协议，总数达 14 个。2020 年，我国与金砖国家服务贸易额合计达 116.4 亿美元；与"一带一路"沿线国家和地区服务贸易额合计达 844.7 亿美元，占我国服务贸易总额的比重从 2015 年的 12.3％提升至 12.8％。

2020 年，我国服务出口占出口总额比重为 9.8％，比 2015 年提高 1 个百分点；服务业实际利用外资 1 172.6 亿美元，占全国外资总额的 78.5％，比 2015 年提高 8.7 个百分点；服务外包从业人员 1 290.9 万人，比 2015 年增长 73.3％。这反映出我国的服务贸易对于经济的高质量转型起到了一定的推定作用。

（三）服贸会

服贸会的全称是中国（北京）国际服务贸易交易会，是全球唯一一个国家级、国际性、综合型的服务贸易平台。它由我国商务部和北京市人民政府共同举办，WTO、联合国贸发会议、经合组织（OECD）等国际组织共同支持，自 2012 年起每年 5 月 28 日在北京举行。服贸会是全球唯一涵盖服务贸易十二大领域的综合型服务贸易交易会。在《规划》中提到，要提高服贸会发展质量，强化服贸会在引领行业全球前沿理念、先进技术、创新成果、行业标准等方面的功能，提升市场吸引力、国际关注度和全球竞争力。要优化服贸会开放合作平台功能，建立适应服务贸易发展特点和需要的办会体制机制，不断提升服贸会专业化、市场化和国际化水平，推动形成更多务实合作成果，将服贸会打造成具有全球影响力的国际一流展会。

2021 年服贸会于 9 月 2 日到 9 月 7 日在北京举办，此次服贸会首次在国家会议中心和首钢园区设置双会场，主题为"数字开启未来，服务促进发展"，重点展示有关国家和地区、我国各省区服务贸易特色优势和最新成果。

展览包括综合展和专题展。综合展区有 41 个境外国家、6 家国际组织、31 个省区、5 个计划单列市、新疆生产建设兵团及港澳台参展，33 家知名企业和机构参展数字服务专区；整体国际化率达 51%，比上届提高 9 个百分点。

北京首钢园区围绕电信、计算机和信息服务、金融服务、文旅服务、教育服务、体育服务、供应链及商务服务、工程咨询与建筑服务、健康卫生服务等专题，充分展示相关领域在数字化、网络化、智能化发展趋势下的新技术、新模式、新成果。各大专题展有 1 212 家企业参展，世界 500 强、行业龙头企业占比 23%，整体国际化率达 19%。

这次的服贸会取得了丰硕的成果。它吸引了来自 153 个国家和地区的 1.2 万余家企业线上线下参展参会，国际化率进一步提升，世界影响力持续扩大。5 场高峰论坛、近 200 场专业论坛和行业会议汇聚各领域政界、商界和学界精英，聚焦服务贸易便利化、旅游合作等热点话题研讨交流，诞生了《中国数字贸易发展报告 2020》《中国服务贸易发展报告 2020》等多项权威报告。在这次服贸会中，首次设置数字服务专区，聚焦数字化体验、数字化服务、数字化治理等相关内容，展示了国内首家裸眼 3D 内投球幕影院等多项新兴数字技术成果。

不同的展馆、不同的主体带来了各自精彩的技术体验。例如，百度 Apollo 自动驾驶作为"无人化"科技企业代表，展出了没有驾驶位、方向盘和脚踏板，也不需要安全员的汽车机器人；文旅服务专题展区展示了"大戏看北京——京剧文化之旅特展"，让观众沉浸式感受京剧文化的魅力；健康卫生服务专题展集中展示了远程诊疗、5G 技术融入医疗手段、机器人手术等多项尖端医疗技术。各个省区和各个国家都展示了带有自己文化特色的商品和食物。

服贸会的成功举办，有利于提升中国的对外开放水平，尤其在疫情带来的全球不确定性增加的背景下，更是显示了我们全民抗疫的成果，向全世界彰显我国坚定不移扩大对外开放的信念和决心；有利于提升我国在服务贸易领域的话语权和影响力，维护多边贸易体制，促进人类命运共同体的发展；有利于加快构建发展新格局，更好地促进国内国际双循环，激活服务贸易增长潜能。服贸会是推动服务贸易加快复苏增长的重要抓手，有助于企业多方面开拓商机，对冲疫情影响，充分展现经济数字化、网络化、智能化发展的巨大潜力。

（四）我国服务贸易发展规划

根据《规划》，在"十四五"时期，我国服务贸易发展的主要目标为：

第一，贸易规模进一步扩大。服务贸易规模稳中有增，占我国对外贸易总额的比重进一步提升。服务出口增速高于全球平均增速。服务贸易在贸易高质量发展中的作用更加突出。

第二，贸易结构进一步优化。新模式、新业态加快发展，国际服务外包增速快于服务出口增速，知识密集型服务贸易年均增长 8% 左右。服务进出口更加均衡，国内布局更加优化，国际市场空间布局进一步拓展。

第三，竞争实力进一步增强。服务出口竞争力明显增强，向价值链高端持续攀升。拥有自主知识产权、自主品牌的市场主体不断壮大。参与服务贸易国际规则制定的能力不断提升。

第四，制度环境进一步改善。服务贸易法律法规、政策体系、促进机制、监管模式更加完善，服务贸易市场化、法治化、国际化营商环境更加优化，自由化、便利化水平进一步提升，制度型开放迈出重要步伐

到2035年，我国的服务贸易高质量发展格局将全面确立，服务贸易发展内生动力将更加强劲，发展环境将更加优化，管理制度将更加健全，服务贸易在构建新发展格局和建设社会主义现代化强国中的贡献将更加凸显，服务贸易国际竞争力将位居全球前列，参与国际经济合作和竞争的新优势将明显增强，"中国服务"在全球价值链中的地位将显著提升。

《规划》中提出要深化我国服务贸易改革开放，要做到放宽服务领域市场准入、提高跨境服务贸易开放水平以及打造高水平改革开放平台；加快服务贸易数字化进程，要大力发展数字贸易、推进服务外包数字化高端化、促进传统服务贸易数字化转型、建立健全数字贸易治理体系；优化服务贸易行业结构，要做到推动传统服务贸易转型升级、加快发展新兴服务贸易、培育特色服务贸易竞争新优势、扩大优质服务进口、发挥绿色转型促进作用；完善服务贸易布局区域，要拓展和提升东部地区服务贸易、培育和创新中西部与东北地区服务贸易；壮大服务贸易市场主体，要培育服务贸易领军企业、增强中小服务贸易企业国际竞争力、发挥行业协会作用；深化服务贸易对外合作，要拓展与共建"一带一路"国家合作、强化与主要服务贸易伙伴合作、完善服务贸易国际合作和促进机制、积极参与国际服务贸易规则治理；强化服务贸易保障支撑，要强化统筹协调机制、完善法规政策体系、健全统计监测体系、加强风险仿控评估、夯实人才智力支撑、推进规划组织实施。

思考

1. 试分析服贸会的影响与意义。
2. 如何理解服务贸易与传统贸易的区别与联系？
3. 如何推动我国服务贸易的发展？试提出个人见解。
4. 如何看待"十四五"时期我国服务贸易发展的主要目标？

四、货物贸易

（一）货物贸易的概念

货物贸易一般指有形贸易，是相对于"无形贸易"的一个概念，是指商品的进出口贸易。顾名思义，货物贸易最主要的特征为其进行贸易的商品是可见的有形的实物。

国际贸易标准分类为用于国际有形贸易商品的统计和比照的标准分类方法。联合国在 1950 年起草了《联合国国际贸易标准分类》，并在此后做了数次修改。

　　根据该分类法，有形商品分为十大类，分别是：食品和活畜，如肉制品、乳制品、谷物等；饮料和烟草；粗材料，不能食用，除燃料外，如毛皮、软木、天然橡胶等；矿物燃料、润滑剂和相关材料，如煤炭、石油、天然气；动物和植物油、油脂和蜡，如动物或植物油脂；化学品及有关产品，如有机化工产品、无机化学品、医药产品等；主要按材料分类的制成品，如皮革制品、橡胶制品、纸、钢铁等；机械和运输设备，如发电机械设备、金属加工机械等；杂项制品，如家具及其零件、旅游用品、服装、鞋子、摄影仪器等；没有分类的其他商品，如邮政包裹、硬币（金币除外）。

　　国际货物贸易按照货物流向的不同，分为出口贸易、进口贸易和过境贸易。出口贸易是指将本国生产加工的商品销往他国市场的贸易活动。进口贸易是指将外国的商品输入本国市场销售的贸易活动。过境贸易是指别国出口货物通过本国国境，未经加工改制，在保持原状条件下运往另一国的贸易活动。

（二）我国货物贸易发展态势

　　根据我国商务部的数据，2021 年我国成为全球第二大商品消费市场，全年我国货物进出口 39.1 万亿元，增长 21.4%，其中出口 21.73 万亿元，增长 21.2%，进口 17.37 万亿元，增长 21.5%。我国货物贸易总额已连续五年全球第一，吸收外资保持全球第二，对外投资稳居世界前列，设立 21 个自由贸易试验区，外贸进出口规模接连迈上 5 万亿美元、6 万亿美元两大台阶，前三季度出口和进口国际市场份额分别为 15% 和 12.1%，均创历史新高。

　　2021 年，我国与主要贸易伙伴进出口均实现了稳定增长。我国前五大贸易伙伴依次为东盟、欧盟、美国、日本和韩国，对这些贸易伙伴进出口分别达到了 5.67 万亿元、5.35 万亿元、4.88 万亿元、2.4 万亿元和 2.34 万亿元，分别增长 19.7%、19.1%、20.2%、9.4% 和 18.4%。其中，东盟连续两年保持我国第一大货物贸易伙伴地位。据东盟方统计数据，我国也连续 13 年保持东盟第一大贸易伙伴地位。东盟十国中，越南、马来西亚、泰国、印度尼西亚与我国贸易额位居前列，其中越南、马来西亚与我国贸易额分别为 2 302 亿美元和 1 768 亿美元，两者占我国与东盟贸易额的 46.3%。印度尼西亚与我国贸易增速高达 58.6%，在我国所有主要贸易伙伴中最高；印度尼西亚也超过新加坡，成为我国在东盟的第四大贸易伙伴国。

　　除此之外，2021 年，我国与俄罗斯的经贸合作实现了跨越式的发展，达到了 1 468.7 亿美元，也是历史上中俄货物贸易交易额首次突破 1 400 亿美元，同比增长 35.9%；同时，我国连续 12 年稳居俄罗斯第一大贸易伙伴国位置。中俄在大项目合作上取得了新的突破，如双方签署国际月球科研站合作备忘录、卫星导航合作路线图，油气、化工、航空制造等领域合作取得新进展；而且在跨境电商、绿色低碳、生物医药、文化创意等新兴领域进行了密切的合作，推动数字赋能、绿色赋能、创新赋能。同时，我国商务部与俄方编制完成《中俄货物贸易和服务贸易高质量发展的路线图》，签署数字经济领域投资合作备忘录，正在研究升级中俄投资协定。双方签署多边和区域经济合作备忘录，加强在 WTO、金砖国家、上合组织等多边框架内的协调配合，积极推进"一带一路"倡议与欧亚经济联盟建设对接合作。

五、电子商务和跨境电子商务

（一）电子商务

不同的专家学者从不同的角度给出了对电子商务的解释。百度百科将电子商务解释为在全球各地广泛的商业贸易活动中，在互联网开放的网络环境下，基于客户端/服务端应用方式，买卖双方不谋面地进行各种商贸活动，实现消费者的网上购物、商户之间的网上交易和在线电子支付，以及各种商务活动、交易活动、金融活动和相关的综合服务活动的一种新型的商业运营模式。简而言之，电子商务就是在互联网的背景下，以信息技术为手段，买卖双方进行各种商业活动的模式。

根据参与角色的不同，电子商务可以分为 B2B、B2C、C2C、ABC、B2G、O2O 等。

1. B2B

B2B 是非常典型的电子商务模式，全称为 Business to Business，指企业与企业之间通过网络进行商业活动。如海豚供应链是一家主营海淘类产品的供应链贸易公司，致力于为中小海淘企业提供正品海淘货源，解决中小海淘企业的产品采购和代理发货问题

2. B2C

B2C 是中国最早也是最为普遍的电子商务模式，其全称为 Business to Customer，指企业向个人提供产品或服务。B2C 在我们的日常生活中非常常见，天猫、京东等购物网站都是我们经常使用的电子商务网站。

3. C2C

C2C 的全称是 Consumer to Consumer，即个人消费者之间通过在线交易平台进行产品和服务交换，如拍卖网站、闲鱼等。

4. ABC

ABC 是一种新型的电子商务模式，全称为"Agent，Business，Consumer"，是由代理商、商家和消费者共同搭建的集生产、经营、消费为一体的电子商务平台，三者之间可以转化。

5. B2G

B2G 指 Business to Government，即企业与政府部门之间的电子商务。政府的采购工作便是一种典型的 B2G 模式，即政府机构在网上进行产品、服务的招标和采购。

6. O2O

O2O 的全称是 Online to Offline，它是一种新兴起的电子商务商业模式，将线下的商务机会和互联网结合在一起，从而将互联网作为线下交易的平台，通过线上揽客来达到线下引流的目的，进而在线下体验服务。

（二）跨境电子商务

跨境电子商务简称跨境电商，是电子商务应用过程中的一种较为高级的形式。跨境电商的交易主体分属于不同的关境，通过电子商务平台形成交易并支付结算，然后通过跨境物流送达对方。

跨境电商并不等同于外贸。跨境电商的交易行为大多发生在线上，借助国内外的电商平台完成下单等操作。外贸则包含了询价、见面、发样、定样、生产、资金（一般比较多）支付、报关、海/陆/空运输、外汇核销等一系列流程，且交易在线下完成，并不一定需要网络平台作为中介。

跨境电商一般具有如下几个特征：

1. 即时性

借助于网络信息技术的高速发展，跨境贸易突破了时间和距离的限制，使得双方能够实时进行信息交互，即电子商务的交易活动可以随时开始、随时暂停、随时终止，从而极大地提高了交易的效率，省去了传统交易的中介环节。

2. 无边界性

无边界性也可以理解为全球性。依附于网络平台的去中心化，跨境电子商务消除了传统边界的阻碍，使交易过程中的地理因素可以被忽略，信息可以通过互联网实现全球共享，互联网用户不需要考虑跨越国界就可以把产品和服务尤其是高附加值产品和服务提交到市场。

3. 数字性

信息技术的发展使得数据在跨境贸易中占有越来越重要的地位。数字化产品和服务也衍生出来，成为跨境贸易交易的对象。此外，无纸化操作也成为电子商务最主要的操作方式，为信息传递带来了极大的便利。

我国十分重视跨境电商的发展。据统计，2020 年，我国跨境电商进出口 1.69 万亿元，同比增长 31.1%。在 2021 年第一季度，我国跨境电商进出口达到了 4 195 亿元，同比增长 46.5%。这离不开我国相关政策的支持。2018 年 11 月，商务部等六部门印发《关于完善跨境电子商务零售进口监管有关工作的通知》，明确在北京等 37 个城市试点，对跨境电商零售进口商品按个人自用进境物品监管，不执行首次进口许可批件、注册或备案要求，保证了过渡期后监管安排的连续稳定。2020 年，试点进一步扩大至 86 个城市及海南全岛。2021 年 3 月，首届中国跨境电商交易会在福州举办，共吸引 2 363 家企业参展，覆盖全球 33 个跨境电商平台。据不完全统计，此次展会共达成意向成交金额超 35 亿美元。

在疫情的冲击下，凭借着跨境电商的高效、低成本、无时空限制等优势，我国的外贸仍然取得了不错的成绩，跨境电商成为企业开展国际贸易的重要选择。发展跨境电商，为企业的转型升级提供了新的机遇，创造了新的经济增长点，加强了我国进出口的竞争优势，有利于促进我国外贸的发展、提升我国的对外开放水平。

（三）主流跨境电商平台

下面，我们将介绍以亚马逊、eBay、速卖通为代表的知名的跨境电商平台。

1. 亚马逊

亚马逊在 1994 年由杰夫·贝索斯（Jeff Bezos）成立。起初，亚马逊是一家网上书店，并在图书网络零售上取得了巨大的成功，成为美国最大的书店。在此期间，贝索斯发现了网络零售带来的巨大商机，便开始扩充自己的商品品种，宣称要做最大的网络零售商。经过多年的发展，亚马逊已经成为全球最大的电子商务网站，也是全球最早建立的跨境电商 B2C 平台。

亚马逊的选品要求一直较为严格，会尽力去保证卖家产品的质量过关。其客户群体一般以欧美国家为主，其在欧美市场上有着很大的影响力，美国市场份额超过50%，影响力可见一斑。亚马逊上的产品利润率较高，顾客黏性较好。由于发展时间长，亚马逊平台已经形成了一套相对成熟与完善的规则。

亚马逊在中国设有网站——亚马逊中国，为消费者提供图书、音乐、影视、手机数码等 32 大类产品、上千万种商品。但在 2019 年，亚马逊中国正式发表声明，为了寻求战略转型，将于 2019 年 7 月 18 日起，停止为亚马逊中国网站上的第三方卖家提供卖家服务，但会继续投入并推动亚马逊海外购、亚马逊全球开店、Kindle和亚马逊云计算等业务在中国的发展。

2. eBay

eBay 由皮埃尔·欧米迪亚（Pierre Omidyar）创立于 1995 年，最初叫 Auction-web，总部位于美国加利福尼亚州圣荷西，于 1997 年更名为 eBay。eBay 可以说是电商的鼻祖，当然也是跨境电商最早的平台之一，其影响覆盖 30 多个国家和地区，而买家更是覆盖全球 190 多个国家和地区。eBay 以 B2C 垂直销售模式为主，主要针对个人客户或中小企业。相对于亚马逊，eBay 投入比较小，当然在产品的选择上最好符合北美地区与欧洲顾客群体的需求。eBay 的开店门槛相对较低，办理手续较为简单，由专业的客服给予咨询和指导。eBay 的定价方式也呈现多样化的特点。

3. 速卖通

速卖通是阿里巴巴旗下的面向国际市场打造的跨境电商平台，有"国际淘宝"之称，覆盖 3C、服装、家居、配饰等 30 个一流行业品类。速卖通覆盖全球 220 个国家和地区，主要交易市场为俄罗斯、美国、西班牙、巴西、法国等，其中在俄罗斯的市场占有率排行第一。速卖通的 22 个行业囊括日常消费类目，商品备受海外消费者欢迎，海外成交卖家数量突破 1.5 亿，支持全球 51 个国家的当地支付方式，是

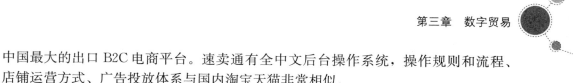

中国最大的出口 B2C 电商平台。速卖通有全中文后台操作系统，操作规则和流程、店铺运营方式、广告投放体系与国内淘宝天猫非常相似。

（四）全球跨境电子商务发展态势

在疫情的影响下，全球线下消费加快了向线上转移的速度，信息数字技术推动着企业的数字化升级转型。2018 年，全球跨境电商 B2C 市场规模达到 6 750 亿美元。据 eMarketer 预测，2023 年全球网络零售额将达到 6.5 万亿美元，实现飞快的增长。

从交易额看，企业和企业之间的交易规模巨大，数额要远超 B2C 的交易，一笔 B2B 的交易额可能相当于百千万甚至破亿的 B2C 交易额。eMarketer 数据显示，2014—2017 年期间，全球电子商务交易额中 B2B 占比超过七成，从 2014 年的 76.9% 上升至 2017 年的 82.8%，其中，中国、英国、韩国、丹麦等国家的网络零售均超过 10%，中国排在第一位。

随着全球跨境电子商务的发展，许多大型平台开始积极向全球扩张贸易范围，在海外部署相关分支机构，贸易种类也更加齐全。阿里巴巴、京东等国内知名电商平台都在推动业务的全球化。政府也在为跨境电商营造良好的发展环境，为支持跨境电商提供相应配套政策。如我国海关总署推进通关一体化改革，推进"三互"大通关建设，加强电子口岸建设，推广应用国际贸易"单一窗口"；外汇管理局推进数据整合共享，制定"两地三中心"建设方案，构建数据统一采集平台，推进数据有效整合，建立标准体系，完成数据仓库建设，推进数据资源在全局范围共享，实现与税务、海关等部门间的监管信息交换和共享。

此外，跨境电子商务也从网上展示、网下交易的阶段发展转变为企业将跨境电商平台从信息服务平台变成一站式综合服务平台，功能涵盖了海外推广、网络营销、支付结算、交易支持和仓储物流等各个方面。

思考

1. 你还知道哪些知名的跨境电商平台？
2. 试分析疫情背景下我国电子商务的发展机遇。
3. 你认为全球跨境电子商务的发展给人们的生活带来了怎样的改变？
4. 试分析为什么亚马逊要退出中国的国内电商业务。

02

数字化技术
与平台篇

第四章
数字化技术概述

数字化转型纪实：小米集团

　　小米科技有限责任公司（以下简称"小米集团"）成立于2010年3月3日，是一家专注于智能硬件和电子产品研发的创新型科技企业。作为一家极具市场竞争力的全球化移动互联网企业，小米集团清晰地意识到企业数字化转型已是企业发展生存的刚需。小米集团在过去的几年中实现了多方面的数字化转型，构建了企业管理、采购业务和企业服务等多方面的数字化智慧生态，成为中国众多数字化转型成功企业的缩影。

　　小米集团在企业管理方面率先构建了智慧生态。在位于北京海淀区的小米科技园中，日常管理的智能化体现随处可见。从进入园区开始，就会有内部人脸识别闸口，并配备访客车牌的识别管理系统，员工还可以获取入园路线的自动规划。除此之外，办公区采用自动照明，食堂则采用自动结账的智能模式，在节省时间的同时为员工提供更优质的服务。

　　在市场需求的导向之下，企业的数字化转型是降本增效的关键，企业必须实现"数据—知识—智慧"的精细化管理，方可重构企业的核心竞争力。小米完善的企业管理智能生态体系已经构建出"未来科技生活"的新图景。但很多传统企业很难一步到位实现企业管理的智能化变革。小米集团抓住这一市场需求，进军企业服务市场，助推企业数字化转型。通过为企业定制终端与智能生态，小米集团提供的企业服务覆盖了基于"平台＋软硬件＋服务"资源优势的行业解决方案，并推出了"1对1"定制终端业务模式、"5＋1"智能生态业务模式，帮助企业在信息安全、数据分析、智能切网、数字资产安全等重点领域进行高效管控。小米集团的企业服务涵盖住宅、酒店、养老、办公等多领域，可以满足各行各业对终端的定制需求。

小米集团在消费零售领域做出的数字化转型变革也是行业内可学习的案例。在小米集团大规模扩张零售业务版图的同时，供应商也逐渐增多，供应链日渐复杂。供应链采购业务亟须通过互联网及技术手段完成数字化管理的转型变革。小米集团的采购业务数字化共分为三步。小米集团首先实现中国区采购的线上化。在此之后，小米集团开启了采购数字化2.0时代，将数字化采购计划从中国区全面推广至小米整个集团，完成了对所有供应商的线上管理，同时拓宽采购品类。在第三阶段，小米集团将采购数字化与业务系统打通，实现了除采购管理外，对合同后的履约管理、供应商的绩效管理等方面的数字化。

从企业管理智能化、采购线上化等方面来看，小米集团在确保业务灵活性的同时最大限度地实现了降本增效，为国内众多企业提供了标杆案例。同时，小米集团以市场需求为导向，进军企业服务市场，为有转型痛点的传统企业提供帮助，形成了其他企业数字化转型和自身发展的双赢局面。

小思考

1. 小米集团的数字化转型体现在哪些方面？

2. 小米集团采购业务的数字化转型分为哪三个阶段？

3. 小米集团提供的企业服务有何特点？

一、5G技术

（一）移动通信技术进化史——5G的前身与后世

1. 移动通信的开端——1G

20世纪60年代，美国贝尔实验室为了解决无线通信系统容量低的问题，基于频谱资源的空间复用的核心思想提出了蜂窝组网的概念。20世纪70年代末80年代初出现了第一代移动通信技术（1G）——仅限语音的蜂窝电话标准，它主要采用模拟技术和频分多址（frequency division multiple access，FDMA）技术。1978年底，美国贝尔实验室成功研制出全球第一个移动蜂窝电话系统——AMPS（advance mobile phone service）。而1G系统的第一次商业应用是由日本电报电话公司（Nippon Telegraph & Telephone，NTT）于1979年完成的。随后，欧洲各国也纷纷建立自己的第一代移动通信系统，如北欧的移动电话系统（nordic mobile telephone，NMT）和欧洲的全接入通信系统（total access communications system，TACS）。而自1987年我国引进TACS后，第一代移动系统便在我国快速发展，用户量曾高达600万。

随着人们对通信系统的要求逐渐提高，科技水平日益提升，1G系统的问题越来越明显：

（1）标准不统一。不同国家在1G标准制定上各自为政，导致全球只有"国家标准"，没有"国际标准"。

（2）服务质量差。由于采用模拟技术，1G 系统本身信号不稳定，相互之间干扰严重，而且模拟信号未经加密，信息安全难以保证，严重影响用户的使用体验。

（3）无法实现漫游。这使得商务使用和旅行都非常不方便。

（4）普及率低。由于 1G 系统容量有限的先天不足，它无法真正大规模普及和应用，价格非常昂贵。

2. 移动通信数字化——2G

20 世纪 80 年代，欧洲制定了全球移动通信系统（global system for mobile，GSM）统一标准，推动移动通信向数字调制发展。第二代移动通信技术——2G 应运而生，它以数字语音传输技术为核心，将计算机以及互联网的数字化思路运用到移动通信网络上。1991 年，2G 系统在芬兰首次商用。随后，多个国家开发了自己的 2G 系统，所有这些系统可以按照时分多址（time division multiple access，TD-MA）以及码分多址（code division multiple access，CDMA）两种技术特点进行分类。其中，欧洲的 GSM 在世界各地获得巨大成功，在欧洲起家的诺基亚在短短十年间成为全球最大的移动电话商。也正是在 2G 时代，我国建立了世界上规模最大的两种 GSM 网——中国移动 GSM 网络和中国联通 GSM 网络，造福了一大批欧洲企业，如爱立信、诺基亚、西门子、飞利浦等。

与 1G 相比，2G 具有很多优点：2G 具备更大的容量和更强的保密性，解决了信号质量、漫游和安全性等问题，为用户提供数据传输服务，文字简讯传送也由此开始。然而，从 1997 年开始，随着用户数量的急剧增长，2G 的缺点逐渐明显：系统容量不足、数据业务的速率较低、支持业务单一、维护成本逐年升高。

3. 移动通信宽带化——3G

第三代通信技术主要是将无线通信和国际互联网等通信技术全面结合，进而形成一种全新的移动通信系统。2001 年，日本的 NTT 采用宽带码分多址（wideband code division multiple access，WCDMA）技术将第三代移动通信技术（3G）第一次商用。全球范围内，3G 的主要代表是欧洲的 WCDMA、美国的 CDMA2000 和中国主导推动的基于时分双工的时分同步码分多址（time division-synchronous code division multiple access，TD‐SCDMA）。

3G 系统除了支持语音和短信业务外，还可以更广泛地提供诸如移动互联网、视频电话、移动电视等数据业务。3G 系统具有不同种类，但都有一些共同的特点：频率规划简单、频率复用系数高、系统容量大、抗多径衰落能力强、通信质量好、保密性强。3G 的高宽带和高传输速率催生了一大批智能应用。随着智能手机的爆发式增长，用户对无线数据业务的巨大需求变得难以满足，3G 业务的发展也由此陷入瓶颈。

4. 移动通信分组化——4G

面对提高数据业务速率的技术瓶颈，最先出现的两项第四代移动通信技术（4G）是美国的全球互联微波接入技术（worldwide interoperability for microwave access，WiMAX）和目前广泛部署的长期演进技术（long term evolution，LTE）。LTE 通过 IP 分组化、取消电路域负载、只保留分组域进行数据传输，实现高宽带、大容量、高速率数据包交换分组。2009 年 5 月，爱立信和 TeliaSoNera 在瑞典的斯德哥尔摩启动部署世界上第一个商用 LTE 网络。

4G 系统除了提供传统的语音和基本的数据服务外，还提供移动宽带服务，能够传输高质量的视频图像。与 3G 相比，4G 通信速度更快，网络频谱更宽，通信更加灵活，智能性能更强，而费用更加低廉。4G 的这些优点支撑了诸多应用的延伸和扩展，移动支付就是典型例子。可以说，从 3G 到 4G 是一个从低速数据向高速数据传输的演进过程，是改变人们生活方式的宏伟里程碑。

5. 移动通信智能化——5G

第五代移动通信技术（5G）是以万物互联、推动社会发展为目标，面向 2020 年之后的移动通信需求发展出来的新一代移动通信技术，期望创建一个以人为中心，把移动互联、智能感应、大数据、智能学习整合起来的智能互联网时代。在这样的目标下，5G 需要同时承接移动网、增强互联网、使能物联网。具体来说，5G 系统的主要技术目标有三类，分别对应于不同的应用场景：增强移动宽带——随时随地提供超高速用户体验速率；实现海量机器通信——面向智慧城市、环境监测等；超高可靠低时延通信——面向车联网、工业物联网、远程医疗等。

在终端和网络发展的助推之下，全球 5G 用户发展呈起飞之势，除中国、韩国之外，美国、日本、德国、法国、西班牙等发达市场的 5G 人口覆盖率也已达到或接近 80%。据 Strategy Analytics 预计，至 2021 年底全球 5G 用户超过 7.8 亿，占全球蜂窝通信用户总数的 9.5%。我国工信部的数据显示，截至 2021 年底，我国累计建成并开通 5G 基站 142.5 万个，建成全球最大 5G 网，基站总量占全球 60% 以上，每万人拥有 5G 基站数达到 10.1 个，比 2020 年末提高近一倍。

6. 移动通信重塑世界——6G

不仅是传统消费者和垂直行业，包括经济、社会、技术和法律等在内的多方面社会需求都驱动着第六代移动通信技术（6G）的发展。在未来的 6G 中，网络与用户将被看作一个统一整体。用户的智能需求将被进一步挖掘和实现，并以此为基准进行技术规划与布局演进。6G 将不只是传统运营商的生态系统，它还会在传统运营商之外产生新的生态系统，更好地把物理空间和信息空间关联起来。中国工程院院士邬江兴指出，6G 技术将作为 2030 年之后的智能网联基础设施重要支撑技术。

为了支撑全新应用场景以及全方位的需求，6G 的频谱效率、网络能效、峰值速率、用户体验速率、时延等关键指标都较 5G 有明显提升。从覆盖范围来看，6G 将突破地面的局限，实现地面、卫星和机载网络的无缝连接。6G 还能够实现对物联网设备的高精度定位，使智能传感、智能定位、智能资源分配、智能借口切换等成为现实。

（二）5G 技术的核心竞争力

5G 技术不是简单的某项技术，而是众多先进技术相互作用形成的综合体系。通过逐个推进单项技术的发展，最终可以实现 5G 技术上的整体跨越。5G 五大关键技术如下：

1. 新型大规模天线阵列

5G 技术中大规模多天线的概念最早由贝尔实验室于 2010 年提出，它又叫大范围多入多出技术（multiple input and multiple output，MIMO）和大范围天线系统（large scale antenna system，或称为 massive MIMO）。这种新型大规模天线阵列的优势主要体现为支持更多维度的多入多出技术。与传统的多入多出系统相比，新型大规模天线阵列的空间分辨率有了很大提升，其采用的波束赋形技术能够最大限度减少干扰，还能够通过空域、时域、频域、极化域等不同的维度提升频谱利用效率和能量利用效率。

随着无线通信中高速数据业务的需求呈现爆炸式增长，通信端大量涌现，对数据传输速率和网络能源资源的要求不断攀升。新型大规模天线阵列作为一种可以同时实现系统容量和峰值速率提升、能量消耗和传输时延缩减的关键技术，在 5G 系统中发挥着至关重要的作用。

2. 超密集异构网络

20 世纪 90 年代，研究者为了满足网络终端的业务多样性需求，将不同类的网络融合形成异构网络（heterogeneous network）。从定义上来说，异构网络一般指包含不同制造商生产的多种网络设备和相关应用系统的多协议网络。随着无线通信技术的发展，5G 网络必然是由大量的宏小区、微小区以及用户设备等不同层次的网络元素共同构成的异构网络，具有超级密集的网络部署。

超密集异构网络是移动通信发展到融合阶段的必然产物，它通过实现网络中各种不同业务、各节点间的协调、网络的选择等来使功效和频谱效率得到大幅提升，保证了 5G 时代网络系统的多样性和灵活性。

3. 自组织网络

自组织网络（self-organizing network，SON）这一概念早在 3G 时代就已经提出，但在 5G 时代才成为一项关键技术。它是指可以自动协调相邻小区、自动配置和自优化的网络。自组织网络技术可以解决网络部署阶段的自规划和自配置问题，还可以实现网络维护阶段的自优化和自愈和。

进入 5G 时代，如果仍然依靠传统的人工方式完成网络部署和运维，对人力资源和运行成本都会造成巨大浪费。自组织网络在实现自动动态规划网络的同时，还能满足容量扩展、业务监测和结果优化等方面的需求。另外，它在成本控制、安装便捷性以及降低运维成本等方面都有显著优势。总体上看，自组织网络可以有效解决 5G 时代网络部署、运营及维护问题。

4. 内容分布网络

内容分布网络（content distribution network，CDN）是建立筑在现有的互联网上的一种先进的流量分配网络，它会在原有互联网中增加一层新的网络架构。内容分布网络利用大数据分析，综合考虑各节点连接状态、负载情况和用户距离等信息，将网站原服务器的内容分发至靠近用户的缓存服务器中。

内容分布网络以性能可扩展性、低成本、高安全性、可靠性、快速响应和执行能力为目标，可以有效地提高网络资源的利用效率和用户的访问速度，增强网站的服务可用性和抵抗黑客攻击的能力，整体上提高用户访问互联网的服务质量，是 5G 必备的关键技术之一。

5. 软件定义无线网络

软件定义无线网络（software defined wireless networking，SDWH）是指通过某种网络协议将网络设备的控制面与数据面分离，从而实现对网络流量的灵活控制，也即利用一种通用模式来定义和控制无线网络。控制平面具有网络平面的全局视野，对全网络的资源进行调度和分配，其本质是通过软件调用来实现网络应用。

软件定义无线网络使网络实现虚拟化和智能化，不仅简化了网络设备，还为设备提供了可编程性，可同时指导多个异构网络为用户提供服务，使得 5G 时代异构网络之间的相互通信变得更加容易，新型应用的部署更加便捷、高效。

（三）5G 技术的特点

5G 技术的多项核心技术使它具备了完全不同于传统通信的几大特点和优势，正是这些特点和优势铸就了 5G 广阔的应用场景和无限潜力。

1. 高速度

移动通信的进步和发展给用户的最直观的感受就是速度的提升。5G 区别于 4G 最显著的特征之一就是高速度。从数据来看，虽然 5G 的峰值速率（单用户可获得的最高传输速率）相较于 4G 只增长了数十倍，但 5G 的用户体验速率（真实网络环境下用户可获得的最低传输速率）相对于 4G 有数百倍的提升，这就意味着大量用户在使用 VR、超高清、全息投影等业务时可以摆脱网络速度的限制。这种跨越式的提速会给用户体验带来颠覆性的改变，同时催生一大批新的商业机会，使得远程医疗、远程教育等从概念转向实际应用。

2. 泛在网

无线通信时代激增的用户需求，对网络在时间和空间上都提出了更高的要求。泛在网，顾名思义，是指无所不包、无处不在的网络。具体来说，泛在网有两个层面的含义：一是广泛覆盖，一是纵深覆盖。广泛覆盖要求覆盖所有人类可以到达的地方，这对在高山、峡谷等人烟稀少的地方进行环境、地质监测有很大好处。纵深覆盖则要求对人类生活中已经存在的网络部署进行更高品质的网络覆盖，这预示着诸如地下车库、卫生间等网络质量差的场所在 5G 时代都能被高质量的网络覆盖。

3. 低功耗

5G 时代提出万物互联的美好愿景，通信设备的种类、数量、使用时间都会大大增加，因此，降低功耗是必须解决的问题。5G 时代主要通过两种技术手段来实现低功耗：美国高通主导的 eMTC 和华为主导的 NB-IoT。其中，eMTC 对 LTE 协议进行了剪裁，使之成本更低也更适合物与物之间的通信。而 NB-IoT 基于蜂窝网络构建，可直接部署于 GSM 网络、UMTS 网络或 LTE 网络，大大降低了部署成本，有助于实现平滑升级。

4. 低时延

4G 时代主要面向人与人之间的通信，对时延的要求并不很高。然而，步入 5G 时代，为了满足更多专业应用场景的需求，时延大大减少。从专业指标来看，5G 的端到端时延——数据包从源节点开始传输到目的节点正确接收的时间——与 4G 时代相比减少了数倍。自动驾驶、车联网、无人机、工业控制、远程医疗等对时延要求非常严格的业务场景都将有望在 5G 时代迎来爆发式增长。

5. 万物互联

万物互联是物联网发展的终极目标。然而，随着进程的推进，物联网面临庞大的数据搜集、整合、连接等问题，还需要解决响应机制带来的延迟问题。5G 技术对物联网的渗透可以很好地解决这些问题，扫清网络技术的阻碍，让物联网真正连接万物。

5G 时代接入网络的终端可以扩展到生活中的各种产品，如眼镜、球鞋、书包等，5G 通过赋予这些设备新的功能将它们转化为智能设备，从而解决物联网模式下庞大数据连接集合的问题，同时实现设备数据的高速传输和实效性。5G 真正推动了物联网的应用落地，为各领域提供技术支持，实现万物互联。

6. 重构安全体系

5G 网络的构建离不开许多先进技术的支撑，而这些先进技术同时也会带来新的安全威胁，引发众多安全挑战。奇安信集团总裁吴云坤在发表主题演讲时指出，5G 安全挑战主要集中于应用场景层面，因此保护目标主要是场景，保护数据和应用是关键。在 5G 的网络构建中，应该在底层就解决安全问题；从网络建设之初，就将安全体制建设放在高位。在全球范围内，世界各国应该就安全问题形成新的机制，建立完整的安全保证体系。

（四）5G 技术的应用场景

1. eMBB（enhanced mobile broadband）——3D/超高清视频等大流量增强移动宽带业务

增强移动宽带是指在现有移动宽带业务场景的基础上，大幅提升用户体验速度。在 5G 技术的支持下，用户体验速率可提升至 1Gbit/s，峰值速度可达 20Gbit/s，这使得 VR、超高清视频、无线宽带等众多大流量业务能提供更好的用户体验。这一应用场景会是 5G 对个人生活影响的主要部分。

2. mMTC（massive machine type communication）——大规模物联网业务

5G 技术的主要价值之一就是实现万物互联，打破人与机器、机器与机器的通信屏障。mMTC 通过提供低功耗、低延迟、高可靠性和海量接入的能力来支持大量的物联网设备的接入。这一场景主要针对以传感和数据收集为目标的应用，这类应用场景通常具有数据包小，终端分布范围广、数量多、连接密度高等特点，如智慧城市、智慧楼宇、智能家居、环境监测、智能农业和森林防火等。

3. uRLLC（ultra-reliable low-latency communication）——无人驾驶/工业自动化等需要低延时/高可靠连接的业务

高可靠连接是指网络必须保持稳定，运行时不会发生拥塞、被干扰的情况。传统通信中可靠性要求较低，限制了众多产业的发展。uRLLC 作为物联网中的一个重要场景，具有高可靠性、低延迟和高可用性的特点，适用场景非常广泛：工业应用和控制、交通安全和控制、远程制造、远程培训、远程手术、无人驾驶等。

> ### ▓▓ 思考 ▶
>
> 1. 请简要概括 5G 技术的优势。
> 2. 请结合自身体验谈谈 5G 对生活的影响。
> 3. 你认为 5G 技术还可以和哪些领域相结合？
> 4. 请举出一个 5G 应用的实例。
> 5. 请综合谈谈你对 5G 技术未来发展趋势的看法。

二、云计算

（一）云计算的定义

云计算（cloud computing）这个概念于 2006 年 8 月在搜索引擎会议上首次提出，随后引发互联网的第三次革命。由于云计算是一个概念，而不是某项具体的技术或标准，所以不同的人从不同角度出发就会有不同的理解。时至今日，关于云计算仍然没有一个公认的定义。本书试图给出几种易于理解的定义，供读者参考。

《信息周刊》（*Information Week*）认为云计算是一种环境，其中任何的 IT 资源都可以以服务的形式提供。《华尔街日报》（*The Wall Street Journal*）则认为云计算使企业可以通过互联网从超大数据中心获得计算能力、存储空间、软件应用数据。

维基百科（Wikipedia）的定义对多种说法做了总结："云计算是一种计算模式，在这种模式下，动态可扩展而且通常是虚拟化的资源通过互联网以服务的形式提供出去。终端用户不需要了解'云'中基础设施的细节，不必具有相应的专业知识，也无须直接进行控制，而只需要关注自己真正需要什么样的资源，以及如何通过网络来得到相应的服务。"这一定义暗示云计算是对复杂基础设施的抽象。而美国国家标准与技术研究院（NIST）提供了另一种思路："云计算是一种模型，这种模型可以方便地通过网络访问一个可配置的计算资源（例如网络、服务器、存储设备、应用程序以及服务等）的公共集。这些资源可以被快速提供并发布，同时最小化管理成本以及服务商的干预。"

通过构建数据中心、云计算、大数据一体化的新型算力网络体系，将东部算力需求有序引导到西部，优化数据中心建设布局，促进东西部协同联动的"东数西算工程"于 2022 年正式启动。我国已规划 8 个国家算力枢纽节点、10 个国家数据中心集群，开展数据中心与网络、云计算、大数据之间的协同建设，提升国家整体算力水平，并通过算力设施的合理布局推动区域协调发展。中国移动、中国电信以及华为云等多家云计算企业已陆续明确云计算数据中心的布局和规划。

（二）云计算的发展历程

　　从云计算正式提出至今，只过了短短十数年时间，但其实，关于云计算的理论和尝试早在很多年前就已经出现。从 J2EE 和 .net 架构，到"按需计算"（on-demand computing）、"效能计算"（utility computing）、"软件及服务"（software as a service），这些新理念、新模式都可以看作对云计算的不同解读。本书希望从时间节点、云计算经历的数个发展阶段两方面出发，对云计算的发展历程做一个梳理。

1. 时间节点

　　云计算自 2006 年正式提出得到了迅速发展，表 4 - 1 展示了 2006—2022 年云计算产业的一些重大事件。

表 4 - 1　2006—2022 年云计算产业的一些重大事件

时间	重大事件
2006 年 3 月	亚马逊相继推出了简单存储服务 S3 和弹性计算云 EC2 等服务
2006 年 8 月	谷歌首席执行官埃里克·施密特在搜索引擎大会上首次提出"云计算"（cloud computing）的概念
2007 年 11 月	IBM 发布"蓝云"计划，提出公有云和私有云的概念
2008 年 1 月	salesforce 推出云计算平台 Force.com，成为世界上第一个平台即服务（PaaS）的应用
2008 年 10 月	微软发布其公共云计算平台（Windows Azure Platform），由此拉开了微软的云计算大幕
2009 年 1 月	阿里巴巴在江苏南京建立首个电子商务云计算中心
2010 年 7 月	美国国家航空航天局和 Rackspace、AMD 等厂商共同宣布"OpenStack"开放源代码计划
2012 年 8 月	百度建立了首个自建云计算中心
2014 年 3 月	微软宣布 Microsoft Azure platform 在中国正式商用；同年 4 月，微软 Office365 正式落地中国
2014 年 11 月	亚马逊 AWS 推出首个业界云函数服务"Lambda"
2015 年 12 月	我国国家质量监督检验检疫总局、国家标准化管理委员会联合发布《信息技术云计算参考架构》与《信息技术云计算概览与词汇》标准

续表

时间	重大事件
2016 年 1 月	微软宣布一项全新计划"Microsoft Philanthropies",将在未来 3 年为 7 万家非营利组织以及高校科研机构提供价值 10 亿美元的微软云服务
2017 年 7 月	国际云安全联盟(Cloud Security Alliance, CSA)发布虚拟化引擎
2018 年 8 月	我国工信部印发《推动企业上云实施指南(2018—2020 年)》
2018 年 9 月	阿里云公布面向万物智能的新一代云计算操作系统"飞天 2.0"
2019 年 7 月	中国信息通信研究院发布《云计算白皮书(2019 年)》
2020 年 1 月	优刻得(UCloud)正式上市,成为中国云计算第一股,市值超 300 亿元
2020 年 11 月	国产数据库 PingCAP 获 2.7 亿美元融资,创造全球数据库新纪录
2021 年 3 月	"十四五"规划纲要将云计算纳入数字经济重点产业之一
2022 年 2 月	"东数西算"工程正式全面启动

2. 三个不同阶段

● 阶段一:关键技术探索期(20 世纪 90 年代之前)

在这一阶段,虚拟化、分布式计算、并行计算等关键技术和概念得到了充分发展。

20 世纪 60 年代就已经出现虚拟化技术。20 世纪 80 年代以前,IBM 和其他几家公司实现虚拟化技术的突破,大型机虚拟化技术趋于成熟。随后,大规模集成电路和个人计算机(PC)的出现降低了硬件成本,迫使旨在充分利用昂贵硬件资源的大型机虚拟化技术淡出人们的视野。

并行计算的思想最初出现于 20 世纪 60 年代,它是利用时间或空间并行模型,通过对计算任务进行分解和并发处理来实现计算任务的高速解决。但由于并行计算使用的计算模型复杂、专业性强,同时需要参与并行计算的各计算单元频繁交互,对网络要求高,所以并行计算的可扩展性受到限制,很依赖于服务器的性能。

20 世纪 80 年代,分布式计算的思想出现,它将需要巨大计算能力来解决的问题进行切分,并将切分后的相对独立的任务分配给多台计算机进行处理,最终将计算结果统一整合。但由于传统分布式计算并没有统一的模型,开发难度大,专业性强,应用很受限制。

总体来说,在第一阶段,虚拟化、分布式计算、并行计算等关键技术得到了初步技术探索,实际应用范围很窄。

● 阶段二:IT 服务化商业模式探索期(20 世纪 90 年代初到 21 世纪初)

进入 20 世纪 90 年代,为了提高服务器利用率并降低运行成本,以 VMware 为首的几个虚拟化厂商开始推动基于 x86 服务器的虚拟化实践和商业化应用进程。随后,旨在将主机资源基于网络出租给用户并按资源使用量收费的效用计算在 21 世纪初引发热潮。同期,应用服务平台(ASP)作为 IT 行业中一种新的外包模式也盛行一时。但最终，这些新兴概念和尝试由于运营成本高昂、部署管理效率低下、网络宽带的制约等因素的限制都未能得到长足的发展。

这一阶段还出现了分布式计算的一个重要分支——网格计算。它试图由跨网络、跨机构（虚拟组织）、异构节点构成网络，统一提供计算和存储能力，来解决异构问题。虽然它为实现计算资源共享和按需供应的目标提供了方向，但它强大计算能力的背后是难以估量的计算复杂性，这也导致它难以迈进商业应用的大门。

相较于关键技术探索期，这一阶段各项技术都得到了更为充分的发展，对商业模式也有了初步的探索。遗憾的是，这一阶段的商业探索基本以失败告终。

● 阶段三：云计算技术和商业模式实践期（21 世纪初至今）

2005 年，英特尔正式推出了从硬件上支持虚拟化指令的 VT 技术。存储和网络领域中的虚拟化技术也得到发展，基础设施虚拟化从企业应用领域拓展到数据中心，成为云计算的基础架构技术，使"资源即服务"的新型 IT 商业模式成为可能。

谷歌针对其搜索业务所需的庞大数据要求，设计了新的分布式架构和计算、存储技术，其特点是编程模型统一、软件可靠性高、能源绿色、成本低廉等。谷歌的这一分布式计算模型对开发者要求不高，适用场景多，成为云计算分布式技术的新"标准"。

而在谷歌技术原理基础上发展起来的 Hadoop 经过多年发展，已经被各类互联网公司采用。分布式并行计算的架构和模型在解决互联网海量非结构化数据和大数据的存储、分析与并发处理问题方面成效显著，已成为众多互联网公司的基础设施核心架构技术，为云计算服务的提供创造了技术条件。

有了成熟的虚拟化、分布式计算和存储等技术作为基础，互联网巨头对商业模式进行了进一步探索并出现了许多成功案例，为云计算的正式出现做出铺垫。首先是亚马逊的 IaaS 服务得到用户认可并迅速发展。随后，Surface 提出 SaaS 的概念，使得用户可以共享应用平台和数据库，同时针对不同用户实现自助式定制。与此同时，PaaS 的理念也得到发展，开始从互联网应用服务向全面的网络应用开发与托管演进。

云计算整体的发展大致可以分为以上三个阶段。如今，云计算已成为信息经济的重要基础设施，占据了 IT 产业的巨大份额。

（三）云计算的发展现状

针对不同的用户群体和他们所需要的不同服务内容，现在的云计算可以按照服务类型和所属层级分为三类，分别是基础设施即服务（IaaS）、平台即服务（PaaS）和软件即服务（SaaS）。如图 4-1 所示，三种不同类型的云计算服务之间存在一定的关系和联系。下面从这三种服务类型出发，阐述云计算的发展现状。

1. 基础设施即服务（IaaS）

基础设施即服务，顾名思义，就是将计算、存储、网络等基础设施资源作为服务并通过互联网对外输出，通常按照所消耗资源的成本进行收费。在这种服务背景

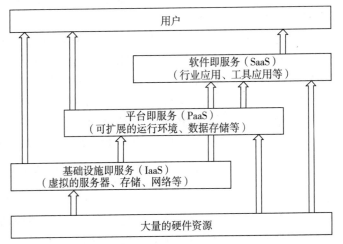

图 4 - 1　IaaS、PaaS 和 SaaS 的关系

下，用户可以通过互联网实现资源的按需分配，而无须为原始的硬件付出成本或花费精力管理或控制各种基础网络设施。

IaaS 首先将自动化技术等相关资源管理技术作为核心支撑，使得用户可以以自助形式完成对资源的申请。IaaS 还以虚拟化技术为基础，将一台物理服务器封装隔离，同时可供多名用户使用并保证服务的安全性、可靠性，有效降低了 IaaS 的建设成本和用户使用成本。其动态迁移的特性还可以有效提升云服务的可用性。

从整体上看，IaaS 市场目前正处于繁荣发展期，全球市场规模稳步扩大。从市场组成来看，IaaS 市场参与者的类型丰富、数量众多。其中，以亚马逊、阿里巴巴、腾讯、谷歌等为代表的互联网公司，以 IBM、浪潮、华为等为代表的硬件厂商，电信运营商，以及从事云安全、云存储、云管理业务的专业性厂商是中坚力量。从市场占有率来看，国际研究机构高德纳（Gartner）发布的 *Market Share：IT Services，Worldwide 2020* 研究报告显示：2020 年全球云计算 IaaS 市场中，亚马逊的市场份额为 40.8%，排名第一；微软的市场份额为 19.7%，排名第二；阿里云的市场份额为 9.5%，排名第三。

2. 平台即服务（PaaS）

平台即服务，简单来说，就是把用户所需的服务器平台作为一种服务提供的商业模式。它通过将计算能力和存储能力进行封装，为用户提供可应用于软件的开发、测试、部署和运行的环境。PaaS 通过提供一个开发平台和应用程序编程接口（application programming interface，API）组件实现对不同需求的定制服务。应用软件开发商和独立开发者还能够在 PaaS 提供的软件平台运行环境中获取资源以支撑程序顺利运行。

PaaS 所采用的基于云的软件开发、测试及运行技术，满足了软件开发者在线远程开发、远程部署和调试的业务需求。PaaS 的另一关键技术——大规模分布式应用运行环境则构建起了广大的可扩展的文件系统、数据库以及应用中间件，大幅提升海量存储和计算资源的利用率，消除物理硬件造成的资源紧缺，提高对用户的服务效率。

如图4-2所示，全球PaaS市场规模仍呈稳定增长态势。目前国际领先的服务商几乎都具有PaaS，如亚马逊AWS、谷歌云、微软Azure、阿里云、华为云、腾讯云等。2020年全球PaaS市场规模为2 778.6亿元，未来5年将保持20%的年均复合增长率。2020年我国PaaS市场规模占全球的比重为10.1%。我国PaaS市场起步较晚，但是发展迅速。据中国信息通信研究院测算，我国云计算市场中，PaaS市场规模增速较高，未来几年企业对大数据、游戏和微服务等PaaS产品的需求量将持续增长。

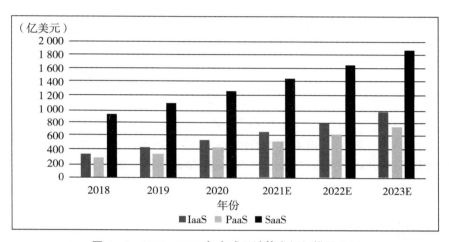

图4-2 2018—2023年全球云计算市场规模及预测

资料来源：艾媒数据中心，data. media. cn.

3. 软件即服务（SaaS）

软件即服务作为一种最高层的抽象，将应用软件以服务的方式交付给最终用户，暴露很少的技术细节，使得用户无须了解任何技术相关内容。这样的服务方式使得SaaS成为个人用户最常使用的云服务模式。云服务提供商先将应用软件部署在云上并负责后续维护和管理硬件设施，用户只需通过标准的Web浏览器来使用互联网上的软件，而无须耗费其他任何资源。

SaaS以Web 2.0为关键技术，具有越来越强的易用性，使得用户可以随时随地通过多种设备使用服务，而不需要安装、升级和维护软件。同时，SaaS以多用户和虚拟化技术为支撑，让一套硬件和软件架构在多个用户之间共享，大大降低用户的使用成本。另外，SaaS服务提供商还提供较为高级的安全机制，为存储在云端的数据提供加密措施。

针对个人和企业，SaaS有不同的产品。在线文档编辑、表格制作、财务管理、文件管理等都是针对个人的产品。用户关系管理（customer relationship management，CRM）、ERP、人力资源管理（human resource management，HRM）等都是面向企业

数字经济与数字化转型

的服务，占 SaaS 细分服务市场的主要份额。目前，在 ERP、CRM 等领域，市场占有率较高的是国际厂商（见图 4 - 3）。从全球市场规模分析和预测来看，SaaS 是云服务中占比最大的，未来几年仍会保持稳定增长的趋势。从国内来看，SaaS 市场仍较为分散，暂时还没有出现类似美国市场上市值超过千亿美元的龙头企业（见图 4 - 4）。

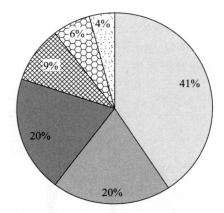

图 4 - 3　2020 年全球 IaaS 市场份额

资料来源：Gartner，Market Share：IT Services，Worldwide 2020.

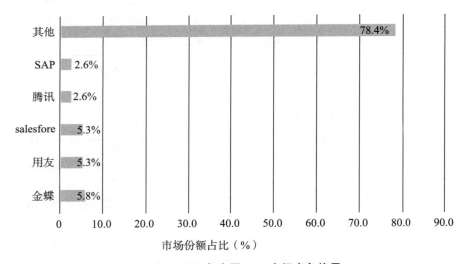

图 4 - 4　2020 年中国 SaaS 市场竞争格局

资料来源：华经产业研究院.

（四）云计算产业的发展趋势

根据中国信息通信研究院发布的《云计算发展白皮书（2019 年）》，总结出云计算产业未来发展的四大趋势如下：

1. 趋势一：云管理服务开始兴起，助力企业管好云

云管理服务提供商（managed service provider，MSP）通过对接公有云服务厂商，为其提供上云、开发、迁移、运维等专业服务，帮助企业顺利将业务系统迁移至云计算平台，并保证此过程中系统的稳定性，助力企业进行有效管理。2017年3月，高德纳发布首个公有云托管服务商的魔力象限报告，云MSP被大众广为知晓。IDC（Internet Data Center）的报告对中国的云管理市场进行了详细的分析。截至2019年，中国的第三方云管理服务市场规模达到了5.6亿美元，同比增长82.6%，在未来的三年内该市场的复合增长率预期将会达到54.7%。

行业市场对云管理服务的真实需求很大，大多来自制造业、零售业、金融行业等企业客户。从供给方面来看，神州数码、IBM、中软国际、埃森哲、数梦工厂等几家大型服务商拥有良好的技术资源，对云管理服务市场的开拓起到重要作用。

2. 趋势二："云＋智能"开启新时代，智能云加速数字化转型

随着产业和技术的发展，云计算技术本身已经不能很好地满足用户需求。只有将云计算和人工智能等新技术相结合，使它们形成互相牵引、相互成就的关系，才能有助于国家技术和产业升级，抢占国际竞争的制高点。具体来说，通过将云计算与人工智能相结合实现云服务的按需使用和自助获取，能够帮助企业实现降本增效，激发企业创新发展新动能。

人工智能与云计算相结合可以造福众多领域，开发行业潜力。自然语言处理、人脸识别、语音识别等智能云应用服务可直接应用于智能化的业务场景，从而促进企业业务创新。在医疗领域，人工智能中的图像识别技术可有效助力医学影像分析系统、辅助诊疗系统、远程诊疗平台的建设，提高医疗效率和医疗服务水平。

3. 趋势三：云端开发成为新模式，研发云逐步商用

传统的本地软件开发模式问题明显：资源维护成本高、开发周期长并且交付效率低，不利于企业的创新和发展。而采用云端部署开发平台进行软件全生命周期管理，能够快速构建开发、测试、运行环境，规范开发流程，降低成本，提升研发效率和创新水平。云计算通过集成端到端管理工具服务还能够实现覆盖软件开发全生命周期，同时构建集成语音、消息、会议等一站式协同平台，实现协同式软件开发。云计算具备的多方面优势已使它成为目前软件行业首选的开发方式。

目前，许多顶级软件企业都已经致力于软件开发云的建设和应用，相继发布了全自动化的DevOps持续交付云计算平台。其中，阿里云的云效平台可以提供端到端的提效工具和稳定的分布式代码托管工具，腾讯的蓝鲸智云平台可以提供完整的自动化工具链。这两个平台和其他许多软件开发云的商业化应用一道推动企业云化转型。

4. 趋势四：云边协同打造分布式云，是物联应用落地的催化剂

边缘计算是物联网技术得到快速发展不可忽略的重要因素。在现实应用场景中，边缘计算独自发挥的效用有限；只有将云计算与边缘计算紧密结合，协同发力，才

能更好地满足各类场景的实际需求，使云计算与边缘计算的应用价值最大化。基于这样的考虑，云边协同已成为主流模式，并将在未来一段时间持续发展。

在实际应用过程中，云边协同可以通过中心云实现大规模整体数据的分析、深度学习的训练等，通过边缘云实现小规模局部数据的轻量处理、数据采集与实时控制等。随着各类新技术的发展，云边协同模式下的分布式云能够为物联应用的便捷管理和高校部署提供技术支撑，连接物联网场景中的各种技术，构建物联网应用的完整版图。

思考▶

1. 请简要概括云计算的定义。
2. 请简要说明云计算三种类型（IaaS、PaaS、SaaS）的区别。
3. 你认为云计算的优势有哪些？
4. 请举出几个云计算的应用实例。
5. 云计算的分类方式不止一种，可以举出云计算的其他分类方式吗？
6. 目前，云计算发展面临哪些方面的挑战？

三、区块链

（一）区块链定义

许多计算机技术首先诞生于"工程"之中，随着越来越多的人去研究它们，它们才逐渐成为"科学"，"区块链"就是这样一种技术。所以，在很长一段时间内，"区块链"并没有一个严格准确的定义。但这并不影响区块链作为新一代信息技术给各行各业带来颠覆性影响。2009年诞生了第一种真正可运行的区块链——比特币，而在比特币白皮书中将"区块"（block）和"链"（chain）分开来看。其中，"区块"是指一组交易数据集合存储在一起，"链"则是指一种将区块顺序连接起来的数据结构。

美国国家标准与技术研究院于2018年10月发布《区块链技术概述》，并给出了区块链的一种标准定义：区块链是以无中心节点的分布方式实现的、防篡改的数字化账本，并且通常无须如银行、企业或政府这样的权威机构提供担保。基本来说，区块链使得用户能够在自己社区内的共享账本中记录交易，一般在正常的区块链网络中操作，交易一旦发布，就不得更改。

从本质上分析，区块链就是一个去中心化的数据库，其中每个数据块都是根据密码学方法产生的且相互关联。更直白地说，区块链是一种由计算机维护、全民记账的分布式总账技术。区块链作为去中心化和去信任化的分布式账本技术，可以在没有中介机构和信任机制的情况下，实现点对点交易，支持数字货币交易。

（二）区块链发展历程

美国作家梅兰妮·斯万（Melanie Swan）在其著作《区块链：新经济蓝图》中将区块链的发展历程分为三个阶段，分别是区块链1.0、区块链2.0和区块链3.0（见图4-5）。下面将对这三个阶段做详细介绍。

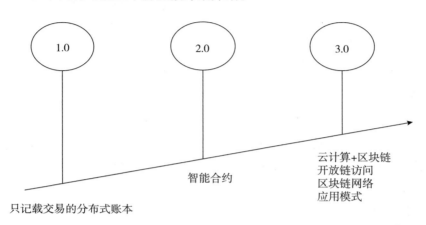

图 4-5　区块链发展历程概览

1. 区块链1.0：以比特币为代表的加密数字货币

整体来看，这个阶段的区块链技术主要应用于加密数字货币领域，以比特币为首要代表。这时的区块链集独立的区块链网络、单一的协议和应用于一身，作为一个保存交易记录的分布式账本主要服务于加密数字货币的设计和使用。

2008年10月31日，中本聪发布比特币白皮书，指出如何创造"不需依赖信任的电子交易系统"，并由此提出"比特币"这一数字货币的概念，提供双重花费问题的解决方案。随后，2009年1月，比特币诞生，比特币系统就此正式启动。最开始，比特币的价值很低，1万比特币的价值仅约41美元。随着比特币的热潮逐渐席卷全球，从2013年开始，许多人对比特币进行扩展，通过最简单的复制、然后稍作修改的方式产生了许多分叉币。

区块链是一个融合了数学、密码学、计算机技术等的全新的数字交易系统，具有去中心化、不可篡改等优点，在安全性保证和低交易成本两方面都有明显优势。在这样的背景下，区块链1.0对传统的金融体系有颠覆性的意义，设定了全球货币统一的美好愿景。比特币的出现也正是为建设一个可信赖的、自由的、无中心的、有序的货币交易世界所做出的努力尝试。

但由比特币系统营造的美好的远景下同时也隐藏着巨大的技术问题和社会风险。比特币系统内置的脚本系统是为加密数字货币交易专门设计的，所以在开发其他金融应用时逻辑表达能力有限。另外，比特币系统开发难度大、对开发人员要求高，无法进行大规模的非加密数据货币类应用的开发。而且，比特币系统由于所能同时承载的交易量低、速度慢，不能支持实时性要求较高的应用。纵观区块链 1.0 的发展全景，它的社会影响也值得重视。比特币的价格几度出现剧烈波动，长时间的"挖矿"还会造成巨大的能源消耗，各国政府对比特币的监管态度也并不明晰。区块链的发展还需要经历更长久的时间。

2. 区块链 2.0：基于区块链的可编程金融

区块链 1.0 的主要应用是虚拟货币。区块链 2.0 针对区块链 1.0 存在的系统专用性问题，引入智能合约，极大地拓宽了区块链的应用范围并在各个行业迅速落地，其中的典型代表是 2013 年启动的以太坊系统。为了进一步解决区块链 1.0 中凸显出的性能问题，以太坊系统在算法层面也做出了改进和提升。

首先需要明白，智能合约是什么？从定义上来讲，智能合约是一种通过计算机技术实现的，旨在以数字化方式达成共识、履约、监控履约过程并验证履约结果的自动化合同。传统契约的签订和执行过程复杂、耗时长，引发的各类纠纷也很多。而智能合约允许在没有第三方的情况下进行交易，这些交易可信、可追踪但不可逆转。所以，智能合约可以最大限度地简化契约双方的履约过程，实现效率的提升和成本的降低。

在智能合约的支撑下，区块链 1.0 中应用场景受到限制的问题得以解决。大批金融机构为利用数字货币的强大功能开展金融业务，纷纷尝试将智能合约与区块链结合。于是，可编程金融应运而生，在股票、清算、私募股权等众多金融领域发挥作用。在企业股权众筹方面，区块链分布式账本技术使得企业可以通过分布式协作运营将集体智慧发挥到极致，从而降低时间和费用成本，提高运营效率。

商业银行对区块链的应用是多方面的。具体来说，区块链技术可用于贸易结算以及金融衍生品合约的买卖等点对点交易，可以作为可靠的数据库来登记各种信息，还可以帮助完成实现土地所有权、股权等的真实性验证和转移等确权工作。另外，区块链还能利用智能合约实现各类合同的智能管理。

除了引入智能合约，在区块链 2.0 时代，各种区块链系统都投入精力以提高区块链的性能。以以太坊为例，它将出块时间缩短到 15 秒，能够满足大部分应用的需求；在未来，它还将进一步通过改进算法提升区块链性能。

3. 区块链 3.0：价值互联网

回顾区块链所经历的两个时代：区块链 1.0 是数字现金时代；区块链 2.0 是数字资产时代，其代表——以太坊曾将自己定义为一台"全球分布式计算机"。进入区块链 3.0 时代，区块链将不再局限于一台全球计算机，而是朝着由很多台全球计算机组成的价值互联网迈进，期望成为应用的平台，扩大影响范围，为各行各业都提出去中心化的解决方法。

价值互联网（Value Internet，VI）是以人为本的价值共享网络、以人机协同为形态的智能系统网络和以数字产权为载体的价值流通网络。通俗来说，价值互联网就是一个可信赖的、能够实现人和万物互联的网络，可以有效解决人与人、人与物、物与物之间的协作问题。通过将调节、仲裁等工作交给大家都信赖的机器，价值互联网可以有效提升工作效率。可以说，价值互联网是人类社会网络系统进化的最高形式，同时也是区块链 3.0 时代的最终目标。

作为价值互联网的内核，区块链 3.0 更像是一个云服务平台，在这个平台上人们可以进行各种类型的价值交易应用。为了实现从 2.0 到 3.0 的跨越，区块链不仅要做到性能方面的提升，在架构方面也需要做出改变。如果把一项项应用看作拥有各自分布式账本和去中心网络的独立链条，那么区块链 3.0 就类似于众多链条的堆叠和连接。通过区块链领域内的软件服务，开发者可以自行组合需要的云服务并实现所需的应用功能，每项应用都拥有一条独立的区块链。

区块链 3.0 表现出来的优势使它的应用范围早已突破金融领域，扩大到了社会公证、智能化等多个领域。进入区块链 3.0 时代，区块链技术可以有效解决社会公信力不足带来的诸多问题，为社会治理提供思路和有效技术解决方案。在身份认证、公证、仲裁、审计、域名、物流、医疗、邮件、签证、投票等领域，区块链技术作为一种分布式信用模式可以有效提升工作效率和民众信服度，使构建可信社会成为可能。

（三）区块链的分类

区块链最常见的分类方式是根据网络范围以及参与节点特性，划分为公有链、私有链、联盟链这三类。如表 4-2 所示，三种不同类型的区块链在记账人、激励机制、中心化程度、承载能力等方面也有区别。

表 4-2　公有链、联盟链、私有链对比

项目	公有链	联盟链	私有链
参与者	任何人自由退出	联盟成绩	个体或公司内部成员
记账人	所有参与者	联盟成绩协商确定	自定义
激励机制	需要	可选	可选
中心化程度	去中心化	多中心化	多中心化
突出特点	信用的自建立	效率和成本优化	透明和可追溯
承载能力	3~20 笔/秒	1 000~10 000 笔/秒	1 000~200 000 笔/秒
典型场景	加密数字货币、存证	支付、清算、公益	审计、发行

1. 公有链

根据之前对区块链的认识，我们不难理解，"公有"其实就是指任何人都能匿名参与区块链数据的维护和读取，而不需要任何权限设定或身份认证，这也表明公有链上的数据是完全公开透明的。在区块链发展过程中备受瞩目的比特币和以太坊就是公有链的典型案例。要使用比特币系统，只需要下载相应的客户端，就能完成创建钱包地址、转账交易、参与挖矿等操作。为了解决比特币表达能力有限的问题，以太坊引入了智能合约，实现契约的自动运行。

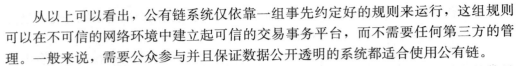
从以上可以看出，公有链系统仅依靠一组事先约定好的规则来运行，这组规则可以在不可信的网络环境中建立起可信的交易事务平台，而不需要任何第三方的管理。一般来说，需要公众参与并且保证数据公开透明的系统都适合使用公有链。

对公有链形成认识需要注意到它的另一个特点：在公有链环境中，节点的数量不固定，节点的在线与否也是无法控制的，甚至节点是不是恶意的也未可知。在这样的情况下，为了解决系统的可靠性问题，公有链主要通过共识算法、激励或惩罚机制、对网络的数据同步来保证最终一致性。

但这种方法的效用有限，公有链存在的问题依然很显著。在效率方面，比特币中的区块要经历大约一小时的时间才能确认安全性，这对于大多数企业应用都是难以接受的。在隐私方面，对于一些需要实名制的业务，当前公有链系统的隐私保护很不到位。另外，现有的许多公有链共识算法无法提供实时确定性，某笔交易是否能够最终被包含在区块链中无法实时地展现给交易方，给工商业应用和法律环境带来巨大风险。

2. 私有链

私有链是公有链的相对概念。私有就是指不对外开放，只在组织内部使用。私有链的写入权限是由某个组织和机构控制的。企业的票据管理、财务审计、供应链管理，以及政府的政务管理等都可以运用私有链。

与公有链完全去中心化不同，私有链的分布式账本是有中心的，对数据的读写和交易都需要在中心的约束和控制之下。另外，在激励机制方面，私有链也和公有链有很大差别。对于公有链而言，为了让每个节点参与竞争记账，就必须设计一种依托于代币的激励机制并以此鼓励参与记账的节点。然而在私有链环境下，节点都属于组织内部，参与记账可能是来自组织的要求，是每个节点必须履行的义务，所以不再需要代币这一奖励机制。

私有链环境中，参与方的数量一般都是确定的，而且远少于公有链，状态也是可控的。这就使得私有链在效率及隐私方面有更强的表现力。由于私有链的小规模和组织内部业已建立的信任机制，所以可以采用即时确认的共识算法减少确认时延和降低写入频率。同时，私有链还可以充分利用企业现有的信息安全防护机制以提供更安全的隐私保护。在私有链环境下，没有人可以轻易篡改数据，即使篡改也可以追溯到责任方。

3. 联盟链

从定义上讲，联盟链是指其共识过程受到预选节点控制的区块链。联盟链的网络范围介于公有链和私有链之间，它通常在多个互相已知身份的组织间构建。多个银行之间的支付结算、多个企业之间的物流供应管理、多个政府部门之间的数据共享等都可以使用联盟链。

联盟链的整体架构是分布式、多中心、有中介的，可以看作多个私有链的集合，所以它的基本特点与私有链是相似的：都需要严格的身份认证和权限管理，节点的数量和状态在一段时间内也是可控的。但联盟链并不一定要完全管控，例如政务系统，其中的部分数据是对外开放的。

基于这些特点，联盟链与公有链相比，优势也很明显。联盟链总体规模小，各参与方都知道彼此的真实身份，并且对于业务要求在线下就已达成共识，所需的共识机制约束少，共识算法运行效率大大提高，可以实现毫秒级确认。另外，由于联盟链仅在联盟内部开放，所以外部成员无法访问数据；联盟内部各业务之间也可以进行隔离，各厂商可以通过算法增强隐私保护以实现更高程度的隐私安全保护。此外，与私有链一样，联盟链中各方具有共同利益追求，因此不需要再利用额外的代币作为激励机制。

（四）区块链的意义

1. 区块链是数字经济的交易基础设施

数字经济的建设是当今时代的热潮，数字基础设施已逐渐成为新的基础设施，人类社会、网络世界和物理世界日益融合。区块链和它带来的价值互联网正有望连接数字经济的这三个空间，成为数字经济中价值交易的基础设施之一，惠及个人、产业与经济。

区块链作为一种分布式账本技术为社会建立了"数字账户"，可以方便且全面地记录所有数据资产，为数据资产化提供有效手段。在区块链进行技术实践的过程中，分布式网络为其提供稳健性和安全性保障，共识算法又确保了各成员广泛、公平地参与，智能合约使得契约可以自动执行，以上过程使得区块链成为数字经济的扎实的技术基础。区块链可为商业经济领域提供直接支持，帮助构建分布式商业体系，全方位驱动数字经济的发展。

2. 区块链助力公共事务的发展

公共事务参与方众多、利益关系错综复杂，其治理难的特性已是全球各个国家的共识。随着信息化时代的发展，复杂网络结构让公共事务治理难度再一次升级，但同时区块链等新一代数字化技术也为公共事务治理提供了可能的解决方案。

区块链这一分布式账本允许参与各方添加并维护数据及互证、互认，并保证操作不可篡改、不可撤销。这与公共事务中多方信息互通、互证、互享的要求是完全吻合的。区块链在善款的追踪、食品和药品的溯源等事务上早已助力良多。区块链允许多方参与记账，这可以很好地满足公共事务治理中大规模协同运作的需求，将各个利益相关方结合起来，让他们各自承担任务，最终提升公共事务治理的效率。另外，区块链的激励机制可以很好地解决利益多元化、去中心化的利益相关者的激励问题，对调动公共事务治理中各方的积极性有关键意义。

在疫情防控过程中，区块链就发挥了很大作用。它保证了慈善公益的公开透明，通过智能合约帮助捐赠者和受助人直接点对点对接，实现定向捐赠，并利用匿名性特点保障捐赠者隐私。区块链在疫情数据工作中利用分布式、不可篡改的特点，提高了政府数据的可信度，保证了谎报、瞒报可溯源。区块链还帮助各行业做到产品溯源，助力医疗数据平台的数据共享。

> **思考**
>
> 1. 请简述区块链的发展过程。
> 2. 公有链、私有链和联盟链的区别是什么？
> 3. 区块链对社会发展有什么积极意义？
> 4. 区块链的发展需要解决哪些问题？
> 5. 请列举几个区块链的实际应用场景。
> 6. 你认为区块链未来的发展趋势、发展前景如何？

四、大数据与人工智能

（一）大数据概述

1. 大数据的概念和特点

随着信息科技的发展，我们正经历海量数据的爆炸式增长，这给数字技术的计算能力和存储能力带来很大挑战，大数据的概念也由此产生。研究机构高德纳这样定义大数据：大数据是指在一定时间范围内用常规软件工具进行捕捉、管理和处理的数据集合，需要新处理模式才能具有更强的决策力、洞察发现力和流程优化能力来适应海量、高增长率和多样化的信息资产。维克托·迈尔-舍恩伯格及肯尼斯·库克耶在其编写的《大数据时代》中认为，大数据指不用随机分析法（抽样调查）这样的捷径，而采用所有数据进行分析处理。

在这些抽象概念之上，IBM 总结提炼出了大数据的 5V 特点：volume（数据量大）、velocity（处理速度快）、variety（数据类型多）、value（价值密度低）、veracity（真实性）。

我们生活在一个信息爆炸的时代。1986—2010 年，短短 20 余年间，全球的数据量增加了 100 倍之多。而在之后的时间里，随着万物互联的愿景照入现实，汽车、家用电器、各种传感器和摄像头接入互联网，数据量增长的速度更快。据咨询机构 IDC 估计，人类社会产生的数据在以每年 50% 的速度增长，这也被称为"大数据摩尔定律"。另外，大数据种类繁多，涵盖了网络日志、音频、视频、图片、地理位置信息等多类型的数据，对数据处理提出更高要求。所以，大数据时代，数据处理速度也很快，以满足用户对时效性的要求。在数据量如此庞大的环境下，虽然数据的准确性和可依赖度高，但寻找数据价值就像浪里淘沙，大数据整体上价值密度很低。

2. 大数据的影响

大数据对思维方式、商业发展和社会发展都产生了非常深远的影响。

（1）对思维方式的影响

全样而非抽样——要利用所有的数据，而不再仅仅依靠一小部分数据。在过去很长一段时间里，由于处理工具和存储能力的限制，科学分析中一直用随机抽样的方法来代替对海量数据的准确分析，通过采集小规模的样本数据来推断全体数据的特征，以解决数据分析的问题。但进入大数据时代，分布式文件系统和分布式数据库技术提供了高存储能力，分布式并行编程框架提供了海量数据的高效处理方式，科学分析完全可以直接针对目标数据全集，正确地考察数据集的全部细节并进行任何细微层面的新的分析。

混乱而非精确——要接受数据的纷繁复杂，而不再追求精确性。在"小数据"时代，因为数据量本身就比较小，抽样分析的一个微小误差被放大到数据全集后可能造成严重后果，所以减少错误、保证精确度是非常重要的。进入大数据时代，对数据的全样分析消除了误差放大的问题，放松容错标准反而可以带来新的优势。人们开始重新审视精确性的优劣，以充分利用大规模数据带来的好处。数据的混乱应该是一种标准途径，帮助人们进一步接近事实的真相，不局限于狭隘的、所掌握的精确数据，而是扩大视野收纳事物的全貌。

相关而非因果——要关注事物的相关关系，而不再探求难以捉摸的因果关系。在过去，人们常常利用数据分析来解释事物背后的发展机理或是预测未来可能发生的事件。大数据时代则指导我们去了解"是什么"而不再探究现象背后的原因，让数据自己"发声"。知道"是什么"的洞察力足以重塑很多行业，亚马逊的推荐系统、谷歌的搜索引擎都是例子。

（2）对商业发展的影响

大数据发展过程中，为各种事物提供了数据化手段——一切皆可"量化"。通过将文字编成数据，谷歌开发了数字图书馆，亚马逊开发了 Kindle 电子书，实现了文化的财富提现；将位置信息变为数据，移动通信业务占据社会商业领域中的重要份额，无线运营商利用实时位置信息提供新的服务；当沟通转变为数据时，全书（Facebook）开启社交网络平台这一商业应用的新篇章，社交媒体上的大量数据转而又成为其他新型商务的基础。世间万物的数据化可以滋生源源不断的新用途，为商业发展开拓一片又一片的未知领域。

大数据时代的数据创新还可以为商业领域创造多层次的重复价值。通过数据再利用，那些收集或控制着大型数据集但目前很少使用的机构就可以在合适的契机下通过数据获利。大数据时代，数据的总和往往比部分数据更有价值，这就指导众多企业重组、整合数据集以创造更多利益。

（3）对社会发展的影响

大数据具备集成信息的功能，能够加载大批量、类型繁多、非结构化的数据，并结合历史数据进行综合分析，从而为战略决策和战术决策提供双重支持。大数据决策由此成为一种全新的、备受追捧的决策方式。政府部门就已将大数据决策融入舆情分析与治理中，通过对各种社交媒体上的数据进行综合分析，提取其中的隐含内容，协助管理部门有效、迅速应对突发事件。

随着信息化时代的深入发展，大数据的影响会逐步渗透到社会的各行各业，促进银行、保险、交通、材料等行业与信息技术的深度融合，开拓行业的新方向。通过传感器从建筑物中收集大数据，可以帮助从事建筑业的公司精准预测完成任务所需的时间以及材料和仪器的成本。大数据可用于分析客户行为，使零售商能够利用所收集信息为客户定制个性化服务。

大数据时代的到来使得就业市场的形势也发生了巨大变化。互联网企业、零售业以及金融业都急需大批大数据人才，数据科学家在人才市场中成为最热门职业之一，发展前景非常广阔。随着大数据市场整体规模的扩大，市场对数据科学家的需求还会愈发旺盛。

3. 大数据的应用

（1）大数据在互联网领域的应用

大数据在互联网领域的典型应用之一就是推荐系统。推荐系统可以将用户和物品自动联系起来，即使用户没有表现出明确的需求，它也能结合用户的历史数据和个人喜好，帮助用户从海量信息中高效地筛查出目标信息，满足用户的个性化需求。目前，推荐系统已经广泛应用到电子商务、在线视频、在线社交网络等各类网站和应用中。

（2）大数据在生物医学领域的应用

基于大数据的流行病预测可以完备地考虑时空、地理、气象、病原学等多种复杂因素，确定流行病在各区域的传播路线和规律，提高预测效率和精准度。大数据技术还可以帮助国家构建智慧医疗平台，实现患者、医护人员、医疗服务的无缝、智能对接，给予患者高质量的医疗服务。大数据与生物学的融合可以使人类更深入地了解生物学过程、疾病致病基因等，为个人从基因分析出发给出疫病预防建议。

（3）大数据在物流领域的应用

智能物流融合了以大数据为代表的诸多新兴信息技术，使物流系统具备人的智能，从而实现物流资源的优化调度和有效配置以及物流系统效率的提升。大数据技术就是智能物流发挥重要作用的基础和核心。中国多企业联手共建了中国智能物流骨干网——菜鸟，实现了众多服务商信息的整合，极大方便了民众对物流的需求。

（二）人工智能概述

1. 人工智能的定义

人工智能是研究、开发用于模拟、延伸和扩展人的智能的理论、方法、技术及应用系统的一门新的技术科学，努力将通常由人类完成的智力任务自动化。作为计算机科学的一个分支，人工智能对人的意识、思维的信息过程进行模拟，企图生产出一种新的能以与人类智能相似的方式做出反应的智能机器。从这个意义上来说，人工智能极富挑战性，涵盖了计算机、心理学和哲学等众多学科，研究的领域包括机器人、语言识别、图像识别、自然语言处理和专家系统等。

2. 人工智能的发展历程

(1) 阶段一：初创时期（1936—1956 年）

1936 年，图灵（Alan Turing）发明通用图灵机，成为现代计算机的思想原型。1943 年，人类历史上第一个人工神经元模型 MP 模型（McCulloch-Pitts Model）诞生，这个模型正是人工神经网络的最初起源。1946 年，"冯·诺伊曼计算机"问世，提出了现代可编程数字电子计算机架构，奠定了现代计算机的基础，成为测试和实现各种人工智能思想和技术的重要工具。1948 年，诺伯特·维纳（Norbert Wiener）提出控制论，从机器控制的角度，在机器、人与大脑之间建立联系。1956 年，在达特茅斯会议上，麦卡锡首次提出"人工智能"这个概念，开启了人工智能发展的序幕。

(2) 阶段二：形成时期（1957—1969 年）

在这一阶段，早期的数字计算机在数学和自然语言领域被广泛应用，帮助研究者解决袋鼠、几何和翻译问题。研究者们相继发展了众多的原理和理论，人工智能的概念也得到了进一步发展，在机器定理证明、跳棋程序、通用问题求解等方面取得了显著成果。正是在这一时期，人工智能迎来了发展的第一个高峰，奠定了人工智能符号主义学派的基础，开启了基于进化论思想的进化计算领域的研究先河，模糊数学理论和模糊逻辑基础也基本形成。

(3) 阶段三：发展时期（1970—1992 年）

20 世纪 70 年代，人工智能由于发展未达到预期效果受到社会批评和政府预算限制，遭遇了其发展历程中的第一个低潮时期。但许多新思想的萌芽和发展随即给人工智能带来新的转机。20 世纪 80 年代，很多机器学习算法日趋完善，使得机器的计算、预测和识别能力有了很大提升。在这一阶段，人工神经网络取得了很大进步，助力了当代深度神经网络和深度学习技术的全面爆发，推动人工智能的发展进入第四阶段。

(4) 阶段四：大突破时期（1993 年至今）

人工智能在这一时期取得的进展是富有非凡创造性的，是前所未有的。1995 年，非线性支持向量机问世，自此，以支持向量机为代表的集成学习、稀疏学习、统计学系等多种机器学习方法占据主流舞台。1996 年，卷积神经网络出现。1997 年，"深蓝"成为第一台战胜国际象棋世界冠军的计算机。2006 年，深度神经网络和深度学习的技术发展拉开序幕，同时引发巨大商业变革。2016 年，AlphaGo 战胜人类棋手李世石，成为人工智能发展史中的重要里程碑。近年来，超级计算、大数据与深度学习技术的结合掀起了人工智能的第三次高潮。随着近年来生成式人工智能的火热，人工智能进入新的发展阶段。

3. 人工智能面临的机遇与挑战

（1）机遇

人工智能目前的产业应用正处于生机蓬勃的繁荣发展期，涉及领域众多。其中，计算机视觉在金融、安防、娱乐、自动驾驶等领域成为必不可少的基础设施，随着各地"平安城市"等项目的建设，这一应用的市场将进一步扩大。自然语言识别则主要应用于智能语音，帮助实现各类消费产品以及专业领域的人机互动，百度、腾讯、科大讯飞等大企业目前都已经有了雄厚的技术积累。智能机器人的产业生态也在逐渐成熟，覆盖医疗、工业制造、公共事业和交通、智能家居、数字娱乐等多领域，这些市场正处于发展机遇爆发的临界点。总体来说，人工智能的产业应用面临着前所未有的机遇。

（2）挑战

人工智能在发展和突破的道路上也面临着诸多的挑战。人工智能中不同的理论算法只适用于特定的领域或工程背景，普适性弱。到目前为止，人工智能整体还没有一个完整而系统的理论结构框架。不仅是理论方面，人工智能在机器翻译、自动定理证明以及模式识别等方面都面临技术困境。另外，随着人工智能技术应用的快速发展，人工智能的伦理安全问题也亟待解决。政策和法律都需要预防人工智能技术的滥用，还需要警惕人工智能系统做出与伦理道德偏差的决策。整个社会也应该仔细考虑如何在人工智能领域践行权责一致的原则，如何保护人类的人身、财产和隐私安全。

（三）大数据和人工智能的关系与应用

1. 大数据和人工智能的关系

大数据是人工智能发展的基石。人工智能近年来之所以可以取得突飞猛进的进展，离不开来自各种传感器和数据采集设备的海量数据支撑。大规模、详细的数据都是任何一种智能发展的前提。相较于 20 世纪 80 年代，现在神经网络取得成功的重要原因是现在拥有的计算资源可以支撑更大的模型。尽管现在的网络从计算机系统的角度来看是非常大的，但其实它比青蛙等原始的脊椎动物的神经系统还要小。人工智能模型规模上升空间还非常大，这都需要大数据的鼎力支持。

人工智能的发展又不断推进大数据技术的进步。人工智能可以确保数据的自动采集。根据数据类型的不同，人工智能可以自动选择匹配程度较高的处理模式，在无法人为提供培训数据集的前提下完成数据处理的工作。另外，让分析算法在没有人类干预的情况下对最新数据进行学习还能够帮助数据科学家发现一些全新的或被忽视的优秀解决方案。

2. 大数据和人工智能的应用

（1）医疗大数据与人工智能

医疗大数据的人工智能分析应用可优化医疗资源配置，降低医疗成本，提升医疗服务运行效率、突发公共卫生事件预警与应急响应。目前，医疗大数据和人工智能在医疗领域的应用范围包括智能辅助诊疗、影响数据分析、合理用药、远程监控、精准理疗、医疗质量分析等。我国在该领域的实践探索方面取得可喜成果：东软公司建立肿瘤大数据平台，采集多方数据实现肿瘤大数据的智能分析和应用；中国科学院、中国医学科学院、北京大学等科研机构通过基因测序帮助病人预测疾病，提供精准医疗服务。

（2）金融大数据与人工智能

随着金融市场的创新和发展，风险分析也日益复杂。人工智能快速的学习能力、严谨的逻辑推理能力以及大数据技术对海量信息的精准处理能力都是未来金融领域不可缺少的利器。为借助大数据的复杂系统分析方法，实现金融关联的系统性风险管理，央行征信系统已收集大量的企业担保关系数据，中国人民银行征信中心也已为数千万企业建立信用档案。央行还利用信贷大数据实现金融监管和宏观经济分析。

（3）农业大数据与人工智能

农业大数据与人工智能的应用涉及农业生产、经营、管理和服务等 4 个方面。大数据与人工智能可以依据商业需求来指导农产品的生产，同时精准预测气象，帮助农民做好自然灾害的预防工作。政府可以利用大数据技术实现农业生产的精细化管理，避免产能过剩。人工智能技术驱动的无人机可以实现病虫害、农作物的信息收集，减少人力成本。

▓▓▒ 思考 ▶

1. 大数据的特点是什么？
2. 怎样定义人工智能？
3. 请简要概括大数据和人工智能的关系。
4. 结合自身生活经验谈谈大数据和人工智能对社会的影响。
5. 大数据和人工智能还可以应用于哪些领域？
6. 你认为大数据和人工智能未来的发展前景如何？

五、工业互联网

（一）工业互联网的定义

2012 年，美国通用电气公司发布《工业互联网：突破智慧与机器的界限》白皮书，首次提出工业互联网的概念。白皮书指出，工业互联网将整合工业革命和更为强大的网络革命的优势，并将智能机器、高级分析及工作人员作为核心元素。2016 年，我国工业互联网产业联盟发布《工业互联网体系架构（版本 1.0）》，给出了工

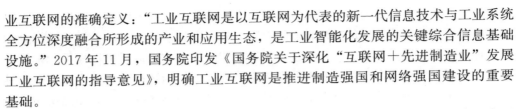

业互联网的准确定义:"工业互联网是以互联网为代表的新一代信息技术与工业系统全方位深度融合所形成的产业和应用生态,是工业智能化发展的关键综合信息基础设施。"2017 年 11 月,国务院印发《国务院关于深化"互联网+先进制造业"发展工业互联网的指导意见》,明确工业互联网是推进制造强国和网络强国建设的重要基础。

工业互联网以网络体系为基础,以平台体系为核心,以安全体系为保障,实现人、机、物、系统等的全面连接,并应用于工业全领域、全产业链、全价值链,成为一个巨型且复杂的网络制造生态系统。

(二) 工业互联网的发展

1. 工业互联网的诞生

20 世纪中叶,随着计算机技术的诞生和应用,工业化的数字进程就已悄然拉开帷幕。随后,工业机器人、过程控制计算机、可编程序控制器等现代工业设备投入使用,工业生产掀开数控化的新篇章。自动化、无人化车间的出现,CAD 商业化的实现,推动了制造业进入计算机集成制造阶段。90 年代,制造企业利用互联网的计算资源和软件系统提升生产、管理和销售能力,工业数字化历程再进一步。2000 年之后,移动互联网发展迅速。长期以来的工业数字化进程在互联网时代得到了延续。2012 年,工业互联网正式诞生,实现各工业企业全面的数字化、网络化和智能化的变革。工业互联网也成为决定各国能否抢占工业革命制高点和主导权的关键因素。

2. 工业互联网的发展历程

美国通用电气公司在航空、医疗、能源电力、生物制药、半导体芯片、新型材料等先进制造领域抢占先机,提供了大量的典型范例。2014 年 3 月,美国通用电气公司联合信息领域龙头企业共同组建"工业互联网联盟"(Industrial Internet Consortium,IIC)。到目前为止,该组织已经覆盖了电信服务、通信设备、工业制造、数据分析等众多工业互联网相关领域。

2013 年 4 月,德国正式发布《实施"工业 4.0"战略建议书》,指出第四代工业革命的核心是新一代信息技术和工业技术的结合,并支持和倡导各行业领军企业践行"工业 4.0"。2016 年,西门子正式推出 MindSphere 工业互联网平台,成为全球互联网领域的标杆企业。同时,以奔驰、宝马为代表的汽车行业,以博世为代表的电子元器件行业都在工业互联网的实践过程中取得显著成效。

20 世纪以来,我国致力于"信息化与工业化融合发展"的产业升级,希望进一步改变我国产业基础相对薄弱、大多数企业处于产业链低端、高端工业设备依赖进口的局面。2015 年,我国政府明确将工业互联网技术和应用上升到国家战略高度。2018 年,工业和信息化部联合相关部门发布《工业互联网发展行动计划(2018—2020 年)》,分阶段阐明工业互联网从概念创立、探索实践、普及推广到行业深耕的计划与路线。2020 年,工业和信息化部印发《关于推动工业互联网加快发展的通知》,明确工业互联网发展需"加档"提速。《中国"5G+工业互联网"发展报告

（2020 年）》显示，截至 2021 年底，工业互联网标识解析体系国家顶级节点日均解析量突破 4 000 万次，二级节点的数量达到 158 个，覆盖 25 个省、自治区、直辖市，标识注册总量近 600 亿。

3. 我国工业互联网的发展趋势

（1）政府层面

为实现工业互联网平台建设和应用推广的政策落地，中央顶层部署、工业和信息化部以及相关部门协同发力，将政策驱动转变为企业的自发需求。基于国家顶层部署的政策引导，各地方行业政策和财政支持也将落实到位。同时，引导企业组建产业联盟，与立法部门协作制定行业统一规范和技术标准。全国还将积极举办各种大型峰会、高峰论坛，如工业互联网大会、云栖大会等，提升民众和企业对工业互联网的认知。

（2）产业层面

随着越来越多的产业资源和新兴信息技术进入工业互联网领域，工业互联网平台建设会步入快速扩张期。产业红利会吸引各类企业进驻市场，它们会根据自己的实际需求对基础技术和商业模式进行不断创新，工业应用场景也将不断丰富。基于产业集群的工业互联网平台将成为工业互联网平台未来的主流发展方向。而包括金融、技术、人才在内的工业互联网平台生态也将进一步完善，未来将实现良性互动的产业生态体系。

（3）企业层面

面临产业逐渐扩张和竞争日益激烈的形势，企业要在工业互联网领域占有一席之地，必须提升技术研发投入，深化创新发展企业关键技术，找准自身在工业互联网产业链中的定位。工业互联网平台产业复杂性和不确定性强，各企业在未来需树立合作共赢的意识，与其他企业建立多样的合作协同关系，才能实现多方利益的提升。

（三）工业互联网的核心要素

1. 用于数据采集的传感设备

数据采集是建设工业互联网的基础。数据采集的准确性和完整性直接影响到需求分析、感知和决策的可靠性。工业互联网中使用各种传感设备进行数据采集，提升自动化，从而避免人工作业的低效高耗。智能化的数据采集设备还可以扩大数据采集范围，实现数据采集的多样化，在采集所需基本数据外还保留一些有意义的潜在数据。

2. 智能化的控制系统

工业互联网的建设离不开智能的运动控制系统对采集的数据进行分析并统筹安排各个模块。传统的控制方式低效、人力资源成本高，不能满足互联网时代生产设

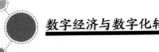

备自动化、数字化、实时化的需求。工业互联网中的控制系统必然是集成化、智能化、自动化的。其中，系统集成化是进一步提高控制系统的整体性能，融合不同功能硬件的必要基础。智能化作为工业互联网中的控制系统区别于传统控制系统的显著特点，在于集成化协同作用于简化控制系统架构和降低应用难度等方面。

3. 可实现的智慧化决策

工业互联网在高效数据采集和智能控制系统的基础上可以实现其发展的主要目标——智能决策。工业互联网利用互联网时代的大数据、云计算、机器学习、人工智能等先进技术帮助企业管理者制定正确的决策。工业互联网通过传感设备和控制系统收集处理数据，再促进机器根据数据产生学习行为，将决策的重任从操作人员转移到可靠的数字系统，从而为制造企业提供实时监控服务和助力企业快速决策。工业互联网的智能决策对复杂的系统，以及机器互联、设备互联、组织互联形成的庞大网络来说非常重要。

（四）工业互联网的意义

1. 打造先进制造业发展新动力

（1）推动传统产业转型升级

工业互联网将帮助传统企业开拓发展新方向。改革开放以来，我国制造业取得突出成绩，但整体形势"大而不强"，产业布局分散，产业集中度低，制造业整体科研投入不足。为实现中国制造到中国创造的转变，工业互联网通过将新一代信息技术与工业系统、技术、工艺深度融合，成为"互联网＋先进制造业"的关键支撑。工业互联网实现了企业各类设备、仪器仪表、物资原料、产品、信息系统之间的泛在连接与数据互通，使工业体系本身和新一代信息技术发挥各自优势，实现全面数字化转型。

工业互联网为制造业提供战略和环境上的可持续发展道路。通过推动传统企业组织变革，高效的网络协同和实时信息管理可以提升企业创新效率，降低生产管理成本。企业通过工业互联网，可以根据自身需求实现商业模式个性化、适应化创新，结合时代发展趋势不断修正企业发展战略，延长产品的价值创造周期，提升价值。通过工业互联网，各企业还可以实现能源的精准配置、调控和优化，节省能源成本，减轻生产制造对环境的压力，从而实现制造业整体的可持续发展。

（2）催生制造业新模式新业态

工业互联网通过获取海量数据，进行信息化技术深度融合，可以实现智能化生产。智能化生产可应用于可制造性预测、生产管理优化、质量管理优化、工艺流程优化和设备运行优化。其中，可制造性预测通过建立产品虚拟模型，在部件被实际制造出来之前就能实现对成品质量的预测，让企业提前了解产品细节并进行改进。通过对生产进度、物料管理、产品检验数据、工艺流程制造数据和设备运行状态数据进行实时监测和深入分析，智能化生产可以提高产品的生产效率和质量，最大限度地减少风险。

工业互联网通过整合分布全球的设计、生产、供应链和销售资源，可以实现制造业的网络化协同；通过连接企业内外，汇聚共享全球各区域研发资源，可以实现协同设计；通过将企业原本独自承担的设计任务分散给自愿参与的企业和个人，可以实现众包众创；通过利用信息技术聚合线下制造资源并提供不同类型的服务，可以实现协同制造；通过汇聚供需双方信息，构建供需对接平台，可以提供端到端的沟通模式。

工业互联网的技术手段可以帮助企业精准获悉用户需求，灵活组织设计、制造资源和生产流程，在控制成本的同时实现规模化定制服务。随着制造业市场消费者个性化需求的增多，智能化生产可以帮助企业解决少量多品种定制带来的时间和资源成本问题。在应用过程中，企业可以将产品分解并进行模块化设计，根据用户需求组装对应模块。企业还能通过生产设备的自动参数配置实现混线柔性生产，或是直接邀请用户参与产品制造，实现定制化服务。

2. 开拓强国建设新途径

（1）促进网络信息技术产业增长

工业互联网的发展对网络信息技术产业的服务质量和可靠性都提出了更高的要求。在现有网络信息技术创新升级的同时，边缘计算、时间敏感网络、软件定义网络等新兴技术也会在工业互联网的需求指引下加速产业化应用实践。同时，工业互联网的发展还将推动业务创新和集成创新，促进现有网络体系适应性地匹配企业需求，使云计算、大数据、人工智能等信息技术与应用场景深度融合。

（2）开辟网络信息技术产业发展新蓝海

互联网应用在工业互联网的作用下加速渗透生产领域。目前，我国互联网产业主要集中在生活、消费领域，生产端市场规模与发达国家相比还有一定的差距。2018 年第二季度，亚马逊 AWS 云计算业务创造营业利润 16.42 亿美元，占公司营业利润一半以上。相比之下，我国互联网巨头企业仍以消费端业务作为营收主要构成。工业互联网为网络信息技术产业在生产领域的发展开辟了广阔的价值空间。

3. 构筑数字经济持续繁荣的新基石

（1）打造新生产力

工业互联网让数据的价值最大化。数据是数字经济发展的关键要素，但由于传统信息系统中存在的数据烟囱和信息孤岛问题，数据的价值一直未能被有效挖掘。工业互联网通过泛在连接和智能体系感知实现机器互联，整合、激活了以往未被利用的碎片化数据资源，还拓宽了所收集数据的覆盖面。

工业互联网推动支撑数字经济发展的生产工具加速智能化。工业互联网为了实现对制造业全价值链的精准感知和动态控制，开发了具有自感知、自决策、网络互联等功能的智能生产工具，这些生产工具已成为新型制造产业的强大动力。同时，工业互联网还改造了一批不具备联网、数据自动采集等功能的传统设备。

工业互联网还加速数字经济时代的劳动者转型。工业互联网时代以信息技术与制造业的深度融合为特点，要求劳动者同时具备数字技能和专业技能。工业互联网对劳动者的这一需求倒逼学校教育和职业教育加速改革，督促学校加强新型数字技能培训。

（2）构建新基础设施

工业互联网发展过程中融合了最新的网络通信技术，能够充分满足各行业对网络通信安全可靠性的需求，构筑了支撑各类实体经济网络化、数字化、智能化转型的网络基础设施。同时，工业互联网具备的海量数据采集、处理、分析能力为各行业智能化转型升级提供了不可或缺的计算处理平台。

（3）建设新产业体系

通过提供基础架构、资源、技术等方面的支撑，工业互联网可以优化管理企业生产制造和服务体系，降低社会能源负担，推动形成智能化、服务化、绿色化、高端化的新产业格局。同时，工业互联网可强化产业体系中的各方连接，使技术流、资金流、人才流、物资流灵活智能流动，推动产业体系的协同高质量发展。

> **■■■思考▶**
>
> 1. 工业互联网是什么？
> 2. 简要说明工业互联网的特点。
> 3. 工业互联网中的核心技术要素有哪些？
> 4. 列举工业互联网的几个应用场景。
> 5. 工业互联网的发展有何意义？
> 6. 我国工业互联网未来的发展趋势如何？

六、虚拟现实和增强现实

（一）虚拟现实概述

1. 虚拟现实的定义

虚拟现实（virtual reality，VR）这个概念由美国 VPL 公司创始人杰伦·拉尼尔（Jaron Lanier）首次提出，他将虚拟现实定义为由计算机产生的三维交互环境，用户参与到这些环境中，获得角色，从而得到体验。随后，国内外专家对虚拟现实都给出了自己的定义。30 多年前，钱学森教授了解虚拟现实后认为，它是指用科学技术手段向接收的人输送视觉的、听觉的、触觉的以至嗅觉的信息，使接收者感到身临其境。从科学的定义来看，虚拟现实是指以计算机技术为核心，可以创造和体验虚拟世界的计算机仿真系统。用户借助必要的装备与数字化环境中的对象进行交互作用、相互影响，从而产生对真实环境的感受和体验。

2. 虚拟现实的发展历程

虚拟现实的技术演变大致可以分为四个阶段。第一个阶段（1963 年以前），虚拟现实的思想还只是隐含在有声形动态的模拟中。第二个阶段（1963—1972 年）则是虚拟现实的萌芽期。第三个阶段（1973—1989 年），虚拟现实的概念正式产生，理论体系也开始形成。第四个阶段（1990 年至今），虚拟现实的理论得到完善和应用。

贯穿于这四个发展阶段之中，虚拟现实整体上经历了三次热潮。

（1）第一次热潮

1962 年，计算机正处于诞生初期，虚拟现实的概念还未被具化，但此时已出现了世界上第一台虚拟现实设备，该设备为使用者提供视觉场景、听觉刺激、震动与气味的多重体验。1968 年，"计算机图形学之父"伊万·萨瑟兰（Ivan Sutherland）设计了第一款头戴式显示器"Sutherland"，虽然这一设备只起到 3D 显示器的作用，但人们却从中看到了新技术的美好前景。在用户体验过程中，研究者发现仅通过照片就可以让用户仿佛置身于陌生环境并产生心理上的沉浸感。但由于当时计算机性能的限制，虚拟现实设备带给用户的体验相当有限，难以在市场上普及。此次热潮虽然未能实现虚拟现实的市场应用，但是为后来的虚拟现实开发奠定了基础，让研究者看到了虚拟现实对大众的吸引力和潜在价值。

（2）第二次热潮

1984 年，赛博朋克文化的代表作之一《神经漫游者》（*Neuromancer*）使在计算机空间和网络空间中进行虚拟体验的想法得到科研技术人员的广泛关注。同年，美国 NASA 研究中心开发了虚拟显示器，利用火星探测器采集到的数据构建了三维虚拟火星表面环境。1987 年，VPL 公司率先发明了数据服装，其中布满了各种传感器和与皮肤连接的弹性反馈装置。1989 年，"虚拟现实之父"杰伦·拉尼尔正式提出虚拟现实的概念。在此次热潮之下，以 VPL（虚拟编程语言研究公司）为代表的一批研究虚拟现实技术的公司问世，虚拟现实眼镜、虚拟手套和虚拟现实头盔等虚拟现实设备陆续出现，虚拟现实技术在医疗、军事、教育等多领域实现了从理论到应用的转变。

20 世纪 90 年代，一款名为 Virtuality 1000CS 的设备开启了游戏领域虚拟现实应用的先河。随后，任天堂也推出了名为 Virtual Boy 的虚拟游戏机。总体来说，这些商业化实践的案例都由于使用效果差、价格昂贵等原因未能成功，但证明了虚拟现实在行业应用和大众消费领域中商业化的潜力，还指明了游戏领域中虚拟现实应用的广阔空间。

（3）第三次热潮

进入 21 世纪后，芯片技术和显示技术飞速发展，虚拟现实技术已经具备进入民用市场的技术基础。2012 年。一款名为 Oculus Rift 的虚拟现实眼镜引爆了第三次虚拟现实热潮。Oculus Rift 通过网站启动众筹，将原本价格高昂的虚拟现实设备以亲民的价格投入消费者市场。同年，谷歌推出名为 Card board 的简易 VR 眼镜，仅用几美元的价格就可以让大范围的用户获得最简单直接的沉浸式体验。

虚拟现实一度成为 2015 年最受关注的新兴技术之一。头戴式显示器设备备受关注，三星、HTC、索尼等公司相继推出了自己的消费者级虚拟现实眼镜。在计算芯片领域，高通、英伟达等公司都针对虚拟现实对芯片进行了技术优化。3D 引擎 Unity 公司推出了针对虚拟现实的游戏引擎。虚拟现实还应用于医疗领域，帮助实现辅助手术和康复治疗等。

（二）增强现实概述

1. 增强现实的定义

增强现实（augmented reality，AR）被视作虚拟现实技术的延伸。教育技术领域认为增强现实是虚拟现实的一种形式，其中参与者的头戴式显示器是透明的，能够透过其清楚地看到现实世界。所以，增强现实其实是与虚拟现实区别明显的崭新领域，它可视作增强自然反馈的操作与仿真的线索。

增强现实是一种利用计算机产生的附加信息对用户所看到的真实世界景象进行增强或扩张的技术，也称为扩增现实。增强现实技术通过实时计算摄像机影像的位置及角度，将原本在现实世界的空间范围中难以体验到的实体信息进行模拟仿真处理后叠加在真实世界中，从而让用户确信虚拟影像其实是真实环境的一部分，获得超越现实的感官体验。可以说，增强现实是一个 3D 空间中精确注册的真实与虚拟世界融合、实时交互的包含虚拟和真实物体的复杂系统。

2. 增强现实的发展历程

早在增强现实这个概念正式提出之前，图灵奖获得者、著名计算机科学家伊万·萨瑟兰就于 1966 年发明了人类第一个增强现实设备——"达摩克利斯之剑"。在之后的几十年，增强现实技术在军事、建筑领域都有过实践探索，比如将射程、设计目标等军用信息叠加在飞行员的视野之上。直到 1990 年，波音公司才首次提出增强现实的概念。增强现实开始在各个领域展开应用。1992 年，哥伦比亚大学发明了名为 KARMA 的修理协助系统，美国空军研发出虚拟帮助系统 VIRTUAL FIX-TURES。

1999 年，增强现实发展史上一个类似里程碑的项目将增强现实从实验室带入大众应用领域，这就是奈良先端科学技术大学院大学的加藤弘一等人开发的 AR 开源框架：ARToolKit。ARToolKit 使用直角基准和基于模版的方法来进行识别，使得许多专业研究机构以外的普通编程人员也能够依靠此技术开发自己的 AR 应用。2005 年，ARToolKit 与软件开发工具包（software development kit，SDK）相结合，应用于塞班手机系统。

2000 年，第一款 AR 游戏 *AR-Quake* 发布，将 AR 扩展到了室外的真实场景中。这款游戏使用了包括 GPS、数字罗盘和基于标记的视觉追踪系统。使用者需要背着一台电脑、一台头戴式显示器（HMD）和一台只有两个按钮的输入器，这些辅助设备让用户的体验感受大打折扣。但随着科技的发展，移动设备的不断更新给了 AR 技术更多的发挥空间，智能手机、游戏主机已经可以带给大众增强现实的切身体验。

2012 年，谷歌眼镜正式开放网上订购，重燃公众对增强现实的兴趣，成为增强现实发展史上的重要里程碑。但由于其高昂的价格和并不舒适的佩戴体验，谷歌眼镜很快被大众摒弃和遗忘。尽管如此，以谷歌为首的众多企业仍然看到了增强现实的潜在应用场景和价值空间。增强现实的应用领域现已覆盖游戏娱乐、城市规划、虚拟仿真教学、手术诊疗、文化遗产保护等。

（三）虚拟现实和增强现实的关键技术

1. 虚拟现实的关键技术

（1）立体显示技术

头戴显示设备是虚拟现实系统实现沉浸式交互的主要方式之一，是虚拟现实不可缺少的核心设备。而立体显示技术就是头戴显示设备的关键技术支撑。立体显示技术的重要依据是人眼的立体视觉。而立体视觉就是指人眼在观察事物时所产生的立体感，这种立体感包括双目视差、运动视差、眼睛的适应性调节、视差图像在人脑的融合等重要因素。根据不同应用场景的具体需求，立体显示技术也发展出了不同的类别。偏振光立体显示技术利用两种偏振光搭载两套画面，通过产生的视差给予观众具有立体感的体验。这一技术可以帮助观众观看立体电影。图像分时立体显示技术指将两套画面以极快的速度切换，就可以形成人眼视觉难以察觉其停顿的连续画面。除此之外，还有许多新兴的立体显示技术，其中，全息投影技术就是一种利用干涉和衍射远离记录并再现真实物体的三维图像显示技术。

（2）三维建模技术

根据实际环境的三维数据建立应用所需的虚拟环境是虚拟现实技术的一大核心。三维模型的建立需要满足用户对外观、交互功能、实时性的多方面要求，还要能够很好地适应各种类型的模型数据。目前的建模技术包括几何建模、物理建模和运动建模这三个主要方面。

几何建模是对原物体三维几何特征的确切描述或真实模拟。为了对生活中各种类型的物体产生具有真实感的显示，三维建模技术会根据物体特征采用不同表示方法。多边形或二次曲面描述多面体等简单欧式物体；样条曲面用于设计有曲面的机械结构；特征方程可用于精确表示树、花、云等自然景观。

物理建模是指虚拟现实系统中出现的动态模型在与用户发生交互时，其运动方式和响应方式需要满足自然物理规律。

运动建模是指通过考虑对象的具体位置以及平移、碰撞、旋转和缩放等变化来表现对象的运动属性，所以也称为行为建模。运动建模主要通过对象的物理位置、对象的层次、虚拟摄像机以及行人的运动结构来赋予虚拟对象仿真的行为与自然的反应能力。

（3）三维虚拟声音技术

三维虚拟声音来自环绕听者双耳的球形空间中的任何地方。三维定位和三维实时跟踪是三维虚拟声音的两个重要特征。三维定位是指在三维虚拟环境中，以符合人们在真实世界中的听觉方式为前提，帮助用户准确地将声音信号定位到虚拟声源处。三维实时跟踪则是指实时跟踪声源的位置及其他虚拟相关的变化。比如，用户转动头部时，虚拟声音效果也会跟视觉变化效果保持一致，使用户产生视觉和听觉的双重仿真体验。

2. 增强现实的关键技术

（1）显示技术

增强现实的显示技术整体上可以分为头戴式显示技术和非头戴式显示技术。头戴式显示器根据真实环境的采集和呈现方式的差异分为视频透视式头戴显示器和光学透视式头戴显示器。其中，光学透视式几乎可以做到对真实环境的无损显示，但真实环境与虚拟图像融合难度大。与之相反，视频透视式对真实环境的复现效果不理想，在真实环境和虚拟景象的融合方面表现不错。非头戴式显示技术则主要包括投影显示技术和手持设备显示技术，目前这两种技术已广泛应用于广告、教育、游戏等各领域。

（2）跟踪注册技术

跟踪注册技术作为增强现实的基础技术，是决定增强现实系统性能的关键。它的主要任务是根据用户的观察角度来实时建立虚拟空间坐标系与真实空间坐标系的转换关系，并将虚拟对象准确叠加在真实场景中的正确位置。其中，基于视觉的跟踪注册技术精度较高，但同时对物体的运动速度、环境是否遮挡以及光照条件有严格要求。基于传感器的跟踪注册技术精度和实时性表现较差，但稳定性优势明显。目前，增强现实中大量使用结合计算机视觉和传感器的复合跟踪注册技术，由传感器感应物体的位置和状态，再通过计算机视觉的方法进行精确定位。

（3）交互技术

交互技术可以满足人们在虚拟世界中与现实世界的交互需求。增强现实系统中具有多种交互方式。基本命令式交互可以实现选择、漫游、旋转以及操控等功能。双手交互则利用双手操作给用户带来高效的交互体验。而多通道交互是将包括手势、身体姿态、语音、眼动在内的多种人类感官感知功能作为交互方式，利用触觉、嗅觉、听觉等进行输出反馈，给用户提供沉浸式的感官体验。

（四）虚拟现实和增强现实的应用

根据高盛公司预测，到 2025 年，全球虚拟现实和增强现实的市场规模将达到800 亿美元，其中硬件 450 亿美元，软件 350 亿美元，VR/AR 游戏的用户规模和软件营收将分别增长到 2.16 亿人和 116 亿美元。下面将简要介绍虚拟现实和增强现实的主要应用领域。

1. 虚拟现实的应用

（1）游戏

根据 Grandviewresearch 的调查结果，2020 年虚拟现实技术在游戏中的应用占比超过 30％。游戏或将成为虚拟现实首个繁荣发展的消费者市场，游戏与虚拟现实的结合必将掀起新的游戏革命。虚拟现实技术通过头戴式显示器，利用具有手势识别、动作捕捉功能的外部硬件为用户提供沉浸式的交互体验，完全颠覆了传统游戏的交互方式。虚拟现实游戏市场目前可细分为客户端游戏、移动虚拟现实游戏和主机虚拟现实游戏。

虚拟现实背景下的客户端游戏可以从听觉、视觉、触觉三方面对用户进行渗透，从而营造全新的游戏体验。基于 Oculus 和 HTC Vive 开发的游戏就是典型代表，比如以星际空间贸易为背景的大型多人游戏《精英：危机四伏》（*Elite Dangerous*）。移动虚拟现实游戏是未来的主要发展方向，可以运行在手机与眼镜盒子结合以及一体机这两类产品上。而主机虚拟现实游戏未来以 Xbox、PlayStation 等主机游戏发展出的虚拟游戏产品为主。

（2）影视

虚拟现实技术的应用已经直接影响到娱乐影视行业的各个方面。在电影方面，虚拟现实技术将带给观众全新的观影模式，允许观众改变视角从而在场景中移动和改变视野范围。虚拟现实技术的发展还会对电视和在线视频产生重大影响，开辟家庭娱乐的全新领域。目前，Hulu、Youtube 等公司均有虚拟现实的应用和视频短片。通过虚拟现实技术，体育比赛、演唱会、综艺现场等活动的直播还能够带给观众沉浸式的现场感受。

（3）医疗

医疗领域也是虚拟现实应用的重要落点之一。通过构建虚拟的组织器官和场景，虚拟现实技术可以给医生和患者的技能训练和疾病治疗提供低成本、零危害、可重复、过程可控制、事后可评估的环境。虚拟现实还可以解决医疗教学领域教学资源不足、教学成本高的问题，使得学生可以在虚拟环境下进行解剖和手术练习。

2. 增强现实的应用

（1）教育和技能培训

增强现实技术可以应用于不同阶段、不同学科的实际场景中。早教领域中，儿童使用的 AR 动画书就是增强现实的典型例子：通过智能设备扫描图书上的指定图像，书中原本的平面图像就可以在屏幕中成为 3D 立体模型。增强现实还可以帮助学生理解抽象的理论概念，比如数学中的立体几何。在工业培训中，增强现实不仅可以提高企业培训效率，还可以有效降低成本。

（2）市场营销

增强现实技术可以与企业的产品或服务相结合，激发消费者的好奇心。著名美妆品牌丝芙兰就曾推出一款 AR 试妆应用，通过捕捉人脸特征进行精准面部识别，用户只需点击不同颜色的口红就能在屏幕中看到仿真的妆效，省去试妆的时间和金钱成本。国内科技巨头腾讯、百度和阿里巴巴也先后推出了 AR 营销活动。

（3）军事

增强现实技术最早的应用发生在军事领域。目前，增强现实技术在军事领域的应用类别非常丰富。情报工作者可以通过部分人可见的 AR 标识实现秘密情报的传递。大范围的 AR 覆盖可以利用颜色标记友军、平民和敌军，做到精准甄别。增强现实通过识别目标、导航等可以增强飞行员视觉，还能为武器、车辆以及其他资源的使用提供说明。

思考

1. 虚拟现实和增强现实分别是什么？
2. 虚拟现实和增强现实有何不同？
3. 虚拟现实和增强现实的关键技术有哪些？
4. 列举出几个虚拟现实和增强现实的应用场景。
5. 虚拟现实和增强现实未来的主要发展趋势是什么？
6. 结合自身经验谈一谈我国当前虚拟现实和增强现实的发展情况和发展潜力。

案例 ▶

抖音：记录美好生活

　　抖音是由字节跳动孵化的一款音乐创意短视频社交软件，于 2016 年 9 月 20 日正式上线。抖音诞生之时，短视频正处于高热度阶段。凭借比文字、图片等传播方式更低的门槛和成本、更生动有趣的内容，短视频迅速成为广受用户喜爱的信息分享方式。抖音上线之后最大的竞争对手，是 2016 年短视频市场渗透率第一的快手。彼时的快手经历了 3 年的发展，在短视频的领域内已然获得霸主地位；截至 2016 年 2 月，其用户已突破 3 亿。快手以"记录世界记录你"为口号，将产品定位为一个"用户记录和分享生产、生活的平台"、一个"记录和分享大家真实生活的平台"，每一个用户都可以在这里发现真实有趣的世界。怀着这样的产品理念，快手一直遵循去中心化的发展方式，不给用户贴标签，不刻意优待红人，也不忽略每一个普通人，一切视频的展现都是以机器算法完成，视频风格接地气，视频内容主要为日常生活记录，内容创作者以普通人为主，与生活密切相关，社交属性强，长尾用户的视频有更多的曝光机会。其做法正如快手的广告所展示的：生活没有高低，每个人都值得被纪念。这样的自由发展一方面给了每个用户展示自我的机会，尤其随着快手用户量的增长和覆盖范围的逐步扩大，整个中国的社会百态都浓缩在这个 App 上，有助于视频内容多样化，容易让观众产生共鸣，形成认同感和强烈的社区凝聚力，一些以前从来没有机会在社交平台露面的三、四、五线的普通人在快手随处可见；然而另一方面，快手也因此被打上了"俗""低级"的标签，许多城市人、有文化的人，尤其是新兴一代关注时尚与潮流的年轻人，对这款"低俗"的软件不屑一顾。同时，因为快手不区分头部用户和普通用户，许多达人很难从快手获利，他们急需另外一个平台。

就快手中出现的这些问题，抖音以"记录美好生活"为口号，针对性地将自己的产品定位设计成："专注年轻人音乐短视频社区平台，以潮流音乐、舞蹈、表演等内容形式，搭配超多原创特效、滤镜、场景切换等，帮用户打造刷爆朋友圈的模型短视频。"它从音乐短视频切入，短视频融入音乐元素，通过美颜滤镜、搞怪贴纸以及 VR 特效等，搭配上"魔性""抓耳"的高节奏性音乐，使得抖音更具"潮""个性化"特色，以此吸引那些来自一、二线城市，更年轻，更关注时尚潮流，爱新鲜，敢尝试，对视频质量要求高的用户群体。而抖音的中心化定位使得其在抢眼的同时，热门内容又具备较强的相似性和重复性。依据视频流量来分发曝光量推动了视频的高质量生产；另外，广告投放收入也成为抖音的关键收入支柱。在内容营销上，依赖于用户的兴趣推荐算法，抖音实行精准的内容推荐和投放策略，依据用户的浏览相关、好友喜欢等为用户推荐视频内容。

抖音自正式上线直到 2017 年，都在完善各种拍摄和社交功能。2017 年，抖音开始通过引进明星代言、参与综艺节目等"收割"用户资源。2018 年春节，抖音真正火了起来，用户量迅速增长，用户黏性大大增强。2019 年，抖音作为春晚的独家社交媒体传播平台，借助春晚的东风再一次大火。2019 年下半年，抖音开始布局电商，为广告和代理认证蓝 V。2020 年初，以罗永浩为代表的众多电商达人、明星等在抖音开启直播带货，抖音内容化场景消费呈爆发式增长。加之疫情的暴发使得全民隔离，居家防疫，足不出户的居民们更重度关注起了抖音，极大地增强了抖音的黏性；特别是中老年人的涌入，更是让这种流量达到了井喷的状态。2021 年初，抖音电商紧密连接"用户、商家、达人、机构和服务商"的生态初步形成，并在抖音电商生态大会上正式推出"兴趣电商"新概念。除此之外，抖音正在进一步扩展音频业务，内容生态将更加丰富。

抖音的针对性定位以及丰富新颖的内容生态使其迅速异军突起。根据《2020 抖音数据报告》，截至 2020 年，抖音国内日活跃用户数突破 6 亿，抖音已然成为短视频领域的另一巨头。然而，随着抖音的日渐火热，巨大的用户量、不断增强的用户黏性使得其内容生产监管难度不断加大，尽管其采取了各项监管手段，包括优化评论及举报功能、上线防沉迷系统、查处封禁不良账号等，但不良内容的扩散风险仍旧实时存在且涉及面广泛。2021 年第四季度，抖音加大"饭圈乱象治理"，处理违规账号 1.7 万个；严厉打击各种"X 媛"高颜值虚假人设，处罚违规视频 2.5 万条，处罚违规吃播视频 16 458 条，封禁借热点事件恶意营销相关账号 126 个。

资料来源：作者自行整理。

▚▚▚ 小思考 ▚▚▚

1. 结合材料与生活实际，列出抖音在生活中有哪些应用场景。

2. 除了抖音，还有哪些数字媒体平台？它们各有什么特点？

3. 抖音为什么能够异军突起成为短视频"巨头"？

4. 思考抖音的各项业务的实现过程中依托了怎样的软硬件技术？这些技术在哪些产

品或行业中还有应用？这些技术的发展将怎样影响行业走向？

5. 思考抖音等数字媒体平台目前是否存在发展瓶颈或风险？是由什么引起的？有哪些可能的发展方向来进行优化？

一、数字媒体

（一）数字媒体的定义

所谓数字媒体，是随着科学技术的发展，尤其是随着网络技术的产生及发展而诞生的一种新的媒体形态。所谓数字化，是指信息传播手段的数字化，即利用二进制进行各类信息的处理，对象包括文字、图形、图像、声音、视频影像和动画等。

关于数字媒体的定义，可以追溯到《2005 中国数字媒体技术发展白皮书》，其对"数字媒体"这一概念做出了明确定义，即"数字媒体是数字化的内容作品，以现代网络为主要传播载体，通过完善的服务体系，分发到终端和用户进行消费的全过程"。这一定义主要有三方面的含义：一是内容的数字化，强调数字媒体的生成、存储、传播和表现的整个过程中采用数字化技术，这是数字媒体的基本特征；二是网络作为数字媒体的主要传播载体，强调数字媒体需通过网络传输手段被分发到终端设备和用户，这是数字媒体的传播特征；三是可感知性，强调数字媒体中所涉及内容信息最终需要通过丰富多彩的感知手段在终端展现，这是数字媒体的内容特征。其中，网络化是数字媒体传播过程中最显著和最关键的特征，也是媒体发展的必然趋势。

如今，数字媒体已成为全产业未来发展的驱动力和不可或缺的能量所在，它通过影响消费者的行为深刻地影响着各个领域的发展，消费业、制造业等都受到来自数字媒体的强烈冲击。

（二）数字媒体的分类

数字媒体按照不同的分类方法可以分成不同的种类，主要的分类有：

（1）按时间可分为静止（still）媒体和连续（continues）媒体。静止媒体是指内容不会随着时间变化的数字媒体，如文本和图片。连续媒体是指内容随着时间变化的数字媒体，如音频和视频。

（2）按来源可分为自然（natural）媒体和合成（synthetic）媒体。自然媒体是指客观世界存在的景物、声音等，经过专门的设备进行数字化和编码处理之后得到的数字媒体，比如数码相机拍的照片。合成媒体则是指以计算机为工具，采用特定符号、语言或算法表示的，由计算机生成（合成）的文本、音乐、语音、图像和动画等，如用 3D 制作软件制作出来的动画角色。

（3）按组成元素可分为单一媒体（single media）和多媒体（multimedia）。单一媒体就是指单一信息载体组成的媒体，而多媒体指的是多种信息载体的表现形式和传递方式。

另外，国家 863 信息技术领域专家组对数字媒体从产业的角度进行了分类。数字媒体产业以内容特征为分类依据，划分为数字动漫、网络游戏、数字影音、数字出版、数字学习、数字展示 6 个基础内容领域。其中，数字动漫包括 2D/3D 卡通动画；网络游戏主要形态包括大型在线网络游戏、移动手机游戏等；数字影音运用数字化 CG 等制作技术，进行数字影音产品的拍摄、编辑和后期制作；数字出版主要形态包括计算机下载的网络出版、e-Book 形式的网上电子阅读和按需印刷的网络出版三种形式；数字学习进行音频、视频和人机交互合一的教学产品的制作，并通过网络通信平台向学员提供更为灵活的数字化学习与培训服务的学习方式；数字展示以数字化的文字、图像和影音为消费者提供更具有沉浸效果的媒体展现，其中大型会展、数字博物馆等是其主要的应用场所。

案例 ▶ 数字故宫

1. 数字化技术增加互动趣味性

传统的博物馆展出方式通常以实物、图文展陈为主，珍稀文物常被锁在玻璃展出柜中以防受到损坏，游客在参观过程中仅能看到寥寥几句关键性的文字介绍。对于文物信息，描述不全面，体验不真实。游客看得到，却看不懂也感受不到，无法理解其中蕴含的珍贵的文化价值。这一方面使得游客游览缺乏趣味性，另一方面也使得历史博物馆中宝贵的教育资源得不到充分的利用。利用数字多媒体技术，如故宫博物院正在使用的互动投影、试衣魔镜、AR、VR、数字沙盘等技术，可以最大限度地打破空间限制，以文字、视频、动画等形式，将古董的来源、价值、功能、相关故事等细节性信息都展示出来。游客在游览故宫博物院的途中，通过 VR/AR、人工智能等数字化技术，可以与文物展品进行生动有趣的互动，例如：戴上 VR 眼镜，就能看到乾隆皇帝戴着墨镜说唱；走近"数字屏风"，就能够随心试穿龙袍；走进"互动数字空间"，静态的蝴蝶会随手指动作飞舞、变幻，在手指尖稍作停留后飞走；从"数字长卷"上看动态的《清明上河图》繁华景象；"你好兵马俑"展项，运用人脸识别技术与图片美化处理功能，为参观者匹配最相似的秦俑形象。此外，还有"数字宫廷织绣""虚拟现实剧场""数字地毯"等多种多媒体互动展项。

2. 数字多媒体技术复原文物

通过全息成像、场景复原等手段，数字多媒体技术可以帮助博物馆复原文物、古迹，活化博物馆文物展示，以创新交互性强的展示技术让消失的文物得以还原，减少失传文物带来的传承遗憾。例如，随着科学技术的发展，各式新型显示技术应运而生，其中光子透明芯片显示技术以其全透明、超高清、全彩色、动态展示等特性，可以广泛应用于博物场馆的展览展示。处于国际前沿的光子透明芯片显示技术能够助力博物场馆数字化升级。

与 VR 眼镜只能单人观看不同，在一些大型展品展览、文物古遗迹场景中，光子裸眼 AR 展示屏全透明、超高清、全彩色、动态展示等特点，可以把虚拟信息与实物完美融合，打造多人共享的裸眼 3D 效果。参观者既可以看到屏幕上高清亮丽的文物古迹复原动态图像，又可以透过透明的屏幕观察展品细节，虚拟信息与真实场景完美融合，带给参观者身临其境般的体验，给人留下深刻的印象，以科技炫酷的形式达到了博物馆教育、普及历史知识的目的。

对传统博物馆展柜做数字化升级，形成光子博物馆 AR 展柜，可以在展品后方透明玻璃上显示画面，既不遮挡文物，又能够通过多媒体动态影像更全面地传达文物背后的故事。产品改造时间短、无温升、安全性强，博物馆可采购全新的光子博物馆 AR 展柜，也可以在原有展柜基础上进行升级。

光子迎宾虚拟人也是博物场馆数字化升级中一款不可缺少的产品，1∶1 真人大小的虚拟人摆放在展馆入口等重要位置，为参观者提供数字化导览服务。科技炫酷的效果，人性化的服务，彰显展馆软实力。

除此之外，针对博物馆前展厅、文物展柜陈列厅、开放式文物陈列厅、文物教育多功能体验厅等区域，光子博物馆场景解决方案所提供的产品还有光子博物馆形象墙、光子 3D 透明屏等。

3. 线上故宫

除了上述数字技术辅助线下展览的数字化升级之外，故宫还推出了线上参观，尤其在疫情肆虐、防控严峻的防疫关键期，线上"数字故宫"的开放使得人们能够足不出户"逛故宫""看展览""赏文物""学历史"。

2015 年，故宫博物院启动了"全景故宫"项目，利用 360°全景摄影的方式逐一记录故宫各个院落。2019 年，全新升级后的"全景故宫"提升了影像精度，优化了漫游视角，采集的数据覆盖到了故宫博物院的全部开放区。

在故宫官网的"V 故宫"项目中，游客可以佩戴 VR 眼镜沉浸欣赏，真正"走进"养心殿。由于 VR 设备的限制，故宫还推出了裸眼模式，无须佩戴 VR 眼镜也可自在漫游。延禧宫中未完工的"烂尾楼"——"水晶宫"灵沼轩，经过专业人员抽丝剥茧般的研究，在这里展示出虚拟修缮后的景观。还可以探秘乾隆"秘密花园"中的倦勤斋，看看乾隆皇帝为自己设计的"虚拟现实"究竟如何呈现。"V 故宫"以故宫古建筑的三维数据可视化为主要技术手段，在数字世界里再现金碧辉煌的紫禁城，帮助观众多层次深度解析建筑背后蕴含的传统历史文化知识。

除了利用数字化手段将紫禁城内美轮美奂的古建筑搬到线上，故宫博物院海纳百川的"文物库房"也上线了数字版本。2019 年 7 月 16 日，"数字文物库"正式上线，一次性推出 25 大类文物、5 万余幅高清影像。通过文物管理员、摄影师的共同努力，"文物库房"的"数字库存"还在持续不断增加，以满足人们博古赏新、学习研究的需求。"故宫名画记"项目中，数百幅中国绘画史上的名作实现了超高清数字影像无极缩放，《清明上河图》中街边商贩的表情、《千里江山图》中山间亭台的构造、《韩熙载夜宴图》中的珍馐美器全都一览无余。除了纤毫毕现的高清名画影像，与之相关的论文资料、研究成果、多媒体鉴赏内容也一应俱全，满足大家在传统书画艺术审美、学术研究等多方面的需要。而"数字多宝阁"项目则提供了零距离"触摸"文物，从任意角度对文物进行拟真互动欣赏的机会。通过旋转、"拆卸"等操作，观赏者能够对展示的文物进行立体全方位的欣赏。高精度的三维数据，加上模拟文物材质、打造丰富的光影变化，使观赏者能够拥有近乎观赏实物的观赏体验。

参观之外，故宫还推出了线上文物展览。近年来，故宫博物院每年举办规模不一、主题各异的展览数十个，展出文物藏品近万件。为了保存这些展览的文化和美学价值，让观众能够再次"回到展厅"，故宫上线了"故宫展览"App。"故宫展览"App 集合了"贺岁迎祥——紫禁城里过大年""万紫千红——中国古代花木题材文物特展"等故宫博物院自 2015 年以来推出的几乎所有展览。除了备受瞩目的专题特展，也有寿康宫、慈宁宫花园等新近开放区域的宫廷原状陈列展览，以及珍宝馆、家具馆等常设专馆展览。观赏者可以按展览日期、展览状态等类别对感兴趣的展览进行筛选，全方位了解某个展览、展品的具体信息；还可以在 360°展厅全景模式下虚拟漫游，感受展厅的真实氛围；通过社交媒体账号注册登录后，还可以对喜欢的展览和展品进行评论、收藏和分享。

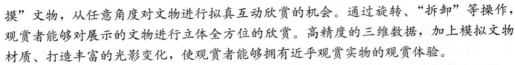 小思考

1. 上述"数字故宫"案例所提到各个项目依托了哪些数字化技术？
2. 故宫是怎样实现自己的数字化升级的？
3. 收集其他博物馆数字化升级案例，评估博物馆的数字化转型进程。（评估指标参考产业数字化转型国际标准的 6 个视角，即基础建设、单项应用、综合集成、协同与创新、竞争力、经济和社会效益。）

（三）数字媒体的特点

要解读数字媒体的特点，需要首先解读"数字化"和"媒体"两方面的特点。数字化依托计算机和互联网技术的发展，拥有开放、兼容、共享等特点，全民参与、全民使用随着互联网普及率的不断提高逐渐成为现实；而媒体作为信息传播的媒介，是获取信息的关键手段，并且随着社会的发展进步，媒体越来越承担着传播咨询、监督与纠正不良现象、协调社会关系、传承文化、提供娱乐、引导大众等社会功能。而对传播过程的研究历来吸引着各国学者，其中美国政治学家、传播学四大奠基人之一的哈罗德·拉斯韦尔（Harold Lasswell）于 1948 年发表了《社会传播的结构与功能》一文，在文中他明确提出了传播过程及其五个基本构成要素，即谁（who）、说什么（what）、通过什么渠道（in which channel）、对谁（to whom）说、取得什么效果（with what effect），简称"5W模式"。归纳"5W模式"的传播路径，即"传播者"发布"讯息"，通过"媒介"传达到"受众"，产生一定的"传播效果"。

综合上面对数字化、媒体以及传播过程的分析，数字媒体依托技术发展，其传播限制更小。由于数字化的开放共享，在"人人都有麦克风"的时代，信息的发出者不再局限于某一个或几个群体，而变得更加兼容；也因为传播者群体的扩大，传播的信息量骤增，大数据时代慢慢来临，每时每刻都有海量的信息产生并通过数字

媒体进行传播；受众和传播者之间也不再剥离，人们既是信息的受众，同样也是信息的传播者，信息的传播变得更加自由和便捷。由此概括，数字媒体的主要特点如下：

1. 数字化

数字媒体在信息的生产、分配、存储等各个方面都实现了全方位的数字化，通过"0-1"二进制，使用数字信号在互联网上表达并传送文字、图像、声音等，并将不同形式的信息进行互相转换。

2. 强互动性

数字媒体或称新媒体，打破了传统的大众媒体向受众单向传播的局限，增强了传播者与受众之间的互动性，尤其是互联网连接了各个用户，实现了网络信息资源的共享，使得用户能够点对点无障碍沟通交流。受众不再是简简单单地接收信息，他们的反馈可以借助互联网平台直达信息传播者，他们自身也是信息的传播者。便捷的网络技术使得任何用户都能够轻松获取海量的信息，实现信息共享的全面化；更强的交互性又使得传播者和受众之间不再有身份隔阂，而是同时具有双重身份；信息的反馈更加及时，也进一步促进了媒体监管等职能的实现。

3. 迅捷性

数字化媒体信息的生产传播速度更快。信息社会以比特为基本要素，而比特易于复制，通过数字信号，可以打破时空障碍，以极快的速度传播。同时，互联网上信息来源更加广泛，制作并发布信息也变得更加简单，能够随时随地发布新闻，尤其在涉及突发性事件报道和对持续发展的新闻事件进行追踪跟进时，数字媒体的更新速度要远快于传统媒体，互联网上的信息传播也因此具有更强的时效性。

4. 个性化

数字媒体时代，信息传播与收阅具有个性化和针对性的特点。通过网络环境、依托各项技术，信息服务的提供者可以基于用户的使用习惯、偏好和特点等向用户提供满足其个性化需求的服务，信息的传播者也可据此进行更加个性化和精确化的传播。此外，受众对信息同样具有操控权，他们可以主动地选择、搜索甚至定制信息，而不再是简单地被动接收不受选择的各项信息。尤其在如今的大数据时代，每时每刻都有海量的信息产生，个性化的信息服务也能够帮助普通受众更有针对性地处理过载的信息，从而增强信息获取的主动性和有效性。

（四）数字媒体应用

数字媒体在发展与应用的过程中产生了大量的数字化平台，这些平台覆盖社会发展的各个领域，极大地便利着生产生活，推动着社会的进步。

1. 数字媒体助力远程教育

数字媒体平台应用于教育领域，可以通过录制课程、远程直播上课等方式打破教育资源的时空限制。用户可以根据自己的特点和需求，有针对性地搜索、选择相关课程内容，主动参与。随着计算机及互联网技术的发展，远程教育的课程质量得到了越来越高的保障，丰富的课程形式、精彩的课程内容、有效及时的互动反馈都使得数字媒体在远程教育中发挥着越来越大的作用。

2. 数字媒体发展电子商务

电子商务领域数字化平台的发展与应用可以说是数字媒体平台发展应用的一个典型示例。各种网上电子商城上可实现网上交易，如淘宝、京东、美团、饿了么等。网络为商家提供了推销自己的机会。商家通过线上店铺完成产品交易，依托物流技术完成线下实体交易。电子商务网站通过用户主动搜索、智能商品推荐等，能够将相关商品信息迅速传递给顾客，顾客依据自己的喜好订购商品。尤其是 2020 年疫情暴发，极大地冲击了线下商城的销售，长期隔离的生活状态使得人们开始大量地运用线上购物平台，一众线下商家实现了店铺的数字化升级。除此之外，一些数字化媒体平台如抖音、快手等还拥有电商直播带货的业务功能，商家与主播合作，开通线上直播间进行产品宣传和售卖，一些直播间甚至邀请明星、演员等共同带货，以更多地吸引用户购买。

3. 数字媒体丰富信息发布

信息发布方面，组织机构或个人都可以成为信息发布的主体。各企业、学校、政府部门都可以建立自己的信息网站，通过媒体资料展示自我和提供信息；超文本链接更是使大范围发布信息成为可能。个人同样可以通过各数字媒体平台进行信息分享与发布，如通过微信公众号等半封闭式媒体，此类数字媒体针对关注自己的粉丝进行内容传播，传播范围有一定的局限性，对信息内容和用户认同感要求高；又或是通过微博、微头条、推特等短信息平台，此类数字媒体平台适合快速阅读，为用户利用碎片化时间即时分享、编辑发布比较短小的内容提供了一个操作平台，优质的内容还能够得到平台的推荐，拥有更多的曝光量和更高的关注度。除此之外，数字媒体的应用提供了一个共同讨论信息议题的平台和场景，如微博热搜、百度热榜等，尤其在重大活动举办期间，如奥运会等，用户可以在评论区就实时问题进行相关讨论，相关部门也可依托于此进行舆情监测，及时采取相关措施。

4. 数字媒体丰富信息获取与交互

数字媒体的应用使得用户无论是主动搜索获取还是接收平台推荐内容，都能够更方便地从多个渠道及时获取信息，信息的种类也更加丰富。如通过各开放式推荐媒体平台，如趣头条、搜狐自媒体、网易自媒体等，此类平台依据自身推荐机制分发用户内容，同时通过奖励机制鼓励原创。视频平台的发展使得信息获取与交互更加丰富，长视频如优酷、爱奇艺、腾讯视频等，近几年兴起的短视频如抖音、快手、微视等，此类平台以富媒体的内容吸引着用户，视频的弹幕以及评论区承载了用户与用户之间、用户与创作者之间交流互动的功能。同样依托各类算法搭建的内容推荐机制，平台能够依据视频的流量大小、用户的浏览记录、关联分析等对用户进行视频内容的分发；也存在着各种各样的奖励机制，鼓励并支持优质原创的视频内容。对于用户和创作者以及用户和平台之间的交互，数字媒体也使其变得更加多样和有效。用户可以通过视频弹幕、评论区等方式和视频的创作者进行交流沟通；观众可以互相交流自己的心得，也可以及时反馈自身的诉求；创作者可以根据用户的评论更好地审视并改进自己的视频内容创作，从而提升自己的内容水平。对于优秀的作品，用户可以通过点赞、收藏等进行支持，平台可以依据点赞量等指标评估视频流量，从而对流量更大的视频按照算法机制进行优先分发等操作；而对于内容不当或存有恶意的劣质视频或是存在错误行为的用户账号，用户可以向平台进行举报，平台接到举报后可依据政策对相关视频内容或用户账号采取下架或封号等处罚措施。

> **思考**
>
> 1. 数字媒体是媒体的数字化转型吗？为什么？
> 2. 思考数字媒体产生和发展的原因有哪些。
> 3. 数字媒体的发展给你的生活带来了怎样的影响？这些影响是以什么样的方式产生的？

二、个性化推荐系统

（一）个性化推荐系统的定义

要理解个性化推荐系统，首先要理解一个概念："信息过载"。所谓信息过载，是指社会信息超出了个人或系统所能接受、处理或有效利用的范围并导致故障的状况。众所周知，人类对信息的记忆和处理能力是有一定限度的，但日常生活和学习工作中，人们从环境中获取和接收的信息量总是远超其所能消费和承受的信息量限度，尤其随着互联网技术的发展、大数据时代的到来，信息的产生速度和信息量都骤然提升，海量的冗余信息严重干扰了人们对与自己相关的信息的正确选择和准确分析，且大量信息的真实性无从验证，又有过多的重复信息，人们对信息的处理变得更加复杂和困难，信息提取成本越来越高，造成了大量的时间和精力的浪费。

鉴于上述信息过载给人们带来的巨大困扰，个性化推荐系统应运而生。个性化推荐系统是互联网和电子商务发展的产物，它是建立在海量数据挖掘基础上的一种高级商务智能平台，向顾客提供个性化的信息服务和决策支持，针对每个用户的个人特点对海量信息进行过滤，帮助用户提高信息的获取效率，从而解决信息过载问题。近年来，随着深度神经网络、强化学习、图神经网络等技术的发展，基于机器学习技术的推荐系统得到了越来越多的关注。特别是大数据技术的出现，使得推荐系统应用场景所积累的历史数据也有所增多。系统之间不再相互独立，系统可以获得大量相关的关联数据，使得机器学习技术获得了大量的可用数据。利用大数据、机器学习技术可以捕捉到复杂的用户偏好信息。利用多系统的异构数据，推荐系统可以有效地解决传统推荐技术中存在的冷启动和数据稀疏等问题，并且增强了推荐项目的多样性和准确性。如今，个性化推荐系统已应用于多个领域，如新闻推荐、商务推荐、娱乐推荐、学习推荐、生活推荐、决策支持等，推荐的创新性、实用性、实时性越来越强，准确度也越来越高。

（二）个性化推荐系统的技术支撑

1. 基于关联规则的推荐技术

关联规则反映了事物之间的关联性和相互依存性，它通过分析历史数据来总结出事物之间相互关联的程度和规律。如在实体商店或在线电商的推荐应用中，通过分析顾客的购买记录来挖掘顾客群体中购买习惯的内在共性，例如购买产品 A 的同时也连带购买产品 B 的概率，依据挖掘结果来调整货架的布局陈列、设计更高效的促销组合方案等，从而实现销量的提升。

 案例 ▶ 　　　　　　　　　啤酒与尿布

"啤酒与尿布"的故事产生于 20 世纪 90 年代的美国沃尔玛超市中。沃尔玛超市的管理人员分析销售数据时发现了一个难以理解的现象：在某些特定的情况下，"啤酒"与"尿布"两件看上去毫无关系的商品经常出现在同一个购物篮中。这种独特的销售现象引起了管理人员的注意。经过后续调查发现，这种现象出现在年轻的父亲身上。

在美国有婴儿的家庭中，一般是母亲在家中照看婴儿，年轻的父亲前去超市购买尿布。父亲在购买尿布的同时，往往会顺便为自己购买啤酒，这样就会出现啤酒与尿布这两件看上去不相干的商品经常出现在同一个购物篮的现象。如果这位年轻的父亲在卖场只能买到两件商品之一，则他很有可能会放弃购物而到另一家商店，直到可以一次同时买到啤酒与尿布为止。沃尔玛发现了这一独特的现象，开始在卖场尝试将啤酒与尿布摆放在相同的区域，让年轻的父亲可以同时找到这两件商品，并很快地完成购物；而沃尔玛超市也可以让这些客户一次购买两件商品而不是一件，从而获得了更高的商品销售收入。

小思考

1. 在你自己的购物经历中，有没有类似"啤酒与尿布"的案例？

2. 这种案例，你觉得是共同存在于消费者之中的吗？为什么？

2. 基于内容的推荐技术

基于内容的推荐技术主要是利用推荐项的特征相似度进行推荐。如果一名用户浏览或购买过某种类型的内容，则系统会继续推荐这种类型的其他内容给该用户。此类方法通常先提取推荐项的特征来表示物品，利用用户历史评价数据（如喜欢/不喜欢的特征数据）来了解该用户的偏好特征，最后通过比较用户的偏好特征与潜在的物品特征，来为用户推荐相关项。目前，常见的计算相似度的方法有余弦距离、相关性系数、KL 距离等，以及项的特征描述技术，如 TFIDF，n-gram 等。基于内容的推荐技术的应用范围广泛，既可以处理文本数据，也可以处理图像等非文本数据，其应用如各类 Web 挖掘的网页推荐系统、能够计算文本内容相似度的期刊推荐系统、基于内容的个性化知识服务推荐算法、文本情感分析、基于图像的内容推荐模型等。

基于内容的推荐技术的优点是易于实现，具有良好的解释性，不存在冷启动等问题。但是，该方法在提取特征以及度量高维特征数据的相似性方面面临一定的挑战。例如，对于文本、图像类的非结构化数据等，其特征描述依然制约着该方法的应用效果；高维数据的相似性度量的稀疏性也极大地影响了推荐效果；基于内容的过滤还会忽略项目的多样性和流行度偏见，导致推荐的物品可能是重复的。

3. 基于协同过滤的推荐技术

协同过滤作为推荐算法中的经典算法，包括在线协同和离线过滤两部分。所谓在线协同，就是通过在线数据找到用户可能喜欢的物品。而离线过滤，则是过滤掉一些不值得推荐的数据，比如推荐值评分低的数据，或者虽然推荐值评分高但是用户已经购买的数据。

协同过滤使用用户-项（User-Item）二维评价矩阵来寻找相似的用户。其模型一般为由 m 个物品与 n 个用户的数据所构成的二维矩阵，矩阵中只有部分用户和部分物品之间存在评分数据，其他部分的评分缺失，算法要做的就是通过已有的部分稀疏评分数据来预测空白的物品和数据之间的评分关系，从而找到评分最高的物品推荐给用户。该类技术侧重于从数据中寻找某些隐含的模式，并将用户-项的表达映射到隐含模式上。协同过滤主要分为基于邻域的协同过滤和基于模型的协同过滤两大类。

基于邻域的协同过滤主要通过已有评分来直接预测新的评分，又可分为基于用户的协同过滤与基于项的协同过滤。

基于用户的协同过滤方法通过用户对不同内容或物品采取的行为，来评测用户之间的相似性，基于用户之间的相似性做出推荐。这部分推荐本质上是给用户推荐与他相似的人感兴趣的物品。而基于项的协同过滤方法适用于拥有大量数据基础的系统，其研究目标在于寻找物品之间的相似度，通过目标用户对某些物品已有的评分，对与该物品相似度高的类似物品进行预测，将评分最高的若干个相似物品推荐给用户。

基于用户的协同过滤方法可以发现用户的潜在偏好，但是存在冷启动问题且运算量较大。而基于项的协同过滤方法基本不存在冷启动问题，而且在推荐时具有实时性，但是仅仅在项的数量远少于用户数量的情况下才适用。所谓冷启动，是指在新用户对很少的内容或物品产生行为后，不能立即对它进行个性化推荐，因为用户相似度是每隔一段时间离线计算的，故而存在"用户冷启动"问题。而新物品或新内容上线后，一段时间内一旦有用户对其产生行为，就可以将该物品或内容推荐给和对它产生行为的用户兴趣相似的其他用户，故而解决了"项目冷启动"问题。

这两种方法在大规模环境下的推荐效率较低，只适用于小规模的场景。因此，基于邻域的协同过滤算法常见于早期的推荐系统中，或用于数据量较小的情况。

基于模型的协同过滤通常围绕用户-项的关系建立某种关联模型，通过最优化模型参数来获得项的最佳预测。随着机器学习技术的深入发展，基于模型的协同过滤越来越成为主流的协同过滤技术，产生了包括关联算法、聚类算法、分类算法、回归算法、矩阵分解、神经网络、图模型以及隐语义模型等在内的多个算法和模型，其准确度也不断提升。

4. 混合推荐技术

上述三种主流的推荐方法各有利弊，各有自身的适用场景，为扬长避短，实际的个性化推荐常常采用混合推荐技术。混合推荐的目标在于构建一种混合系统，综合不同算法和模型，以充分发挥各算法的优点，同时克服其中的缺陷。比较流行的混合推荐技术有以下四种。

（1）加权的混合：用线性公式将几种不同的推荐按照一定的权重组合起来。具体权重的值需要在测试数据集上反复实验，以达到最好的推荐效果。

（2）切换的混合：对于不同的情况（如数据量、系统运行状况、用户和物品的数目等），选择最为合适的推荐技术计算推荐。

（3）分区的混合：采用多种推荐技术，并将不同的推荐结果分不同的区显示给用户。

（4）分层的混合：采用多种推荐技术，并将一种推荐技术的结果作为另一种的输入内容，从而综合各种推荐技术的优缺点，得到更加准确的推荐。

（三）个性化推荐系统的应用

下面通过"个性化新闻""电商个性化推荐""社交个性化推荐"三个案例，结合具体场景阐述个性化推荐系统在不同领域的应用。

📇 案例 ▶　　　　　　　个性化新闻

个性化新闻是指通过算法把关、个性化推荐、协同过滤等方式推送给受众的新闻内容。其通过"个性化推荐"，结合大数据对用户阅读习惯的捕捉，对用户阅读兴趣进行预测和推断，向用户推送更符合需求的新闻内容。简而言之，个性化新闻就是基于"用户洞察"的个性化信息智能匹配，根据个性化需求聚合相关的信息和应用，以满足用户需求的个性化内容。因此，个性化需求打破了传统媒体时代用户主动寻找信息的情况，转变为利用"推荐"的形式为内容找到与其相匹配的用户。

首先，相比传统新闻的规模化生产模式，个性化新闻以"新闻内容＋数据化精确制导"的生产方式，对标特定的用户群体，使内容更加贴近用户的需求。互联网时代，信息数量急速提升，用户对个性化信息的需求也在不断扩张。个性化新闻结合用户自身行动数据预测用户喜好，使得新闻产品更能触动用户痛点，引发内容的共鸣。其次，个性化新闻能够有效开发"长尾市场"，使长尾内容得到有效利用。通过个性化推荐机制对小众用户爱好的挖掘，用户的小众需求得到了充分满足，真正实现了从"内容为王"到"用户为王"的转变，同时很好地帮助用户改善了信息过载的冗余境况。不同于主动的信息检索，个性化的新闻推荐也能给用户提供其视野之外的内容，使其关注到他人正在关注而自己没有关注到的信息。

小思考

个性化新闻推荐存在哪些弊端？

案例　　　　　　　　**电商个性化推荐**

电商领域的个性化推荐，其本质是在用户购物意图不明确的情况下，利用机器学习（深度学习）的技术手段，结合用户特征、物品特征和场景特征（时间、空间等）来构建用户兴趣模型，从海量的商品中找到用户可能感兴趣的商品，缩短用户到商品的距离，从而提升用户购买效率和产品体验，也促进商家的销售量提高，提升用户活跃度，吸引复购以增强用户黏性。同时，平台也可以吸引更多卖家入驻，提升广告和佣金收入。

准确的推荐依赖于全面的用户画像，用户画像的构建包括用户自身和用户关系两方面的信息。其中，用户自身的信息包括：用户的人口属性、社会属性等身份识别信息，这一般在用户注册账户时获取；用户的渠道来源等动机识别信息；搜索喜好经过滤排序得出的搜索特性信息；常用的支付方式、购买时间、常用地址等交易特性信息；浏览时的页面分布、点击痕迹、时间分布等浏览特性信息；用户的反馈渠道、使用场景、评分评论等满意度信息；等等。而对用户关系信息的处理，包括对用户好友的信息分析、通过同趣用户的模糊匹配来找到相关需求用户，以及通过对群体的用户联盟（如买家或卖家群、拼单群等）分析来猜测用户喜好等。

除了构建用户画像，准确的推荐还要依赖于产品知识库。产品知识库的构建包括产品静态的信息属性，如产品价格分布、产品功能、产品质量评分等；产品的交易属性信息，如产品销售热度、产品热度的变化趋势、热销周期、热销地区、热销人群特征等；产品的关系属性信息，如相关产品（依据用户购买行为的相关度分析确定）、上下游产品、互补产品、替代产品等。

在具体的应用中，个性化推荐系统渗透在电商平台的各个模块中。以淘宝为例，淘宝个性化推荐系统的个性化推荐算法主要应用在"发现好店""爱逛街""猜你喜欢"，以及购物链路等淘宝的各个主要场景中。其中，在淘宝底部的"猜你喜欢"商品瀑布流推荐是亿万用户每天登录手淘后必逛的场景，这为人们搜寻和发掘自己喜好的商品提供了便捷的渠道。随着用户对不同推荐场景的持续浏览和交互，推荐系统对于用户实时需求和意图的理解会越来越清晰，因此也可以更准确地为用户推荐更为合适的内容。随着淘宝个性化推荐技术愈发成熟，淘宝从以人工运营为主分配流量和资源位的方式成功转变为以大数据和个性化推荐为导向的新方式。

▦ 小思考 ▶

电商平台的个性化推荐应用中，怎样更全面地衡量推荐效果？通过哪些指标进行衡量？

▦ 案例 ▶   **社交个性化推荐**

    随着各互联网社交平台的普及，个性化推荐系统在社交领域的应用越来越普遍。以豆瓣为例，豆瓣以图书、电影、音乐和同城活动为中心，形成了一个多元化的社交平台。对豆瓣电影中的个性化推荐流程进行分析可知，当用户在豆瓣电影中将一些看过的或是感兴趣的电影加入看过和想看的列表里，并对它们进行相应的评分后，豆瓣的推荐引擎就获得了用户的一些偏好信息。基于这些信息，豆瓣将会分析用户品味并进行相关电影推荐。由于豆瓣的推荐是根据用户的收藏和评价自动得出的，所以每个人的推荐清单都不同，每天推荐的内容也可能会有变化。用户的收藏和评价越多，豆瓣给出的推荐就会越准确和丰富。同时，豆瓣是基于社会化的协同过滤进行推荐，用户越多，用户的反馈越多，则推荐的效果越准确。相比上述电商应用中的推荐模型，豆瓣电影的模型更加简单，就是"看过"和"想看"，这也让其推荐能够更加专注于用户的品味。除此之外，豆瓣也有基于物品本身的推荐。当用户查看一些电影的详细信息时，它会向用户推荐"喜欢这个电影的人也喜欢的电影"，这也是一种基于协同过滤的推荐的应用。

▦ 小思考 ▶

结合实际体验，试分析豆瓣图书中应用到的个性化推荐方法。

（四）个性化推荐系统面临的问题

1. 管理漏洞

    由于个性化推荐系统依赖于机器算法，因而算法的智能性和平台监管就成为影响个性化推荐系统发展的重要因素。如果算法的智能性不够，加之平台的监管缺失，就很容易导致系统被攻击或被恶意利用，用来传播一些劣质甚至是违法内容。

2. 隐私风险

    用户的隐私保护是互联网技术发展过程中老生常谈的问题。个性化推荐系统由于依赖于用户的各项信息，如历史浏览记录等行为信息、好友关系等社交信息，甚至年龄、性别等人口统计属性信息和联系方式等生活信息，因而面临着更加严峻的隐私保护问题。

3. 用户体验

个性化推荐系统影响用户体验主要表现在两个方面：一是推荐不够精准；二是对某些内容反复推荐。一方面，用户无法获得自己想要的内容；另一方面，浏览过的内容或购买过的物品反复出现，极大地影响了用户的使用体验。

> **░░ 思考 ░**
>
> 1. 除了本节中提到的个性化推荐应用，试列举生活中还有哪些场景或领域用到了个性化推荐系统。
> 2. 收集资料，梳理个性化推荐系统的历史发展脉络。
> 3. 结合"数字化技术概述"一章中介绍的各项技术及个性化推荐系统的历史脉络，试分析个性化推荐系统的发展趋势。
> 4. 总结个性化推荐系统的优缺点。

三、社会化商务平台

（一）社会化商务平台的定义

社会化商务是一种利用互联网社交网络从事商品交易或服务提供的交易活动，是以社交媒体为中介的在线商务模式。与传统电子商务不同的是，用户可以在社会化商务社区中自由地分享购物体验，也可以向网友寻求购物建议。社区中其他用户分享的信息可以帮助用户做出更明智的购物决策，也能让用户在购物过程中感受到其他消费者的支持，从而获得更好的消费体验。

随着互联网技术的发展，尤其是移动互联网的发展，社会化商务平台日益活跃起来。社会化商务平台拥有更强的用户黏性、社区互动性，更低的营销和时间成本以及更精确高效的商业发展，正随着技术的进步而发展壮大。

（二）社会化商务平台的特点

1. 消费的需求被动产生

在社会化商务的消费模式中，消费者的消费有很大一部分是被动产生的，他们并不是对明确的需求主动消费，而是受到社交好友的购物分享或推荐影响，被动产生了对商品的消费需求。

2. 用户引导消费

在社会化商务的消费模式中，消费者的消费行为是由其他用户通过分享或推荐等方式引导产生的，而不是由商家或平台的运作机制引发的。从社会心理学的角度讲，人往往有模仿与自己处于同样境遇的人的行为的趋向性。在消费者的眼中，其他消费者的好评往往会促使其去模仿，进而产生消费欲望。

3. 导购数字化升级

社会化商务基于互联网社区，用户通过分享与展示商品信息、发布点评及使用体验等与其他用户产生互动，以此建立起了具有社会属性的社交关系。先行的消费者对于其他用户而言便充当了导购员的角色，通过图片、视频等更全面地展示商品信息并分享自身体验，刺激着后续用户的消费，而这种方式的影响力要远大于商家自身对产品的宣传，拥有更好的刺激消费的效果。

4. 用户黏性强、互动性强

相较于传统的电子商务，社会化商务拥有更强的社交属性。它打破了原有买卖双方较难建立信任关系的利益对立的消费模式，通过社交属性提升买卖双方的信任感。社交电商利用人们在日常生活中更倾向于信任熟人购物评价的心理惯性，对目标用户群体进行更精准的定位，并通过社交圈内的口碑宣传增强用户的黏性和提升用户的忠诚度，从而使商品能够有更高的复购率和转化率，用户与用户之间、用户与商户以及用户与平台之间的互动性也更强。

5. 消费碎片化

随着互联网技术尤其是移动互联网的发展以及社会节奏的加快，人们的社交生活逐渐碎片化。依托社交属性，社交电商的购物消费也正在变得碎片化。在收入和消费水平不断提升的今天，消费行为已不再单纯是为了满足对生活必需品的刚性需求，而更多的是兴趣型、品质型消费。消费者往往是在生活闲暇，通过社交平台注意到了某件被好友推荐或分享的商品，从而产生了购买欲望，形成消费。

6. 群体化消费

社会化电商依托用户的社交属性，通过用户的群组分享和好友推荐进行刺激消费。通过对用户的互动群组进行接触，商家可以对某一群组的用户兴趣、爱好及习惯等信息进行分析，从而可以制定更精确的营销计划，带动更具针对性的群体化消费。

7. 营销成本低、商业潜力大

社交网络为电商的发展提供了丰富的人脉资源。通过精准的群体化营销以及多入口的消费场景匹配，社交化商务平台能够极大地降低消费者的时间成本，更好地刺激消费需求。同时，去中心化的运作模式也能够降低商户的营销成本，从而拥有更大的商业潜力。

（三）社会化商务平台的分类

社会化商务简单来说，就是通过线上社区等社会化的方式，利用用户之间自主进行的商品内容的传播与分享，来引导其他用户产生购买或消费行为。我国社会化商务平台可分为以下三类。

（1）依托现有电子商务服务构建社区。这种模式主要被发展成熟的电子商务企业采用，特别是 B2C、C2C、B2B 企业。其中运作比较成功的有：凡客的凡客达人、淘宝的淘江湖，以及阿里巴巴的人脉通等。上述几种电子社区平台都是基于自身的电子商务，一方面，通过社会化平台的个性化服务，如买家秀、购物相关话题的分享和交流，加强用户与用户之间、用户与网站之间的联系，增强用户的黏性；另一方面，通过稳定的电子社区关系促进用户的购买行为，从而加速电子商务发展。

（2）第三方社会化商务平台。这种平台本身并不提供产品或服务，而是基于现有电商企业的产品或服务构建。平台通过自身的个性化服务吸引并汇集稳定的用户群，拥有一套自己的关系圈，关系圈的建立是独立于电商企业之外的。这类电商平台为众多的网购用户提供了一个彼此交流购物心得乐趣、分享相关购物资讯以及结识更多具有相同购物爱好的朋友的场所；同时，基于平台上的用户分享，其他用户也能够参考购物，降低购物的选择和尝试成本。

（3）基于社区的社会化商务。通过将电子商务与社交平台对接，利用社交平台强大的用户支持来进行营销。此类模式对于中小企业而言门槛更低，因而也是国内外很多企业正在实践的部分。

案例 **社交电商拼多多**

拼多多成立于 2015 年 9 月，是一家专注于 C2B 拼团的第三方社交电商平台。用户通过发起和朋友、家人、邻居等的拼团，可以以更低的价格，拼团购买优质商品。其中，通过沟通分享形成的社交理念构成了拼多多独特的新社交电商思维。截至 2021 年底，拼多多年活跃买家数达 8.687 亿。拼多多取得的巨大成就充分展现了社交电商的魔力。从拼多多的具体应用来看，社交电商的魔力主要体现在三个方面。第一，兴趣型购物而非目的型消费。社交是社会化商务中的关键属性，以社交引导并促进消费也是社会化商务发展的重要手段。在拼多多，购物不全都是目的型的，它更类似于真实的线下购物，模拟用户与三五好友逛街购物的场景，购物只是社交和生活娱乐的一部分。社交电商的模式是创新，而本质却是回归，它让线上消费重拾社交属性，让购物变得有温度。基于此，拼多多打造了拼团购买的消费模式：用户在商品广场中浏览，看好某件商品后可以在微信上向自己的亲朋好友发起拼团；拼团成功，商家发货。这一模式将购买行为融入社交之中，为原本的购物行为增加了互动性和趣味性，提供了一种全新的共享式购物体验。第二，物美价廉的消费体验。提起购物，消费者总是希望能够买到物美价廉的产品，这恰恰是地毯式搜索购物无法保障或者说缺失的一点，尤其是购买一些高频、小额产品，例如水果、卫生纸等，其决策成本高，且结果不可预期。拼多多的社交电商模式则很好地解决了这一痛点，平台以轻产品为主，高频、低价、优质，用户可以很快地选中产品，即时发起拼团，降低决策成本，低价购买到有意向的产品。第三，可靠的商品保障。随着平台的飞速发展，摆在拼多多面前的一个问题是：如何提升用户体验？拼多多的回答是：假一罚十。通过严格的政策和反腐、打假策略的落实，来保障消费者的购物体验，从而更好地吸引用户。

社交电商，尤其是基于社区的社会化商务，不但对消费者有着巨大的吸引力，而且对商户同样产生了巨大的吸引效应，尤其是一些中小型的企业商户。平台、商户、用户一直是一种互利的三角关系。而在电商行业短短十几年的历史中，平台和商户的关系出现过各种模式：入驻、自营、合作等。中小型的企业商户不像头部商户一样有品牌加成和流量推荐，它们数量众多、性价比高、用户群体广泛，符合当前消费购物的发展趋势，却在以往的电商环境中面临着大平台门槛抬高、大品牌瓜分流量、搜索关键词入口变窄、平台运营位露出概率变小、产品与用户需求不对等之类的发展瓶颈。在传统的电商模式下，用户先产生需求后进行购买，且购买时有明确的消费对象。因此，用户需先确定好自己要购买的物品，然后通过电商平台，如淘宝、京东等，搜索关键词并筛选，对比产品性价比后下单消费。社交电商则是刺激消费需求并聚集，最终达成购买行为。起初用户可能并没有强烈的购物欲，但身边的朋友在其社交圈推广后，之前比较弱的购买欲望就转化为明确的消费需求。成交后用户之间的信任增加，如此一来更易聚集一致或类似的需求，进而快速有效地优化配置资源，因此商户在选择用户时也能够更加精准。这种社交电商开创的C2B模式降低了平台入驻门槛，为商户提高了效率和品牌露出率，避开大品牌压制的同时也能够充分发挥自身优势。

由此总结对比传统电商模式和社交电商模式。传统电商模式下，用户依赖于大平台、大卖场，产品依据不同的品类进行聚合展示，进而吸引用户到某一个特定产品聚合处进行消费购买，即以物类聚。整个消费过程中，用户要获取产品信息依赖于目录浏览和关键词搜索。社交电商模式则是刺激用户需求并聚集相同或类似需求。通过身边朋友的推荐，一方面快速获取产品信息，另一方面也解决了产品质量信息不对称问题。相比大平台广告和竞价排名方式，用户也更愿意相信朋友推荐，因此对产品、商户以及平台的信任度也会随之提高。

小思考

举例说明除了拼多多此类拼团型的社会化商务平台，还有哪些其他类型的社会化商务平台？

（四）算法推荐新规

国家网信办等四部门联合发布的《互联网信息服务算法推荐管理规定》（以下简称《规定》）于2022年3月1日起正式施行。《规定》要求：算法推荐服务应遵循公开透明的原则；算法推荐服务提供者应当坚持主流价值导向，积极传播正能量，建立完善人工干预和用户自主选择机制，不得利用算法实施影响网络舆论、规避监督管理以及垄断和不正当竞争行为；算法推荐服务提供者向消费者销售商品或者提供服务的，应当保护消费者公平交易的权利，不得根据消费者的偏好、交易习惯等特征，利用算法在交易价格等交易条件上实施不合理的差别待遇等违法行为等。

《规定》明确保障用户的选择权、删除权等权益，规定算法推荐服务提供者应当通过向用户提供不针对其个人特征的选项，或向用户提供便捷的关闭算法推荐服务的选项，并提供选择或删除针对其个人特征的用户标签的功能，避免用户被算法"算计"。目前，包括淘宝、抖音等头部平台在内的多家平台都已按新规提供关闭算法推荐服务的选项。

使用算法推荐，除应遵守《消费者权益保护法》《电子商务法》的要求外，还应当严格遵守《个人信息保护法》的要求。根据《个人信息保护法》的规定，应用算法推荐时应当注意：（1）保证决策的透明度和结果公平、公正，不得对个人在交易价格等交易条件上实行不合理的差别待遇；（2）应当同时提供不针对其个人特征的选项，或者向个人提供便捷的拒绝方式；（3）通过自动化决策方式作出对个人权益有重大影响的决定，个人有权要求个人信息处理者予以说明，并有权拒绝个人信息处理者仅通过自动化决策的方式作出决定。

> **思考**
>
> 1. 对自己用过的线上购物途径进行分类，判断其属于传统的电子商务平台还是社会化商务平台。
> 2. 简述社会化商务平台和传统电商平台的区别。
> 3. 社会化商务平台有什么优缺点？

四、数字金融平台

（一）数字金融

数字金融泛指传统金融机构与互联网公司利用数字技术实现融资、支付、投资和其他新型金融业务模式。具体而言，数字金融是指利用大科技平台、大数据以及云计算等科技方法，来创新金融产品、商业模式、技术应用和业务流程，包括两方面：一是新型的科技公司利用技术来提供金融的技术解决方案；二是传统的金融公司用数字技术改善服务。

数字金融的具体业务分为五大类：一是基础设施，包括智能合约、大数据、云计算、数字身份识别；二是支付清算，包括移动支付、数字货币；三是融资筹资，包括众筹、网络贷款；四是投资管理，例如余额宝、智能投顾；五是保险，指数字化的保险产品。

与数字金融有别的两个概念是互联网金融与金融科技。

互联网金融是指传统金融机构与互联网企业利用互联网技术和信息通信技术实现资金融通、支付、投资和信息中介服务的新型金融业务模式。它不是互联网和金融业的简单结合，而是在实现安全、移动等网络技术水平上，被用户熟悉接受后（尤其是对电子商务的接受），自然而然为适应新的需求而产生的新模式及新业务，是传统金融行业与互联网技术相结合的新兴领域。

金融科技是指通过技术手段推动传统金融行业的创新，形成对金融市场、机构及金融服务产生重大影响的商业模式、技术应用、业务流程和创新产品。根据金融稳定理事会（FSB）的定义，金融科技是基于大数据、云计算、人工智能、区块链等一系列技术创新，全面应用于支付清算、借贷融资、财富管理、零售银行、保险、交易结算等六大金融领域，是金融业未来的主流趋势。

从直观上理解，互联网金融更多地被视作互联网公司从事金融业务，金融科技则更突出其技术特性。相较而言，数字金融的概念更加中性，所涵盖的内容也更加广泛。

（二）数字金融平台的发展优势

1. 信息不对称度低

金融中的信息不对称问题简单来说就是信任问题。交易双方互不了解，导致金融活动很难顺利进行，可能会带来交易之前的逆向选择和交易之后的道德风险问题。问题特别严重的甚至可能引发金融危机。金融监管的各项要求，比如信息披露以及治理结构，都是为了减少信息不对称并控制风险。

数字金融平台则可以通过大数据来解决上述信息不对称问题。如支付宝、微信等平台建立之后，用户无论是网购还是社交，在经历一段时间的使用之后都会留下包括其社会关系、个人行为偏好及财务状况等在内的数字足迹，形成大数据；依托云计算等技术对用户大数据进行存储和分析，判断用户的信用和财务实力等状况，可以为分析判断、制定金融决策提供信息保障。

2. 普惠性

传统金融机构的服务模式呈现明显的"二八法则"，即为最上层 20％ 的客户提供了 80％ 的金融服务，同时，其需要房地产等资产作抵押才能提供金融服务。而数字金融通过大数据信息来甄别客户的信用状况和经营状况，无论企业大小和所在领域，只要有数据支持，金融机构就可以为它们提供相应的金融服务。其服务模式有效降低了金融准入门槛，扩大了金融的服务领域和覆盖范围，使金融服务向大众群体蔓延，更具普惠性。

3. 扁平化

相较于传统金融的层级化模式，数字金融具有明显的扁平化特征。只要搭建好网络平台或数据平台，金融机构就可以通过"身份证＋银行卡＋生物识别"的模式进行客户验证，从而打破时空界限，快速触达客户，且获取客户的可变成本几乎为零。

4. 低成本

依托平台的大数据信息，数字金融能够及时发现客户的资金需求和风险变化情况，从而主动地为客户提供个性化、定制化的金融产品，通过精减人员、压缩机构、简化流程，形成新业务模式，具有成本低、精度高、时效性强、可持续等优势。

5. 良好的发展机遇

无论是技术支撑、国家政策支持还是社会需求，数字金融都拥有良好的发展空间。数字经济加快发展，数字化转型快速推进。在疫情加速社会虚拟化进程的新发展阶段，数字金融服务需求增加，客户黏性增强，拥有巨大的发展空间和良好的发展机遇。

（三）数字金融平台发展风险分析

1. 风险防控难度大

数字金融的发展高度依赖于新兴的网络技术，其风险传播速度更快、波及范围更广，风险防控更加复杂。同时，由于网络监管等不到位，在金融与数字技术融合的过程中，可能出现违背金融行业基本原则的金融乱象乃至违法犯罪活动，影响金融生态的健康发展。

2. 数据与信息安全问题突出

数字金融依赖于大数据信息开展金融服务等相关活动。数据和信息作为数字经济时代重要的生产要素，是数字金融发展的基础。在充分利用数据价值促进发展的同时，信息泄露、信息欺诈、隐私保护等问题也日渐突出。

3. 技术边界不清晰

近年来，区块链、人工智能、物联网和云计算等技术快速发展，而各项互联网监管政策相对滞后，对技术的监管覆盖并不全面。依托这些技术的数字金融同样存在技术边界不清晰的情况，容易产生监管漏洞等风险问题。

▦ 案例 ▶ 　　　　　数字人民币

数字人民币，字母缩写按照国际使用惯例暂定为"e-CNY"，是由中国人民银行发行的数字形式的法定货币，由指定运营机构参与运营并向公众兑换，以广义账户体系为基础，支持银行账户松耦合功能，与纸钞硬币等价，具有价值特征和法偿性，支持可控匿名。

自 2014 年，中国人民银行成立专门团队，开始对数字货币发行框架、关键技术、发行流通环境及相关国际经验等问题进行专项研究以来，数字人民币经历了研发、测试、试点等多个环节并快速发展。截至 2021 年 12 月 31 日，数字人民币试点场景已超过 808.51 万个，累计开立个人钱包 2.61 亿个，交易金额 875.65 亿元。截至 2022 年 2 月，北京数字人民币落地冬奥场景 40.3 万个，初步完成全市 15 个信息消费体验中心评定工作。2022 年 2 月 17 日，中国的数字人民币打破了 Visa 对奥运会长达 36 年的支付服务的垄断。

▦ 小思考 ▶

简述移动支付平台给自己的生活带来的影响。

▦ 思考 ▶

1. 简述数字金融和传统金融的区别。

2. 如何理解金融科技、互联网金融与数字金融的关系？

03

数字化转型
与产业篇

第六章
共享经济

📠案例 ▶ **小猪短租——住得更好，花得更少**

　　小猪短租作为国内共享住宿代表企业成立于 2012 年。小猪短租的房源主要为普通民宿，也包括隐于都市的四合院、花园洋房、百年老建筑，还有绿皮火车房、森林木屋、星空房等。在小猪短租平台上，房东可以通过分享闲置的房源获得可观的收益，房客可以通过体验民宿结交更多兴趣相投的朋友，深入体验当地文化，感受居住自由的快乐。

　　据小猪短租 CEO 陈驰介绍，网站正式上线后，当时的市场上根本找不到那种真正由个人分享的短租房，大多是一些由中介等方面维护的房源。也就是说，在当时已有的市场环境下，供给的主体还停留在"房源"这一层面。基于对分享经济模式的深入理解，小猪短租团队坚信在市场供给的背后，人——也就是分享者的价值至关重要。因此，即便是在那样的环境下，他们也不愿意选择去走那条所谓的"捷径"，简单地把市场中已有的房源直接搬到线上平台。好在经过一段迷茫之后，他们发现可以沿着自己的社交路径去尝试接触个人房东。

● 建团队，为更好地服务个人房东

　　当早期的个人房东进来后，很多问题也随之而来。例如，大多数房东在刚接触这种全新的模式时都会产生"我的房子适不适合做短租""我该怎么做"等类似的疑问。传统的 O2O 领域根本不存在这种现象，但在"分享经济"标签下的 O2O 领域，这变成了一个核心问题，将决定着市场供给的质量。

　　对此，小猪短租的做法是，成立一支专门服务个人房东的线下运营团队，从这些细节问题入手，同时也会向房东提供房源的简单装饰建议，进行上线后的定价/调

价，以及了解初期接待房客时要注意的问题等。在这个线下运营团队的协助下，房源顺利上线，房东们也准备开始接待房客了。但是，问题又来了，房东和房客怎样互相选择？好在小猪短租的初创团队都有自己做短租房东的经历，针对这种情况他们也有自己独特的解决方式。

● 用人情味，拉近陌生人间的距离

在小猪短租平台，房客一旦选择了自己心仪的房源，便需要和房东开始进行充分的线上沟通。沟通的内容围绕双方关注的一些问题，例如，房客关心房子的情况、是否可以带宠物、是否需要押金、卫生如何打扫等，房东则关注对方的生活习惯、来此地的目的等。当然，只有在房东和房客双方达成一致后，该笔交易才会继续进行。而在具体入住后，双方也会产生更多的交互行为。由此可以发现，在整个交易过程中，社交元素不可避免。

当然，这一切都建立在事先对房东和房客真实身份信息进行验证的基础上。就像小猪短租CEO陈驰所说，当房东和房客的真实身份被锁定后，两个陌生人间的关系被还原到了熟人社会，双方都会开始自觉约束自己的行为，在整个交易过程中也会流露出更多的人情味。例如，房客为了感谢房东的照顾，寄来家乡特产；房东则会邀请房客一起购物游玩、共进晚餐等。在这种情况下，不管是房东还是房客，双方的体验都会得到保证。而在这个过程中始终存在的社交行为，则进一步增强了用户黏性，有利于促成用户的多次交易。如此一来，整个平台都可以始终得到健康、有序的发展。

● "优胜劣汰"法则，确保始终提供优质供给

传统O2O模式中，消费者在线上下单之后，线下仅作交付、体验。而加入了"分享经济"的标签后，交易双方的身份均落地到了线下的普通人身上，该如何确保房东和房客双方都能够在交易过程中适当约束自己的行为？小猪短租的做法是，引入房东和房客互评机制。

在小猪短租网站的房源列表页上，一套完善的运营规则决定着房源排列的先后顺序，并且这一结果只受房源质量、房东服务质量、房客点评情况等因素影响，无法人为干涉。如此一来，平台上那些得到认可的房东则会更加容易地被房客搜索到，进而得到更多订单；小猪短租平台则能够确保始终向市场提供优质供给。同时，由于房客和房东的互评机制，房客的行为也能得到一定的约束。

资料来源：https://www.iyiou.com/analysis/2014103014121.

小思考

1. 小猪短租平台背后蕴藏着什么商业思维？
2. 小猪短租在疫情期间面临着什么样的机遇和挑战？

一、共享经济思维模式

(一) 共享经济的概念

根据百度百科，共享经济（sharing economy），也称为分享经济和协同消费，是指拥有闲置资源的机构或个人，将资源使用权有偿让渡给他人，让渡者获取回报，分享者通过分享他人的闲置资源创造价值。在共享经济中，闲置资源是第一要素，也是最关键的要素，它是资源拥有方和资源使用方实现资源共享的基础。共享经济概念下的闲置资源可以理解为：该资源原本为个人或组织自身使用，在没有处于使用状态或被占用的状态时，即为闲置资源。从狭义上来讲，共享经济是指陌生人之间进行物品使用权暂时性转移并以获取一定的报酬为目的的一种商业模式。

实际上，"共享"的概念由来已久。朋友之间共享一本书、邻里之间共享家用品等都属于这一范畴。传统社会的共享行为仅限于朋友、邻里之间的小范围。而当今大范围的共享经济风靡全球主要归功于互联网的发展为共享活动提供了一个巨大的关系网和第三方平台。美国得克萨斯州立大学社会学教授马库斯·费尔逊（Marcus Felson）和伊利诺伊大学社会学教授琼·斯潘思（Joel Spaeth）指出，共享经济的实现必须依赖于一个由第三方创建的、以信息技术为基础的市场平台。这个第三方可以是商业机构、组织或者政府。个体借助这些平台，交换闲置物品，分享自己的知识、经验，或者为企业或某个创新项目筹集资金。

一般来说，这种共享往往受制于空间和关系。一方面，实物的共享通常受制于空间的限制，即实物使用权转移仅限于个人所能触达的空间之内；另一方面，共享需要双方有信任关系才能达成。但是，随着 Web 2.0 时代到来，用户可以在网络中向陌生人分享、传播知识和信息，而这种信息共享并不涉及任何实物的交割，也不局限于某一个特定的空间范围内，且大多数时候并不会带来任何金钱方面的报酬。

在数字经济发达的时代，共享经济被催生出更多内涵并应用到各个领域。我们也赋予了共享经济新的定义：拥有限制性资源（包括实物、信息、知识、技能等）的个人或组织，通过互联网平台将资源使用权有偿或者无偿地转移给资源使用者。

(二) 共享经济的要素

共享经济的五个要素分别是：闲置资源、使用权、连接、信息、流动性。

1. 闲置资源

共享经济的本质就在于整合线下的闲散物品或服务者，让人们以较低的价格获得或者提供产品或服务。在这一模式下，供给方可以通过在特定时间内让渡闲置物品的使用权或提供服务来获得一定的金钱回报；需求方可以通过付出较低的成本获得物品的使用权或者服务。其中，低价是共享模式能够"挤占"其他经济模式的核心优势。主要体现在两方面：一方面，资源使用方付出的价格低于市场上其他渠道所需要付出的价格；另一方面，资源拥有方得到的价格低于闲置资源为自身服务时所能创造的价值。此外，还应该注意资源处于闲置状态的时间，供给方和需求方必须在特定时间即资源处于闲置状态的时间完成资源共享，这也是共享模式得以实现的限制条件。

2. 使用权

人们参与共享经济的主要动力是节省费用和赚取金钱。正如上面所言，供给者通过转移闲置资源使用权获得收益，需求者以低价获得闲置资源使用权。共享经济构建了一种双层产权结构，双层产权即所有权和使用权，共享经济提倡"租"，而非"买"，需求方通过互联网市场平台暂时获取资源的使用权，以相对于购买而言较低的价格完成短期使用后再退还给资源供给者。

3. 连接

在"互联网＋"环境下迅猛发展的共享经济借助现代信息网络技术，基于互联网平台搭建资源供给方和资源需求方之间的桥梁。共享经济的发展是一个去中介化和再中介化的过程。去中介化是指供需双方不再依附于传统商业组织，而是资源供给方和需求方进行直接配对连接。而再中介化过程，就是供需双方依附于互联网市场平台实现供需匹配和紧密连接。

4. 信息

互联网平台实现供需双方的精准匹配是建立在大量信息属性的基础上的，即需求方所需要的产品、服务信息和属性以及供给方能够提供的产品、服务信息和属性。以共享出行模式为例，司机（资源提供者）需要向共享出行平台提供始发地、目的地、出发时间、提供服务类型等信息；乘客（资源需求者）需要向共享出行平台提供始发地、目的地、出发时间、所需服务类型等信息。平台则根据供需双方提供的信息实现供给和需求资源的精准匹配。

5. 流动性

拥有闲置资源使用权的使用者并非一成不变，而是处于动态变化中。即将闲置资源的使用权转移给他人，他人在使用完该资源之后需要归还资源，而这部分资源又会被其拥有者转移到下一个需要该资源的个体手中。

（三）共享经济的商业模式

基于上面的分析，共享经济的思维模式是"使用而不占有"，其运行模式的核心基础是"闲置资源—转移使用权—获取收益"。一般来说，供给方拥有闲置资源、碎片化时间或知识技能，通过在特定时间内暂时转移闲置资源使用权或提供服务来赚取物质收益或精神财富；需求方不直接拥有资源的所有权，而是以低价甚至免费以租、借等共享方式获取物品短期使用权，发挥其使用价值。近年来，共享经济快速发展，主要得益于互联网市场平台的支撑，共享平台通过双向补贴的方式来吸引供给方和需求方，平台上足够多的供给方为需求方多样化的需求提供了更多选择，足够多的需求方为供给方提供了稳定持续的客源。共享经济领域涉及不同行业，这导致在规模、发展速度以及未来前景上均有所差异。根据程絮森等人编著的《电子商务商业模式及案例》，共享经济的商业模式大体上可以归纳为以下四种：产品服务化模式、数字内容产销模式、市场再分配模式和协同生活模式。

1. 共享固定资产的产品服务化模式

自 2008 年以来，出现了以营利为目的、与他人共享闲置资产的网络平台。平台参与者不仅可以共享组织或个人拥有的闲置资产或资源，还可以有偿获得闲置资源或资产的短期使用权。值得注意的是，付费者不拥有产品。事实上，这是一种服务型产品的典范。全球经济和企业正在从产品模式向服务经济转型，揭示了产品服务化是商业演进的必然趋势。在以客户带动新服务经济发展的工业经济中，忽视客户需求将被市场无情抛弃。随着人们经济和生活水平的不断提高，他们更倾向于增加在教育、健康、娱乐和餐饮服务方面的支出。这一趋势引发了对服务需求的爆发式增长，进而成为企业探索的新经济增长点。事实上，共享经济模式在次贷危机期间被广泛传播和接受。共享经济和服务经济的理念相得益彰，逐渐渗透到全球经济转型的全过程。正如我们在前面提到的，共享经济的一个非常重要的特点是使用权优先于所有权，这必然导致企业的商业模式从产品模式向服务模式转变。

目前，交通服务公司优步（Uber）不再拥有出租车，而是供应加入优步平台的司机的个人汽车。脸书不独自生产内容，而是由广大脸书用户自主在平台生产多样化内容。电子商务服务商阿里巴巴没有任何仓储，这是典型的产品服务化模式。在这一时代，所有权变得不那么重要了。用户也是如此，他们可以选择在任何地方观看他们想看的任何内容，而无须购买电影票；可以选择使用现在无处不在的共享单车，而不是购买自行车；甚至无须购买房屋，而是在爱彼迎（Airbnb）上租赁一个个性化房间。只要用户可以获得并使用这些资源，所有权就不再重要了。

显然，这种服务化共享经济模式颠覆了传统的私有产权经济思维，给用户带来了双重好处。第一是用户不再购买物品，而是以远低于获得所有权的价格短期地租用物品。这不仅降低了物品的平均使用成本，还大大减轻了拥有物品的额外负担（物品维修、保养、存放等）。第二是用户与产品的关系从所有权转变为使用关系，产品只是满足短期需求的工具。从某种程度上来看，产品服务化的共享模式是一种按需经济，其关键在于将产品变成服务。这主要是因为实物很难分享，但服务很容易分享。例如，优步正在将汽车变成叫车服务。

2. 共享技术、时间、认知、劳务等数字内容产销模式

无形资源实现数字化，通过网络平台实现与公众共享。这类无形资产包括技术、技能、劳务、医疗、家政等。在这种模式下，供需双方拥有相似的利益或通过合作实现共同目标。

维基百科是这种协作模式的典型案例。此外，还有一些社交评论网站或插件，如 Digg、StumbleUpon、Reddit、Pinterest 和 Tumblr。在中国，抖音、小红书、

知乎、豆瓣、新浪微博等社交分享平台也属于这一模式。事实上，所有类型的维基都属于非有形资源的协作，数以亿计的普通人可以从专家或朋友的知识库中寻找照片、图画、新事物和新想法，然后对这些材料进行评论、转发、注释和重组，从而将它们存储到自己的存储库中，以形成属于自己的数据流。

互联网将全球数十亿人连接到一个在线数字共享网络，并通过鼓励内容共享来挖掘存在于互联网每个节点的过剩容量。随着越来越多的用户参与到共享经济协作模式中，我们可以轻松学习知识，快速获取信息，联系越来越多的人。这也为线下共享经济的供需对接提供了有力的技术支撑。这种模式意味着社会中的每个人都可以收集和处理世界上的信息、知识和内容。维基百科只是目前被谈论最多的数字共享模式的一个例子。未来，我们将能够看到一个共享所有知识和技术的数字平台。此外，在全球范围内，根据人们所面临的问题规模、范围和位置，每个人都可以成为不同共享行为的人选。共享经济目前正在做的是在内容生产者和消费者之间或供应商和需求者之间建立联系和桥梁。

3. 基于网络平台的市场再分配模式

在互联网出现之前，人们大多限于接触具有相似的需求和兴趣的人，因此很难分享产品。虽然回收二手商品很普遍，但在线下找到确切需要该商品的人和拥有该商品的人所花费的时间和精力也是难以预测的。然而，互联网的出现打破了传统社会无法跨越的时空界限，二手商品流通已成为世界范围内普遍接受的现象。

该模式以互联网社区租赁和二手市场为代表。"世界上没有垃圾，只有放错地方的资源"，这也是共享经济市场再分配模式强调的重点。生活在现代消费主义社会，每天都有很多人扔掉不再需要但仍然可以使用的物品。这些丢弃的物品很可能是其他人认为有价值的资源。过度消费的弊端在今天已经暴露无遗，而在商品的整个生命周期内维持使用的成本可能不会太低。平日所购买的任何物品的成本不仅仅是标签上的数字，还有我们的时间和精力、往返商店的运输成本和维护成本。很多人会选择直接扔掉或者在必要时以非常便宜的价格丢弃不再需要但仍然有用的商品。

闲鱼是阿里巴巴旗下的二手交易平台。对于那些人们在未来生活中不可能再用到的东西，可以选择将其挂在闲鱼平台上进行低价售卖。其他用户选择心仪的二手商品后，可直接通过支付宝付款，收到货满意后确认付款。在阿里巴巴推出二手交易平台"闲鱼"后，京东又推出了拍拍二手 App，实现京东产品一键转售。

市场再分配模式最明显的影响是促进了商品的循环利用，延长了单一商品的生命周期，充分发挥商品的使用价值。尽管有与重新分配这些用过的物品相关的通信成本或运输成本，这些成本仍然远低于生产全新的相同物品的成本。数据显示，每件成品中含有整个生产过程所消耗的全部原材料的 5%，而该过程中产生的工业废物占人们产生的废物总量的 98%。因此，减少资源浪费最有效的方法就是减少购买新商品，从而进一步减少商品的生产。与其把很多还有用的好东西丢在附近的垃圾桶里，不如通过分享平台找一个愿意接受二手商品的人。

4. 基于社交网络的协同生活模式

共享经济还为我们提供了基于社交网络的协作生活方式。在这一模式下，不仅可以获得生活所需的商品，还可以与更多的参与者建立信任关系，产生并保持持续的联系。以脸书、微信为代表的社交网络平台，帮助用户与现实生活中的朋友、亲戚、同事分享生活经历，从而衍生出熟人之间的协同消费。这种模式实现了朋友之间点对点的协作生活方式或圈子营销，从而形成社交共享经济模式。比如，依托微商产业，微信平台本质上是"开放平台＋朋友"，通过彼此关注和用户交流，获得社交网络和人际关系链中的个体动态信息，将产品或服务在线下推广到社交网络，通过口碑营销在不同的圈子传播并形成群体指数。国外的共享经济通常都有各自专门的功能网站。而在中国，协同消费更多是借助拥有大量用户群的社交平台来实现的。比如，豆瓣群、QQ 群、贴吧、微博论坛和微信群出现了拼车、拼餐、拼房等现象。

过去依赖粗放消耗资源的经济增长方式已经达到了经济学家所说的增长极限。这引发了未来我们将依靠什么来继续推动经济增长的思考。基于共享理念的协作生活方式可能提供了答案。促进经济增长，重要的不是人口数量，而是人们选择什么样的经济增长方式和生活方式。在不远的将来，对于共享生活的需求将继续增长，直到有一天社会实现共享一切。可以通过共享平台交换和租赁的物品也不仅仅局限于上面所提到的那些。我们还可以共享一张沙发、一间办公室、一顿午餐，以及我们所拥有的技能和知识、时间、想法、心情等。这些有形或无形资源的共享行为共同构成经济合作的生活方式。

除了以上总结的四种模式，随着互联网技术和信息社会的不断发展进步，共享经济的思维模式也在不断更新，更多的创新模式不断涌现，逐渐改变着越来越多企业和消费者的行为习惯，促进经济的可持续发展。共享经济模式不是一种环境道德绑架模式或口号，它是基于事实，满足每一位参与者个人利益的共享平台。如果共享行为能给所有参与者带来预期的回报，人们也会更愿意参与到共享经济的浪潮中。

> **思考▶**
>
> 1. 共享经济有哪些特征？
> 2. 试举例说明生活中的共享经济。

二、共享经济的发展

（一）共享经济的发展现状

根据国家信息中心分享经济研究中心发布的《中国共享经济发展年度报告（2022）》数据（见表 6 - 1），主要领域共享市场交易规模除共享住宿领域外，其余领域在 2021 年都实现同比正增长。其中，共享办公、生产能力、知识技能领域的增速较快，分别为 26.2%、14.0% 和 13.2%。共享住宿领域市场交易规模同比下降

3.8%，主要受两大因素影响：一是疫情影响。国内几次区域性疫情暴发均发生在旅游旺季，造成旅游住宿业恢复速度放缓。文化和旅游部抽样调查统计结果显示，2021年国内旅游总收入仅恢复到2019年的51.0%。同时，国外疫情形势堪忧，跨国出行的需求仍被严重抑制，一些平台业务结构调整成效尚未显现。二是监管政策影响。除了平台经济领域强化数据监管的共性政策外，部分过去市场需求和交易规模较大的城市出台了更为严格的短租房监管政策。

表6-1　2018—2021年我国共享经济市场交易额（亿元）

领域	2018 年	2019 年	2020 年	2021 年	2020—2021 年增长率
交通出行	2 478	2 700	2 276	2 344	3.0%
共享住宿	165	225	158	152	−3.8%
知识技能	2 353	3 063	4 010	4 540	13.2%
生活服务	15 894	17 300	16 175	17 118	5.8%
共享医疗	88	108	138	147	6.5%
共享办公	206	227	168	212	26.2%
生产能力	8 236	9 205	10 848	12 368	14.0%
总计	29 420	32 828	33 773	36 881	9.2%

资料来源：国家信息中心分享经济研究中心。

（二）共享经济发展存在的问题

据《中国共享经济发展年度报告（2022）》总结，共享经济发展主要存在的问题包括：大型平台涉嫌不正当竞争问题、共享平台与金融服务深度融合风险、流量恶意竞争问题、个人信息保护和数据安全治理问题等。

1. 大型平台涉嫌不正当竞争问题

目前，在出行、住宿、生活服务等领域均出现一些大型平台，即头部平台。头部平台在市场中占据主导地位，这些平台在促进资源分配和利用、提升经济增长效率和增加消费者福利方面发挥了积极作用，但同时也带来一些负面影响。

一是对市场主导地位的不正当利用。头部平台通常在产品定价、交易方式、结算工具、结算方式、权责分配等方面具有话语权优势，而服务提供者和需求者在整个共享活动交易过程中处于弱势地位，缺乏议价能力。这就容易产生一系列弊端，如平台对于服务提供者从交易额中抽成过高，导致服务提供者无法确保收入；"大数据杀熟""苹果用户收费高于安卓用户"等侵犯消费者权利的事件屡见报端，引发公众不满情绪。

二是数据独占。头部平台借助平台优势和用户流量优势收集了海量用户数据。平台对这些数据进行加工利用，进一步挖掘用户的潜在需求和行为特征，从而据此实现更加精准的信息和服务推荐。虽然这在一定程度上增强了用户黏性，但随之而来的问题就是平台正筑起一道"数据隔离墙"。

三是垄断性扩张。由于头部平台拥有雄厚的资金支持、沉淀的用户支持和海量的数据支持，这导致头部平台在一些小型企业初露头角时就通过参股或者控股的方式甚至是低价倾销或不合理的过度补贴手段抢占市场份额，垄断相应的市场，在市场上排挤中小企业，从而保持其在市场中的优势地位，进而再通过提升服务价格或者提高抽成比例等方式获取高额利润。

2. 共享平台与金融服务深度融合风险

随着共享经济的持续发展，不少基于共享经济模式的企业开始向支付、借贷、投资、保险等各个金融服务领域渗透，而这一行为背后也蕴藏着潜在的风险。

一是难以进行有效监管。对于共享平台而言，它们的业务范围往往突破了地域限制，在掌握大量客户资源的基础上拓展金融业务，会在一定程度上改变金融产品和服务的结构、功能和性质，使有效监管变得困难。而且，金融业务的深入拓展会导致大型共享平台在市场资源配置中掌握过度集中的权力，容易导致市场垄断。

二是可能侵害用户权益。对于拓展金融服务的平台，其"资金池"往往是依托于用户押金或者是预付款，只要用户持续使用平台，用户押金就可以一直沉淀和积累，筑造平台企业"资金池"。如 ofo 单车早期就是挪用用户押金用于企业经营，平台资金链断裂后导致大量消费者押金至今无法退回，损害了用户合法权益。

三是金融问题处理不当可能引发社会风险。与平台类金融活动有关的各类违法犯罪活动，具有行踪隐蔽，吸收资金速度快、金额大等特点。而且参与者通常是中小微企业和个体，这些群体的抗风险能力相对较弱，因此，一旦遭遇金融损失，他们的基本生活甚至可能都难以保障，这就容易引发群体性维权事件。

3. 流量恶意竞争问题

流量恶意竞争问题经常出现在平台企业不正当竞争过程中，主要表现在两个方面：一是流量造假。例如，不少平台人为或者机为操纵关键词搜索数量、平台用户数、视频播放量、服务评论量、服务评分、用户购买量等信息。二是流量劫持。有一些平台恶意嵌入网址，通过强制性跳转等手段增加目标网站的浏览量，诱导用户了解、使用、购买自己的产品。这一行为对于行业内其他竞争者和消费者都产生了不利影响。

4. 个人信息保护和数据安全治理问题

共享平台正积累越来越多的用户，与此同时也汇集了海量的用户个人信息，包括身份证信息、联系方式、银行卡、住址、人脸信息等，也包含了海量的交易信息。这就引发了个人信息保护问题。目前，在隐私信息保护方面存在如下问题：一是超范围收集用户数据，即平台不明确告知用户要收集的数据字段信息。二是过度索取数据。即便平台在收集数据前会告知用户，其收集对象也超出了合理的数据收集范围。三是强制性授权。例如，平台采用默认、捆绑和停止安装等手段来迫使用户不得不同意数据收集。四是数据使用不透明。例如，平台在不告知用户具体使用途径的情况下私自使用数据。五是隐私泄露。可能会因外部攻击或者内部失范而产生隐私泄露问题，从而威胁用户的人身和财产安全。譬如，优步在 2016 年的一次数据泄露事件中暴露了英国近 300 万优步用户的个人信息。而且，由于不少企业存在海外经营业务，因此数据跨境流动也给数据治理带来了艰巨的挑战。比如，企业可能会将本土用户数据泄露给其他国家，影响到国家安全和利益。

5. 共享经济企业面临"走出去"的挑战

2020 年 12 月，美国国会最终通过《外国公司问责法案》，该法案经总统签署后正式生效。该法案对外国公司在美上市提出了信息披露、"不是由外国政府拥有和控制"等一系列额外需求。这些政策为共享经济企业的境外融资带来更多不确定性。拟海外上市的中国企业不得不重新进行策略评估，选择更合适的上市方式。

思考

1. 共享经济发展中面临着什么样的问题和挑战？
2. 你对共享经济持什么态度？为什么？

三、共享出行

（一）共享出行的内涵

共享出行是以租车模式为代表的一种新型的城市交通出行方式，其既包括共享汽车服务又包括共享单车服务。根据欧美国家的定义，共享汽车服务是指重复性的短途小汽车租赁，租赁的费用取决于驾驶时间和路程。2010 年，网约车服务公司优步依托于互联网技术在美国发展，并取得巨大成功。之后，网约车热潮在全球范围内广泛传播，加拿大、法国、德国、中国等市场均开始践行网约车模式。在共享出行模式下，以往的私家车可以通过互助的形式实现社会范围内的分享。共享单车则极大地方便了居民"最后一里"出行，它在缓解城市拥堵、减少城市碳排放和为居民提供健康的生活方式方面发挥了重要作用。在短距离出行中，共享单车对公交出行具有替代作用，与地铁出行相互补充，在一定程度上降低了机动车的出行频率，倡导了绿色出行。由于共享单车模式相对简单，故接下来重点讨论共享汽车这一模式（下述共享出行指共享汽车服务）。

共享出行是"互联网＋交通"所产生的新型业态，属于"互联网＋"经济生态的典型代表。"互联网＋"经济生态强调充分发挥互联网在生产要素配置中的优化和集成作用，通过将互联网创新成果应用于经济社会的各个领域，提升社会整体创新力和生产力，使技术进步真正作用于能源效率的提升。共享出行模式的出现顺应了移动互联网的发展趋势，各大电商巨头纷纷抢占市场；同时，以公共交通和出租车为代表的传统出行方式的服务模式较为单一，运力供应和服务需求也存在结构性矛盾。共享出行的出现和发展恰好契合了人们对于个性化和高品质出行的需求。

共享出行模式对于我国交通行业的发展具有重要战略意义。首先，共享出行提升了客运服务品质。共享出行可以提供"顺风车""拼车""专车"等多样化服务，可以提供不同车型和乘车方式，可以满足用户的多样化和差异性需求。依托于互联网平台，司机和乘客之间会就服务质量进行互相评价，评分较低的司机将会被市场淘汰，这种措施在很大程度上确保了共享出行模式的质量。其次，共享出行也缓解了消费者打车难的现象，可以为特殊群体，如老人、病人、孕妇等提供更为方便的服务，也可以为那些对时间和价格较为敏感的个体提供个性化和定制化的服务。再次，共享出行平台为租车服务的买卖双方提供了一个信息平台，可以降低彼此的交易成本。对于乘客而言，可以获得更为便利和优质的出行服务，可以节省时间成本。对于司机而言，传统出租车行业的高额"份子钱"增加了司机的经济负担，整个出租车行业的市场信息不对称程度较高。共享出行模式所构建的移动互联网平台可以使信息更加透明，提高买卖双方的撮合效率。低额的服务费用和补贴金额有效地降低了司机和乘客的交易成本。又次，共享出行平台提高了服务撮合效率，提高了闲置车辆的使用率和人们的出行效率，通过在一定程度上解决出行服务供给不平衡矛盾，有利于实现现有社会资源的再分配。最后，共享出行模式在一定程度上代表甚至是推动了智能出行的发展，利用互联网大数据和深度学习技术，实现对出行属性（如时间、位置）的定位、挖掘、匹配和优化，提高乘客的出行质量和效率。

（二）共享出行运营模式

共享出行的出现既打破了传统出租车行业的运营思维，又为传统出租车服务提供了新形式。传统的出租车司机可以通过共享出行平台接单，很大程度上降低了司机寻找乘客的时间成本。共享出行平台中提供的专车、快车等服务也壮大了原有的出租车供应群体。目前，共享出行平台主要包括以下四类：一是拥有私家车的司机入驻共享出行平台模式，代表性平台有滴滴等；二是平台雇佣司机并提供车辆模式，代表性平台有神州租车等；三是依托于共享出行平台的公车公营模式；四是依托于共享出行平台的承包/挂靠模式。

1. 拥有私家车的司机入驻共享出行平台模式

在这一模式下，私家车司机具有个体经营的属性，独立于共享出行平台。私家车司机通过上传个人驾驶信息、车辆信息等数据，待平台审核通过后，就可以依托于平台接单。目前，该模式在共享出行行业占主导地位。滴滴出行主要采用这一模式。

如图 6-1 所示，该模式下包括乘客、司机、平台和政府四大主体。平台作为一个中介，将乘客和司机联系起来，从事信息服务业，为乘客和司机提供信息服务，司机向平台支付信息服务费，乘客以其个人信息作为资产支付给平台。司机从事交通运输业，为乘客提供交通运输服务，待服务完成后乘客向司机支付交通服务费（即打车费用）。平台公司向政府缴纳增值税和企业所得税，政府通过减税降费等方式为平台提供补贴，同时政府还对平台起到监督作用。

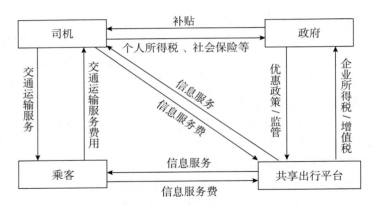

图 6-1　私家车入驻共享出行平台模式示意图

资料来源：周南南，李昊宁. 共享出行的运营模式与核算探讨. 调研世界，2021（8）.

2. 平台雇佣司机并提供车辆模式

该模式类似于传统的出租车服务模式，司机需要和平台签署雇佣劳动合同，即司机作为平台企业的员工参与到共享出行行业。具有代表性的平台包括神州租车和曹操出行。

如图 6-2 所示，该模式下同样包括乘客、司机、平台和政府四大主体。其中，平台从事信息服务业和交通运输业。在平台企业内部，司机需要为公司创造价值，公司会向司机支付劳动报酬，司机则需要按照个人报酬缴纳个人所得税；在平台企业外部，公司需要向乘客提供信息服务和交通运输服务，并收取服务费用。平台企业则要向政府缴纳增值税、企业所得税并为员工代扣代缴社会保险和个人所得税，政府通过税收优惠和适当监管的方式促进共享出行发展。

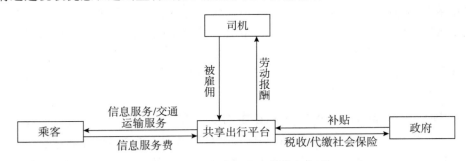

图 6-2　平台雇佣司机模式示意图

资料来源：周南南，李昊宁. 共享出行的运营模式与核算探讨. 调研世界，2021（8）.

3. 依托于共享出行平台的公车公营模式

公车公营模式主要借助共享出行平台提供网约车服务。例如，神州专车与以公车公营模式为主的上海申海出租车有限公司签署传统出租车接入神州专车平台的合作协议。

如图 6-3 所示，依托于共享出行平台的公车公营模式主要包括乘客、司机、出租车公司、平台和政府五大主体。其中，出租车公司从事交通运输业，为乘客提供交通运输服务，乘客需要为该服务支付费用；平台从事信息服务业，为乘客和出租车公司提供信息服务，并从中获取乘客的个人信息资产和出租车司机支付的信息服务费。在出租车公司内部，公司和司机具有雇佣关系，公司需要向司机支付劳务报酬。

出租车司机根据劳务报酬缴纳相应的个人所得税，出租车公司向政府缴纳增值税、企业所得税、代扣代缴员工个人所得税以及社会保险，政府制定各种优惠政策促进出租车行业发展。共享出行平台缴纳增值税、企业所得税，政府通过减税和监督等方式保障平台企业的利益。

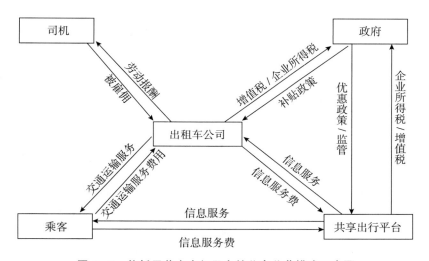

图6-3 依托于共享出行平台的公车公营模式示意图

资料来源：周南南，李昊宁. 共享出行的运营模式与核算探讨. 调研世界，2021（8）.

4. 依托于共享出行平台的承包/挂包模式

与公车公营模式类似，承包/挂包模式也需要依赖于共享出行平台实现，如以承包/挂包模式为主的北京超九成的出租车公司注册通过了嘀嗒出租车平台认证。

如图6-4所示，该模式下包括乘客、司机、出租车公司、平台和政府五大主体。其中，司机相当于个体经营者，主要从事交通运输业，为乘客提供交通运输服务，乘客需要为该服务支付费用；出租车公司从事商务租赁业，与司机进行汽车租赁交易，司机需要向出租车公司支付相关费用；平台从事信息服务业，为乘客和出租车公司提供信息服务，并从中获取乘客的个人信息资产和出租车司机支付的信息服务费。

采取承包、挂靠方式经营的出租车，需要以出租车公司名义经营并在合同或协议中约定由出租车公司承担相关法律责任的，以出租车公司为纳税人；否则，以出租车司机为纳税人。政府按"陆路运输服务"征收增值税，同时平台企业缴纳增值税和企业所得税，出租车公司要向政府缴纳企业所得税。政府以优惠补贴和监管等方式促进网约车发展。

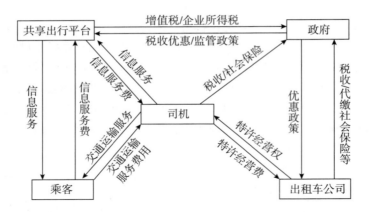

图 6-4 依托于共享出行平台的承包/挂包模式示意图

资料来源：周南南，李昊宁. 共享出行的运营模式与核算探讨. 调研世界，2021（8）.

（三）共享出行行业的发展现状

近几年来，出于疫情防控的需要，居民出行意愿明显下滑，网约车行业遭遇重创，很多城市在一定时间段内暂停网约车平台服务。2021 年网约车客运量占出租车总客运量的比重约为 31.9%（见图 6-5），占比比上年小幅下降 2 个百分点。除疫情影响市场需求之外，监管趋严也成为网约车客运量占比下降的主要因素。一方面，合规化进程加快推进。2021 年 9 月，交通运输部印发《交通运输部办公厅关于维护公平竞争市场秩序加快推进网约车合规化的通知》，要求各地交通运输主管部门督促网约车平台公司依法依规开展经营，加快网约车合规化进程。多地监管部门不定期检查网约车是否合规运营，并对不合规的平台进行通报与行政处罚。另一方面，出行

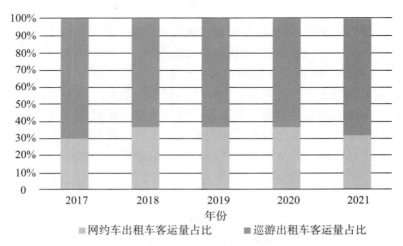

图 6-5 2017—2021 年网约车与巡游出租车客运量占比情况

资料来源：国家信息中心分享经济研究中心。

领域的信息安全问题受到关注，头部平台企业受到网络安全审查，也带来了不小的冲击。2021年7月，网络安全审查办公室对滴滴出行启动网络安全审查，随后滴滴出行、滴滴企业版、滴滴车主等25款App全部下架。头部企业的司机端和客户端的增量入口被切断，新的平台成长和顾客消费习惯建立需要时间，短期内造成网约车客运量减少。

四、共享住宿

（一）共享住宿的内涵

共享住宿是目前共享经济中的重要一类，通常指拥有闲置房屋资源的用户在平台上发布闲置房源信息，房源需求者在平台上寻找并预订该房源，实现房屋使用权的短期转让。作为实现点对点房屋租赁的中介，共享住宿平台（如小猪短租、爱彼迎）可以减少房源供给端和房源需求端的信息不对称，进而提高闲置房源的利用率。此外，共享住宿平台还具有支付、保险和监督功能，并从房源供需匹配中按比例收取服务费，需求方和供应方通过供需住宿平台完成房屋使用权的短期转让和费用结算。

相比传统酒店住宿，共享住宿具有如下显著特征。

1. 房源多样化

传统酒店的房屋类型较为单一，主要有单人间、双人间、大床房等，而且房间的装修风格基本一致，提供标准化和专业化的服务。反观共享住宿，平台所提供的房屋类型呈多样化，装修风格也并不统一。如爱彼迎的房源类型包括整屋租赁和共享租赁两大类，前者房客可以享受一套类似于平常家庭住宿的整套房屋；后者房客仅限于入驻空闲的房间，房客可能需要和其他陌生人共享公共区域。从房屋风格来看，共享住宿平台提供包括四合院、木屋、别墅和房车等房源，包含着不同价位、不同类型的服务，可以满足不同消费者的需求。从房屋设施来看，共享住宿还能提供标准式酒店具有的基础设施，如洗衣机、厨具、冰箱、投影仪等。

2. 社交性强

共享住宿具有明显的社交属性。在共享住宿平台中，房客以及房东均可以分享旅行攻略和人生经历，也能够在合租过程中与房东和其他房客进行交流。例如，爱彼迎还提供了"体验"服务，包括目的地导游、"共享住宿＋文化体验"等，由当地的达人带领房客去体验本地文化，深入了解不同地域的民俗习惯。因此，共享住宿将传统标准的栖息需求拓展成为具有人文色彩和城市元素的文化体验。

3. 面向的用户群体不同

共享住宿行业是典型的双边市场，为供给端和需求端提供了中介平台。供给方多为闲置房屋资源拥有者，为从闲置资源中获得收益而将短期使用权转移给他人。

共享住宿的需求者只是需要房屋的短期使用权,多为度假型短期租赁消费者。不同的是,传统酒店住宿用户兼顾度假和商务出行需求。此外,选择共享住宿平台的消费者以年轻人为主,主要是因为年轻人对于共享经济模式具有较高的接受度和较强的包容性,也更加愿意加入到共享经济中。

(二)共享住宿的模式

目前国内共享住宿主要平台机构的运营模式大致可归纳为三类,分别为 B2C 模式、C2C 模式和 C2B2C 模式,其中 C2C 模式市场占有率最高。

1. B2C 模式

共享住宿平台和房东直接签订托管协议,对房源实现全面托管,在一定程度上解决了租客的信任问题。B2C 的房源以国内整租房源为主。在房租收入方面,短租企业和房东按一定的比例分成。此外,平台还以管家服务费用、房源内部消费和服务费用、收益房东佣金等方式获得收益。代表性平台如蚂蚁短租。

2. C2C 模式

C2C 共享住宿模式类似于淘宝模式。在这一模式下,平台主要充当中介角色,房客和房东在平台上自由沟通和交易,房客线下入住、线上对服务进行反馈,相互评价。在这一模式下,平台不对房源质量负责,只负责预订流程和售后投诉,平台的收入来源主要包括佣金和广告费用。在这一模式下,房源具有高度分散的特点,主要来自房产中介和个人,平台不拥有房屋产权,最大限度地盘活线下闲置房源。在这一模式下,房东除了整套出租,还可以与房客住在同一个屋檐下,实现两者之间的社交互动和沟通,为房客提供更具人情味的家庭式社交住宿体验。代表性平台包括爱彼迎和小猪短租等。

3. C2B2C 模式

C2B2C 模式是 B2C 模式和 C2C 模式的结合。在该模式下,平台事先与房东达成协议,将房源出租给平台,平台则发布房源信息,在房客预订该房源后再转租给房客,平台从中赚取差价。该模式的代表性平台为途家。早期,途家采取单一的 B2C 自营模式,其房源并非来自个人房东,而是与开发商、个人房产经营商、物业公司、地产中介以及政府机构等达成战略合作,对中高端小区的新房和次新房进行托管,再对签约房源进行统一装修、管理和服务,形成正规酒店规模的运营管理方式。目前,途家开始探索 C2C 模式,但仍区别于其他 C2C 平台对于房源品质和属性的要求。途家要求个人闲置房源必须是拥有独立厨房和卫生间的整套公寓,不接受单间出租的房源。此外,为了更好地进行质量把控,它只托管所在小区有途家门店的个人房源。

(三)共享住宿行业发展现状

在住宿领域,2021 年共享住宿收入占全国住宿业客房收入的比重约为 5.9%,

同比下降 0.8 个百分点（见图 6‐6），主要是受到疫情防控与监管趋严的双重影响。一方面，国外疫情难以控制和国内疫情零星暴发使得人们的外出旅行需求总体持续低迷；另一方面，国内部分地区监管政策趋严，也使得平台面临经营压力。以北京为例，2021 年 2 月起，北京市正式实施《关于规范管理短租住房的通知》。由于"首都功能核心区禁止经营短租房"的规定，以及民宿经营合规条件要求过高等原因，北京市大批民宿被下架，民宿市场陷入寒冬。面对这两方面的难题，不少共享住宿平台调整运营策略，开始培育和发展乡村民宿市场，但由于旅游需求尚未得到充分释放，以及新的盈利模式尚未完全成型，疫情与强监管双重作用下的共享住宿行业发展仍面临巨大压力和不确定性。

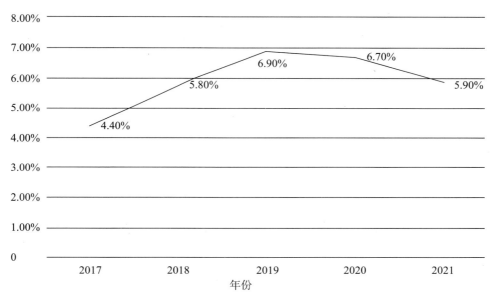

图 6‐6　2017—2021 年共享住宿收入占全国住宿业客房收入的比重

资料来源：国家信息中心分享经济研究中心。

思考

1. 共享出行有哪些模式？

2. 疫情期间，共享出行行业面临哪些"危"与"机"？

第七章

数字化转型概述

▦ **案例** ▶ **北京一商集团的转型之路**

北京一商集团有限责任公司于 1997 年 6 月成立,是由原北京市第一商业局及所属企事业单位整体转制的商贸企业集团,注册资本 6.7 亿元,企业总资产 55 亿元,年营运销售总额 51 亿元,员工 1.1 万人,现有 13 家子企业、子公司,3 家分公司,1 家集体企业,2 家事业单位。北京一商集团的核心业务是批发和零售,主体结构主要由北京一商宇洁商贸有限公司、北京一商兰枫叶商业有限公司、北京一商集团有限责任公司一商商贸分公司(原一商美洁公司)、北京大明眼镜股份有限公司、北京摄贸金广角贸易有限公司等组成。北京一商集团是北京市政府授权国有资产经营管理的大型国有独资公司,是一家以现代商业贸易服务为主业,以批发物流配送、专业商品市场经营、专业商品连锁经营为核心业务的控股经营的现代商贸企业集团。

面对日益激烈的市场竞争和奥运经济带来的巨大商机,北京一商集团逐渐转型调整,坚持树立科学发展观,走规模、速度、效益均衡发展之路,以发展主营业务为核心,以产权制度改革为主线,全力打造一批主业突出、具有相当规模和较强竞争力的优势核心企业,形成鲜明的经营特色。经过几年的转型创新,北京一商集团现已初步形成"批发物流配送、专业商品市场经营、专业商品连锁经营"三大核心业务,在日用快速消费品代理批发业务的主体上,延伸零售业务,同时发展电子商务、服装制造、特色街区、旅游饭店和物业管理业务,培育并发展了一批具有广泛知名度和品牌影响力的企业。

作为一家实力雄厚的大型商贸企业集团,北京一商集团的电子商务发展从无到有、从小到大,目前整体处于高速增长阶段,已占北京一商集团总营业收入的 80%

以上，成为集团公司主业快速发展的重要支撑，继续领跑主业经营。目前，一商宇洁公司已发展成为美国宝洁公司全球最大的分销商；一商兰枫叶公司成为英国联合利华公司亚太地区最大的经销商；一商商贸分公司成为法国欧莱雅集团在中国最大的分销商。

北京一商集团现在的特色经营由服装生产销售（红都集团公司）、特色街区（南新仓）、旅游饭店（北京商务会馆、北京交通饭店）、物业经营管理（一商物业管理分公司）等主体构成。红都集团公司拥有的红都、蓝天、造寸品牌都获得了"中华老字号"称号，红都中山装和双顺中式旗袍被评为市级非物质文化遗产，红都品牌被中国商业联合会授予"中华老字号中国高级成衣定制第一家"称号，红都商标也被评为中国驰名商标和北京市著名商标。南新仓文化休闲街被评为国家 AAA 级旅游景区和市级特色商业街，荣获北京十大商业品牌"特色品牌奖"、北京十大新京味旅游名片奖、北京市"十大美食聚集区"称号，成为皇城流动巴士游的景点之一。北京商务会馆获评四星级酒店，是国家机关和北京市政府会议定点酒店。

除此之外，北京一商集团也在谋求拓宽文化板块。依据首都功能定位和市、区产业发展政策，北京市文化用品有限公司转型为新永外城国际文化创意园。目前，建设项目按照定位，本着"优势互补、强强联合、合作共赢、协同发展"的原则，正在积极通过多渠道寻求主园区合作资源，争取意向合作早日落地。

⊞⊞⊞ 小思考 ▶

1. 你认为促使北京一商集团转型的原因有哪些？
2. 北京一商集团公司转型可能会遇到什么挑战？
3. 据你所知，还有哪些企业近年来进行了转型？它们都是什么类型？
4. 在当前背景下，企业进行数字化转型会面临什么困难和机遇？

一、数字化转型的新理念

在数字化时代，数据正成为经济转型和产业现代化的新元素和驱动力。数字化转型是指在数字化背景下改变企业的所有方面，同时找到独特的战略定位，提高运营效率，加强竞争优势。鉴于不断变化的市场需求和竞争环境，推动数字化转型已成为许多公司应对变革趋势的主动决定。在数字经济时代，最重要的两个关键元素是"数"和"智"。"数"就是数字化，每一个消费者以及产业价值链上的每一个环节都会被数字化。"智"就是智能化，是指基于数字化的闭环进行智能决策。因此，以消费者运营为核心，是企业数字化转型的起点，也是未来企业经营的中轴，围绕这一起点，经由实现"消费端数据智能化＋供需协同的全链路数字化＋供给端数字基础设施重构"，最终实现企业可持续增长的发展目标。

（一）以消费者运营为核心

以消费者运营为核心意味着企业要从以产品为中心的传统思路转变为以消费者

为中心，围绕消费者数据，洞察消费者需求并提升消费者的体验。数字化企业必须拥有实时服务海量消费者的能力，对消费者做到全场景、全周期的服务，实现对消费者数据资产的运营。

互联网时代之前的消费者是"被动的、孤立的和不知情的"，而今天的互联网用户是"主动的、有知识的和相互联系的"。企业和消费者之间的关系发生了根本性的变化。

开展数字化转型的企业首先应追求实现从满足标准化需求到满足个性化需求的目标，以消费者运营为核心。近年来异军突起的直播带货在一定意义上也可以理解为个性化的主播通过引导消费者的需求，界定和塑造了个性化的细分消费市场。

过去企业的经营和运作都是围绕商品展开的，其实质则是以商品为核心向消费者推广。今天的企业想要实现数字化转型的目标，首先就必须从以商品为经营核心向以消费者为经营核心转变。数字化时代的新商业文化本质上是回归人本身，以开放的交流为基础，从对流量和交易量的关注转向对客户和消费者的关注、对一个具体的人的关注、对整个社会的利益和双赢的关注。

从关注产品、质量、效率、交付，到关注消费者全流程的体验，与消费者全流程实现高效互动、价值共创，是数字化企业的必备能力。从消费者至上的口号式理念到可落地的以消费者运营为中心，工业时代的传统企业由于无法在每一个环节实现数字化，既无法了解自身有多少客户、客户在哪里，更无法洞察他们是谁、有什么特征、有哪些需求。但数字化的企业能够全面记录、分析、长期持续地经营自己的消费者或用户，使复杂的事情变得可运营、可衡量、可评估。

（二）实现消费端数据智能化

数据作为数字经济的生产要素，是数字经济的重要组成。虽然现有的绝大多数企业已经认识到数据的必要性，但从现实情况来看，大部分企业的会员数据、商品数据、能够实现线上线下打通的比例都还处于初级阶段，线上线下一体化运营更是远未到来。如何基于数据中台支撑实现消费端数据智能化，成为企业数字化转型的关注焦点。

过去 20 多年来，在购物、娱乐、餐饮、家居、出行等多个领域，我国消费端数字化有了长足的进展，通过全场景的高度数字化，为企业探索消费端数据智能化提供了良好的条件。

从现状来看，众多企业已经开启对多端跨场景下的消费端数据智能化的探索：整合自身在电商平台、自有官网和 App、微博、微信等的数据，以实现消费端数据的跨端、跨场景的整合。同时，一些企业对消费端数据智能化的探索也已经取得显著进展。以精准营销为例，有企业结合自身数据、外部商业数据、社会宏观数据等，圈选出不属于该企业但有可能转化的潜客群体，并结合"线下＋线上"交易数据，对客户实现"认知—兴趣—首购—复购"的精细化洞察，进而实现"千人千面"的精准营销等。而从未来演变看，企业与外部数据源之间共享的不是数据本身，而是数据智能的能力和商业结果。

（三）推动供需协同的全链路数字化

供需协同是商业运行的核心问题，也是永恒难题。数字化转型则将在很大程度上快速提高供需协同的效率。

1. 数字化进程

过去 10 年的数字技术应用都发生在消费端，未来则需要以消费端数据驱动供给端变革，实现"消费端＋供给端"的相互结合，这也是企业实现数字化转型的重要路径。

2. 动力转换

实现"消费端＋供给端"的相互结合，首先就是供给端的数字化，即企业的数字化：构建更加敏捷的业务运行系统。企业安装的各类信息系统，要通过 AIoT 化、云化、大数据及中台化、App 化及移动化不断升级。其次是消费端的数字化，即消费者的数字化：构建更加完善的消费者体验支撑系统。企业需要通过智能互联产品、实体店、连锁店、大卖场以及企业 App、线上销售平台等渠道，全方位、立体化感知消费者需求。

3. 微观运行

企业自身消费端数据与供给端数据的联通，可以由消费端能力带动供给端能力的提升，实现从消费端向供给端的能力迁移。

4. 产业和经济

从中观产业和宏观经济角度来看，中国是全球消费互联网大国，也是制造业大国，这一特色优势在全球是独一无二的。中国消费端数字化能力可以向供给端迁移，形成数字化能力迁移的飞轮效应。从今天的实践来看，数字化支撑下的供需协同可以简要地概括为 C2B，即：新消费（C）—新供需（to）—新制造（B）。正如阿里巴巴集团前董事局主席张勇所言，"一系列新需求的诞生，正是基于从用户行为中被感知和获取到的信息，数字化的消费行为本质是对潜在消费和欲望的探索，这是新供给和新需求共同带来的新消费增量。这些洞察一旦被感知、被获取、被分析，就能实时推动供给侧的变革，带来更多新需求和新供给的产生"。

5. 当前进展

现在很多企业利用数据经营消费者和开展新品创新，已经不再只把互联网平台作为市场或渠道，而是与平台在以下两方面开展合作：在消费端如何利用数据技术的力量经营消费者，在供给端如何利用数据技术的力量进行产品创新。众多品牌商与平台协力盘活消费者资产，通过对消费者洞察的实时反馈，构建数据驱动的产品创新、柔性供应链体系和全域精准营销，从而加快产品上新速度，帮助产品快速抢占市场份额。

（四）供给端数字基础设施重构

IT 时代，企业以单点业务环节的信息化为重点，构建起了面向研发、生产、营销等的信息管理系统。今天，面对市场需求的高速变化，企业亟待加快升级和构建全新的数字基础设施体系。

从技术来看，智能技术群落为未来经济发展提供了高经济性、高可用性、高可靠性的技术底座，未来 5 年将是新型数字基础设施的快速落地期。

1. AIoT 化

AIoT（人工智能物联网）即：AI（人工智能）＋IoT（物联网）。AIoT 融合 AI 技术和 IoT 技术，通过物联网产生、收集来自不同维度的海量的数据，存储于云端、边缘端，再通过大数据分析，以及更高形式的人工智能，实现万物数据化、万物智联化。物联网技术与人工智能相融合，最终追求的是形成一个智能化生态体系；在该体系内，实现了不同智能终端设备之间、不同系统平台之间、不同应用场景之间的互融互通，万物互融。因此，它成为数字城市、工业 4.0、数字空间等新兴产业的核心技术支撑。

2. 云化

云计算已成为企业数智化转型毋庸置疑的大趋势和催化剂，也是新型数字基础设施的核心。全球数字商业云化趋势将沿着基础资源、业务工具、核心系统、运营模式云化的趋势演进，随之带来的不仅仅是 IT 成本的降低、运营效率的提高，还带来了新技术的开发、部署、运营的新模式。

3. 大数据及中台化

数据中台和业务中台是一套构建数据和业务体系的方法论、工具集和组织运营新模式。它包括一套完整的开发、部署和操作数据与业务系统的方法，以及诸如"数据库"和"战略中心"等操作工具。不断促进数据业务使用，可以加快创新，降低试错成本，提供更有效的服务和更好的用户体验。

4. App 化及移动化

全球技术架构体系及开发运营模式正在加速重构。开源云架构、容器技术、微服务等的发展，可以支持实现快速测试、发布、部署，为各类 App 及软件移动化部署创造了条件。目前，技术架构体系正在经历一次重大的迁移，硬件、软件和整个基础设施正在加速解构和重构，硬件通用化和服务可编程性正在从智能和复杂的设备转向整个数字业务基础设施。微服务架构将整体功能解耦为离散的服务，以实现对传统解决方案的解耦。传统的软件架构继续被解耦为各个功能单元，以微服务架构的形式形成微服务池，然后调用这些微服务来重新配置面向角色和场景的 App，以适应市场需求的快速变化。

（五）追求和创造可持续的增长模式

企业转型升级就是要升级为可持续的高质量发展模式。数字化转型就是要让企业有能力持续拓展，不断创造新的增长点，也更有能力持续提高人、财、物的运转效率，从而实现企业运营模式的全面转型，完成企业提高运营效率、降低运营成本、实现数据驱动的智能决策以及获取新用户的目标。

数字化的企业正在以下方面实现提升和突破：获得全新增长空间；持续提高运营效率；获得全新的"代际"竞争能力。

1. 获得全新增长空间

数字化带来新的增长空间，带来了新客、新品、新场景。

新客：基于消费者资产分层和精细化运营，品牌商推动线上线下跨渠道、跨终端的会员连接，实现全区会员招募、全区会员积分、全区会员权益的统一管理，实现更精准的消费者拉动和转化，拓展品牌线上线下新客户。

新品：品牌商建立基于数据驱动的 C2B 新品创新模式，包括数字化新品创新、数字化渠道发布、数字化营销创新，实现产品创新链路上"从 0 到 1"的突破。

新场景：基于人和货的精准运营，新的消费场景可以不断创新和优化，消费空间也得以拓展。品牌可以通过网络营销和渠道矩阵下沉业务，优化销售策略。通过人与商品的精准匹配，可以创造新的场景。

2. 持续提高运营效率

数字化转型的另一个重要价值是对管理和业务效率的优化与提升。数字化给企业带来的决策效率提高，可分为三个进程。第一步，数字化能够以报表图表等方式，支持企业高层更好地决策。第二步，数字化能够让组织内每个人都清晰地知道自己应该做什么、怎么做。第三步，数字化系统能够在很多领域实现自动自发的智能决策，同时，员工能力则从低效率、重复性作业转向新品设计和研发等更高层次。

具体到人财物的运转效率来看：在人效提升方面，可以实现一人多角色、管理更透明等。线下店员将成为导购员，既负责店面的服务管理，也在线上不断触达和服务周边的消费者（店员兼职线上导购、线上直播），店员、门店、区域的业绩也将实现实时汇总反馈。

在资金效率提升方面，回款更快、占压少。在消费、商品、供应链数据的集成和可视化的前提下，供应链反应时间将大幅缩短，占压资金将大幅节省，消费金融、实时精准贷款、供应链融资都将大规模地进行。

在物的效率提升方面，供应更加优化，时效更强。基于数据整合以及数据智能决策，越来越多的企业将实现线上线下全渠道一盘货管理、仓库以及门店之间的调配优化，全链路实时可视化，同时也能够将更多消费需求反馈到供应链、设计端以及生产环节，从而优化设计和新品创新。

3. 获得全新的"代际"竞争能力

能否高效利用数据实现数字化运营，是工业时代企业与数字化企业的"代际差距"，也是区分两者的核心变量。比如，实时满足海量消费者的个性化需求，在今天的信息服务领域已经由互联网平台实现；在未来更多的服务领域和实物商品领域，这一能力将成为所有数字化企业的必备能力。

基于上面的分析，数字化转型必须以公司的核心业务、组织协作和基础设施为基础，并带来切实的市场表现，否则就只是一种不切实际的幻想。

思考

1. 试述企业数字化转型的核心前提和转型活动的顶层设计。
2. 你认为哪一种数字化转型理念最重要？为什么？
3. 生活中有以消费者为核心的企业和以产品为核心的企业，试述两者分别给你什么感受。
4. 你在生活中有没有体会到数字基础设施的发展？受到了什么影响？
5. 如果你是领导者，你会采用什么举措来实现企业的可持续发展？

二、数字化转型面临的机遇与挑战

（一）抗击疫情助推我国数字化转型

近年来，我国数字经济蓬勃发展，赋能实体经济提质增效，成为经济增长的新动能。但 2020 年突如其来的新冠疫情让我国经济社会经历了一场严峻的考验。在抗击疫情的特殊时期，数字经济发展对稳定经济社会运转发挥了重要作用。新一代信息技术在疫情防控、生产生活物资保障、复工复产等各环节得到广泛应用，助力科学防控、精准施控，也为我国经济社会全面数字化转型带来新的机遇。数字化新业态、新模式、新应用加速普及，无不展现出数字经济的价值与潜力。

从全球角度看，政治经济波动持续、逆全球化趋势抬头、技术加速商业变革等因素促使企业需要数字化转型。从国内形势来看，"十四五"规划对数字化的发展做出了重要部署。其中就明确指出，我国的数字化建设将以数字化转型为驱动，涵盖数字经济、数字社会、数字政府等方面，并辅以良好的数字生态，从而更加全面、系统和规范。从宏观经济层面看，数据也已经成为生产要素，数字经济成为核心经济形态。

由此可见，数字化转型将有可能从根本上促进我们的行业、企业和社会行为模式的改变，为我们的经济和社会的全面数字化转型带来新的机遇，并推进整个社会的数字化。下面以我国的西贝餐饮公司为例进行阐述。

案例　　　　　　　　　　**西贝餐饮**

一年之中的新春佳节，原本是餐饮业利润来源的"黄金时期"，但在疫情冲击下，传统餐饮企业不仅面临闭店导致的线下营收全面下滑，同时还要承担员工工资、门店租金及食材储备等成本压力。"西贝莜面村"作为餐饮行业的龙头企业，在疫情冲击下，也曾面临经营困境，但很快通过数字化转型成功进行自救，转危为安。它的成功脱险对受疫情影响的传统企业有极大的借鉴意义。

困局之中的西贝真正的核心难题只有两个：一是消费者骤减的线下需求，二是西贝难以发展的传统业务。因此，利用互联网技术将线下业务转移到线上，便成了西贝的最后一根救命稻草。西贝迅速调整了已有的商业模式，从"用户端需求"和"商家端技术"两方面入手，开启数字化转型的"破局之路"。

1. 用户端发力：线下转线上，触达 B/C 端用户

积极铺开线上外卖业务，使得西贝的外卖营收超过了整体营收的 80%。为了满足 C 端用户的基本生活需求，米面粮油、蔬菜、零食等上百种食材均在线销售；针对复工后的员工用餐不便，西贝及时推出"团餐"服务，创造应对 B 端业务的机会，有 9 万多顾客加入西贝的企业微信，日均订单可达 1 万份；建立互联网信息服务平台，员工通过跟顾客一对一交流，分享商城及产品信息，提供外卖配送及食材订购服务。

西贝基于用户端发力，借助商家端互联网技术，在线上外卖业务、企业团餐等方面都取得了明显成效，成功在 B 端和 C 端用户之中建立业务联系。

2. 商家端发力：建设技术"供给站"，实现供应链"互联网化"

在供应链中上游，西贝与银行信用卡中心合作，将食材作为开卡/回馈礼赠送给用户，在菜箱上标注西贝 logo，挖掘潜在消费者，减轻库存压力；在中下游，利用线下员工的闲置价值，转而触达线上海量用户，建立西贝会员微信群，连接并创造顾客终身价值。同时，西贝利用技术性小型应用插件，将商城、微信外卖小程序连接到门店人员资料页里，方便顾客找到购买入口，顺利完成线上预订。这一系列低成本手段有效提高了营业收入。

小思考

疫情期间，部分餐饮店也尝试了将线下业务转移到线上，但没有成功，试与西贝做比较并分析原因。

（二）疫情影响下数字化转型面临的机遇

1. 推动政府加快建设基础设施

面对疫情，各级政府正在快速搭建数字化治理平台，加快建设新型基础设施。其中，5G、人工智能、区块链、大数据、物联网、工业互联网等数字基础设施是重要组成部分，将为企业的数字化转型提供基础支撑。例如，工业互联网所具有的全面连接、数据智能、敏捷灵活等数字化能力，可以为企业的数字化转型赋能，大大降低转型的门槛。当大量社会资源进入新的基础设施领域时，全社会数字资源的可得性、普及性和成本都将大大提升，全社会的基础设施水平和公共服务能力都将得

到提升，传感、计算、分析等数字资源将更加普及，成本更低。这将促进企业的数字化转型。

2. 推动产业数字化转型

此次疫情防控的居家隔离措施使实体门店经营停滞，及时转变经营模式成为线下实体产业化解危机的重要途径。居家隔离加速消费者线上购物习惯的转化，迫使传统线下产业线上化。疫情期间，医疗用品的短缺暴露了制造业在产业链协同和供需匹配方面的不足。网络零售业得益于众多零售业互联网平台构建的从供应链到销售再到物流配送的全产业链，使上下游零售企业在满足市场需求的同时共同抵御疫情。

3. 推动企业数字化转型

疫情的严重影响迫使企业对数字化转型进行尝试和深入思考。在疫情尚未完全得到控制的情况下，基于远程办公的协调和沟通成为公司的首选解决方案。从长远来看，远程办公将使企业管理更具弹性和韧性，并加速数字化应用。虽然远程办公解决了疫情期间的员工协作问题，但疫情让企业更充分地认识到，要真正实现数字化，还需要完成员工与机器、机器与机器、企业与企业、企业与客户之间的协作，从而强化了数字化转型的概念。对数字化转型持观望态度的企业迫切需要采用云计算、大数据和人工智能等技术来实现数字化转型。

（三）数字化转型面临的问题与挑战

1. 认知偏差

对于数字化转型的认知，很多企业只停留在技术层面，认为其只是对数据和技术的简单利用。然而，数字化转型是由数字化和转型两个部分构成，其最终目的是要实现整个企业人员组织流程的转型。可以说，数字化转型的背后是企业战略、组织文化的变革，而不只是技术的应用。因此，忽视企业战略，盲目追求技术，将难以对企业的实际经营赋能，更不要说成功转型了。

2. 行业内外数字化程度差异显著

以此次疫情为例，数字化程度较高的行业，如零售业、娱乐业等，在疫情影响下利用商业模式的灵活转型，有效减少了经济损失；而数字化程度较低的制造业则普遍出现了供应链中断、人员短缺、资金周转困难等一系列问题，导致制造业产值整体大幅下降。即使在同一行业内，由于受数字化人才短缺、资金不足等制约，数字化转型也主要集中在行业内的头部企业，而广大中小微企业的数字化进程相对滞后。

3. 人才困境

人才困境也是企业数字化转型中面临的一个巨大挑战。作为企业运作过程中的关键资源，人才对于数字化转型的推进有着至关重要的影响。除了对数量的需求，企业对人才的质量也有着较高的要求。具体来说，企业需要的是懂技术、懂业务、懂运营的高质量型人才。而巨大的人才缺口加上弱于互联网行业的吸引力，使得传统行业在数字化转型过程中面临着"找不到、招不起、留不住"的人才困境。

4. 安全以及数据隐私问题

数据泄露、恶意软件和漏洞数量的急剧增长导致一些人认为，缺乏安全的数字化转型将致使企业面临更大的安全风险。根据高德纳的预测结果，由于安全团队无法管理数字风险，到 2020 年，60％的数字业务将遭受重大服务故障。

（四）推进数字化转型的建议

1. 数字化战略贯穿始终

数字化战略是企业数字化转型的核心前提和所有转型活动的顶层设计，为企业抢占数字化发展先机、加速转型变革提供方向性和全局性的方略。以企业级数字化战略为指引推进数字化转型，能大大提高转型效率，使企业有效获取数字化效能。调查数据显示，将数字化战略贯穿始终的企业，其业绩增长和盈利占比明显都高于其他类型的企业。由此可见，有没有贯穿始终的数字化战略，将在很大程度上决定企业数字化转型的成败。

2. 进行数字化布局：全盘谋划，局部切入

数字化转型是企业战略和组织文化的变革，所以企业需要有明确的数字化布局。具体来说，可以分为全盘谋划和局部切入两个方面。全盘谋划既包括战略的设计，也包括组织的协同，这是落地的首要保障，也为后续的局部切入提供大方向。局部切入则是为了避免转型周期长、成本高等负面反馈，抓住企业的主要痛点，快速实现部分业务的数字化运营，在产出可见成果的同时，保证全产业链数字化转型的顺畅。

3. 助力产业互联网建设：促进数字化水平均衡发展

加大人工智能、区块链、物联网、5G 等新一代信息技术在产业互联网中的应用，加快推进产业互联网基础设施建设，促进产业全要素连接和资源优化配置。以产业互联网平台服务推动企业数字化转型，依托产业互联网平台建设产业风险预警和应急保障体系，为今后突发事件应急响应提供关键基础保障。下面以国内的华润集团为例进行阐述。

案例 ▶   华润集团

华润集团针对自身数字化发展不足等问题，积极调整优化科技创新组织架构，全面加快科创相关工作，深入推进数字技术与实体经济的深度融合，数智化转型成效显著。华润先后成立集团科技创新部、调整科技创新委员会，进一步明确华润创业、华润资本的科创投资孵化职能，科技创新组织体系不断完善，工作力度持续加强。目前，华润集团"十四五"科技创新专项规划已基本完成，华润集团工业互联

网平台、通用人工智能基础平台分别于 2021 年 3 月和 4 月上线，华润集团数据中台和数据银行持续开展推广和应用，数据治理能力显著提升。

在业务单元层面，华润集团各下属公司基于场景驱动积极打造数智化示范标杆。其中，华润万家围绕顾客体验及运营管理数智化，从顾客到店、购物、结算，到服务、作业、分析等，全链条、全场景打造万家 MART、City、Life 三种新业态的智能门店；华润燃气积极打造"5G＋智慧燃气"数智化示范标杆项目，在大亚湾、中山、江门开展"智慧场站""智慧工地""智能巡检""应急抢修"等模块的研究建设；华润置地西安奥体中心利用 5G、AR/VR、AI 等技术，建成了一体化导航、奥体 App、赛事互动、智慧交通等 100 多个智慧化应用场景，实现了完整的智慧场馆解决方案；华润水泥田阳基地持续开展智能制造标杆打造，主要包括智能矿山、智能视频、智能化验室等；华润三九围绕智慧能源、预测性维护等项目持续提升生产运营效率和质量。

小思考

华润集团的产业布局涵盖了健康、建设、能源等业务领域，思考华润集团是如何单个突破并复制到其他单位，进而整体推进数字化转型进程的。其方法能否在其他企业适用并普及？

思考

1. 试述疫情对企业数字化转型的影响。
2. 疫情期间，哪些领域加速了自身的数字化转型？
3. 如何推动社会数字化转型？试着提出个人见解。
4. 你还能想到哪些推进数字化转型的建议？

三、数字化转型领导力

（一）数字化转型需要领导力

企业的数字化转型本身就是一个"挑战现状"的过程。企业想要实现数字化转型，不仅需要一以贯之的数字化战略，还需要公司领导者高度重视。没有领导力的驱动，企业的数字化转型将无从谈起。一家企业的领导力也推动塑造了这家企业的企业文化。

（二）创新精神和专业技能

新的数字技术源源不断地涌现，推动着数字经济向前发展。无论从难易度还是从成本来说，这些技术走向市场的门槛都越来越低。尽管技术能力对于在数字经济中取胜不可或缺，但这并不足以确保成功。数字化时代企业的制胜战略应当是借助数字能力融合速度和规模，创造新价值。而数字领导力正是上述设计和执行的核心所在。

在数字化时代，要实现企业的数字化转型，领导者必须首先使用各种数字工具，如社交媒体、协作平台、支付工具和直播工具。一名平时不使用数字化办公工具的领导者，在企业需要进行数字化转型时，很难对其有清晰的认识。企业家是一群善于创新的人。转型相当于二次创业，而创业精神本质上等同于创新精神；对于面临数字化转型的企业家而言，创新精神尤为重要。为了挑战现有的模式，领导者必须首先了解新技术能带来哪些新的机会。至少，领导者应该了解与自己行业最相关的技术领域，熟知其领域内及周边的关键应用和相关部署的突出案例，及时了解新技术，并热衷于将其与自己领域内的工作相结合，利用新的数字工具创造高效的沟通和商业运营模式。例如，人工智能、物联网、区块链、5G、社交媒体、电子商务和其他许多技术领域。

（三）领导组织能力

在企业的数字化转型过程中，仅凭领导者一人之力，是不可能实现企业的转型目标的。对于转型企业来说，领导者对团队的管理尤为重要。领导者领导组织需要具备三种能力：第一是识人用人的能力，吸引合适的人加入组织；第二是培养人的能力，不断培养他们并提升他们的水平；第三是激励他人的能力，激励他们不断做出贡献。这三种能力分别对应人力资源领域的招聘、培养、考核和激励。这需要领导者有知人之智，能洞察人性，知道什么人适合自己的组织，还需要领导者花时间去培养核心骨干，以及善于用物质和精神的手段不断激励他们。

数字化时代对领导者的领导组织能力也提出了新的要求。比如，为了吸引优秀人才加入，需要改变原来的组织结构，从雇佣制变成事业合伙人制度；要培养团队，就必须具备做教练和培训的能力，而且要善用各种数字化的沟通和培训工具；要激励团队，除了要有富有竞争力的薪水和股权激励外，还要善于在各种企业文化活动中宣讲。

（四）领导业务能力

领导业务能力由四个重要部分组成：一是高瞻远瞩的战略思维。在企业的数字化转型阶段，战略思维能力尤为重要。二是脚踏实地的执行能力。在企业的数字化转型中，领导者往往要身先士卒，这对领导者的业务能力、演讲能力都提出了更高的要求。三是挑战传统的探索思维。领导者需要认识到，数字经济的发展速度太快，任何人、任何团队都无法独揽全部答案，只有时刻保持探索的热情，对新的投入要素保持开放和好奇的态度，塑造组织的发展导向，才能创造变革。四是坚韧不拔的抗压能力。数字化转型不可能一帆风顺，因此企业家必须坚韧不拔，敢于面对一个个挑战，以及伴随其中的失败，能够不断克服困难，争取企业的胜利。

（五）明确的目标和价值观

拥有清晰的目标和价值观是领导力的源头。只有拥有明确的目标，领导者才能去感召那些和他有一样目标的人，才能让大家看到未来的方向；只有拥有清晰的价值观并以身作则地践行，领导者才能让别人持续追随他。一家企业的战略、组织、产品和人员会经常变化，但变化中必须有一些东西保持相对稳定，那就是企业的目标、愿景和价值观。

转型期的领导者不仅要提出转型目标，还要描述转型的未来图景，告诉大家转型成功之后会是怎样的场景，这样更能调动人们的情绪，召唤人们跟随。企业的愿景会随着时间的推移而变化。要完成数字化转型，领导者首先要建立一个清晰的愿景，这个愿景在很大程度上取决于领导者的格局和战略眼光。比如，领导者是只把数字化理解为技术和应用，还是认为数字化会从各个维度颠覆企业经营的各个方面。领导者对数字化的愿景判断不一样，公司的数字化的愿景也不一样。价值观则是企业及其员工的价值取向，反映的是企业全体员工或多数员工赞同的关于企业意义的终极判断。一家公司的目标和价值观往往最早源于创始人的信念，但它后来变成整个组织的公共信念，是大家在工作中不断沟通，统一认知，然后集体共创出来的。

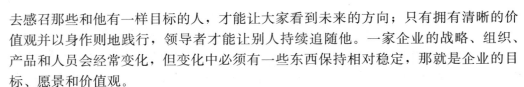

思考

1. 如何理解企业的数字化转型本身就是一个"挑战现状"的过程？
2. 试述领导者终身学习的重要性。
3. 简述如何建立并管理一个有相同价值观的团队。

四、数字化转型战略与方法

开展数字化转型，首要任务就是制定数字化转型战略，并将其作为未来发展战略的重要组成部分。数字化转型战略是筹划和指导数字化转型的方略，在高层次上面向未来，在方向性和全局性的重大决策问题上选择做什么和不做什么。以战略为指引开展数字化转型，将大大提高转型成功的概率。

（一）数字化转型战略思维

制定企业的数字化转型战略需要进行思维的革命。要重新定义企业战略，组织企业高层领导团队进行数字化思维升级，需确立战略生态化、组织平台化、人才合伙化、领导赋能化、运营数字化这五大新思维。

1. 战略生态化新思维

战略生态化新思维意味着企业家和高级管理人员必须创新战略思维，摒弃传统的线性战略思维，建立生态战略思维。这是因为未来的社会和市场将是一个深度互联的跨界融合、开放协同的有序生态系统。在这样一个系统中，企业必须重新找到自己的定位，坚持以长期价值主义思维来确定企业未来发展方向；要从过去的零和博弈转向竞争合作、共生共赢，从封闭式走向融合开放；要从全产业要素整合的角度去思考企业未来发展。

2. 组织平台化新思维

组织平台化就是通过变革企业的组织结构，让组织形态从金字塔式转向平台化加分布式。所以，企业的变革趋势就是去中介化、去权威化、去中心化，转向扁平化、网络化。平台化加分布式组织将会成为一种主流的组织模式，这既是一种新的组织模式，也是一种新的经营模式。这种组织模式从企业未来的内部的组织结构来讲，是要提高整体平台化的专业赋能能力、风险控制能力、组织能力、资源配置能力，同时下沉一线综合作战能力，提高一线自主经营能力、集成作战能力。

3. 人才合伙化新思维

在数字化时代，大量的重复性劳动、体力劳动和简单的知识劳动将被人工智能取代，知识型员工将成为企业价值创造的主体。人力资本与货币资本的关系不再是简单的雇佣关系，更不是剥削与被剥削的关系，而是一种相互雇佣、相互成就的平等伙伴关系。因此，企业需要重构组织与人的关系，创新人才机制，从单一的用人制度转向多种用人方式，最重要的是要建立起人才合作机制。

4. 领导赋能化新思维

在传统的金字塔式的组织控制模式中，组织的运作是在最高层有一个中央领导系统，那么各级领导的基本职能就是指挥、命令、控制和监督。领导者的权威主要来自职位，来自权威中心，是职位等级赋予的权威；职位越高，权力和资源越集中。在生态战略思想、平台型组织和人才合作机制中，组织是多中心的，组织的运作以需求端的顾客为中心。这时，领导者的核心职能是洞察顾客的需求和趋势，为组织指明发展方向，然后创新机制，激活组织的价值。

5. 运营数字化新思维

越来越多的企业把数字化作为企业的核心战略，进行数字化转型和升级。未来整个企业将基于数字化实现有效运营，企业从经营产品到经营数据，因此数据资产将是企业最大的资产，海量数据、计算能力、算法将成为企业新的核心竞争力。

数字化将重构企业内外的价值链。通过数字化，可以实现资源的精准配置和整合；通过数字化，可以及时沟通和工作，实现团队之间、任务之间的协作；基于大数据的决策，可以大幅提高整个企业运营效率的决策准确性、协作效率和人才利用率。

（二）敏捷共创的数字化转型战略

系统地设计数字化转型战略，需要把数据驱动的理念、方法和机制根植于发展战略全局，围绕企业总体发展战略，提出发展愿景、目标、业务蓝图等大的战略方向，提出数字化转型的目标、方向、举措、需求等，以新型能力的建设、运行和优化为主线，有效串接起业务、技术、管理等相关内容，支撑企业实现数字化转型。

由于企业的外部环境在快速变化，因此推动企业数字化转型，不但需要制定数字化转型战略，而且制定战略的方法都和以前不同了。数字化转型战略必须足够敏捷，而且能够随着时间的变化快速迭代。为了让战略的制定和执行不脱节，企业还必须让管理者参与到战略的制定中，用共创的方式制定企业的数字化转型战略，做到数字化转型战略的"知行合一"，有三个关键词：一是敏捷，二是共创，三是迭代。

1. 敏捷

敏捷，就是把战略规划的周期大幅压缩。因为外部环境在快速变化，所以我们已经很难预料到数年后的情况，这个时候要强调战略规划的弹性。有的人担心战略变化过于频繁有机会主义倾向，这就需要有使命、愿景和价值观的支持，确保大方向基本一致，只是在一些局部和细节上不断调整。

2. 共创

共创，就是把战略的规划和执行合二为一，让外部顾问和企业高管一起以工作坊的方式去探讨战略。这个时候，外部顾问的优势是他们的知识更全面，又有很多工具和方法论，而且能以教练或引导者的身份参与讨论。企业高管的优势是他们更了解企业和行业的状况，而且他们本身就是战略的执行者，通过这种方式可以更加敏捷地迭代战略。

3. 迭代

迭代，就是从机会和问题出发，不断修正之前的假设。企业在执行战略的过程中，经常会发现有些假设未必能反映真实情况，因此需要不断调整和优化。企业一方面要从机会出发，不断寻找新的战略可能性；另一方面也要从问题出发，在不断解决问题的过程中，完善公司的战略和战术。

（三）制定数字化转型战略

一项好的战略必须有好的战略设计，也需要强有力的执行，两者缺一不可。数字化转型战略和执行部分一共有八个相互影响、相互作用的环节，分别是战略意图、市场洞察、创新焦点、业务设计、关键任务、正式组织、人才、氛围与文化。接下来将围绕数字化转型战略分别阐述这八个环节以及相关问题。

1. 战略意图

战略意图是战略思考的起点，按照业界广泛采用的 SMART 原则（明确、可衡量、可实现、相关和有时间限制）设立一组具体的战略意图。一项好的战略规划起始于好的战略意图陈述和战略目标的精准表达，这是战略规划的第一步。在设立数字化转型的战略意图时，应该明确企业将在哪些领域实现数字化转型、为客户和组织创造哪些价值以及转型的愿景和短期目标。

2. 市场洞察

市场洞察决定了战略思考的深度，目的是清晰地知道未来的机遇和企业可能遇到的挑战与风险，理解和解释市场上正在发生什么，以及对公司未来的影响。好的市场洞察需要对宏观周期、行业趋势和客户都有全面的了解。制定转型战略需要洞察数字化对本企业的竞争环境和客户价值的影响。

3. 创新焦点

把创新作为战略思考的焦点的目的是捕获更多的思路和经验。好的创新体系是企业与市场进行同步的探索和实验，通过数字化找到新的业务增长点，而不是独立于市场之外闭门造车。

4. 业务设计

战略思考要归结到业务设计中，即通过明确企业的核心客户、客户价值主张、合作伙伴、盈利点、风险点，来判断如何利用企业内部现有的资源，创造可持续的战略控制点，持续地为客户创造价值。

5. 关键任务

关键任务的设定监督着执行的细节。它是连接战略和执行的轴心点，给出了执行的关键任务事项和时间表，并对企业的转型和变革提出了具体要求。企业进行数字化转型的关键任务包括制定可持续的业务增长计划、分析企业转型和改造的能力等。

6. 正式组织

正式组织是实施的保证。在开展新业务时，必须建立组织结构、管理制度、管理体系和评估标准。因此，在制定数字化转型战略时，也要考察公司现有的组织结构是否与数字化转型战略有效匹配，管理制度是否支持数字化转型战略，在线协作平台是否能更有效地加强彼此间的沟通，人力资源系统是否支持数字化转型战略等。

7. 人才

战略的执行需要人有相应的技能，因此这个环节涉及人才的招聘、培养、激励和保留等。因此，在制定数字化转型战略的同时，必须确保人才的数量和质量能够匹配战略需求，制定未来培养数字化人才的计划，改进现有的人才激励措施，以促进数字化转型战略的实施。

8. 氛围与文化

数字化时代的企业应具备相应的氛围与文化，比如创新、开放、共享等。现有的氛围与文化需要支撑数字化转型战略，管理方式也要从控制向赋能转变。

完成对以上八个环节的讨论，就能对数字化转型战略有一个系统的了解，可以指引企业如何一步一步制定数字化转型战略。

（四）数字化转型步骤

数字化转型主要有七个步骤，分别是：

1. 引入外部顾问，规划转型体系

数字化转型不同于企业日常的生产经营，对于企业人员而言是陌生的工作。因此，要进行数字化转型的企业需要从外部引入有经验和专业能力的人员，帮助企业完成转型体系的规划。

2. 以数据为支撑完成洞察决策

拥有足够的真实信息，才能做出理性的判断并采取正确的行动。当前，多数企业都认为数据是企业的战略资产，领先的企业在共享数据的同时更加关注在共享生态系统中数据交换的风险。因此，要进行数字化转型的企业需要有以数据为支撑的洞察决策能力，在考虑共享哪些数据实现双赢的同时也考虑保留哪些数据作为差异化的竞争优势。

3. 组建数字化转型团队，进行数字化试点

数字化团队是指围绕人工智能、大数据、云计算等新一代信息技术的项目团队。组建一个高效的数字化转型团队可以帮助企业实现商业价值创新，推进数字化转型进程。数字化转型团队的核心在于有一个数字化的领导者，他作为整个数字化转型团队乃至整个企业数字化转型的领导者，需要有很强的数字化思维，同时对数字化业务系统有把握，能够准确找到企业业务发展和数字化转型的切入点；数字化人才是企业数字化转型的根本，企业数字化应用人才是企业数字化转型成功的关键。在数字化转型过程中，要根据企业的实际需求提出数字化要求，并有效应用数字化技术，将数字化与企业的业务发展需求相结合，最终使企业的数字化转型为企业创造价值。

对于数字化转型的试点，建议选择那些数字化更明显、效果更直接和可衡量的职能部门，或者一些新的业务部门。一些已经与数字化相关的业务部门可以独立于总部进行全面数字化的试点。

4. 阶段性复盘，规划下一步计划

复盘是一个团队集体学习的过程。通过工作之后的复盘，回顾最初的目标，总结其中的经验教训，可以清楚未来的改进方向，为企业未来的试点推广总结经验，并且制定接下来需要坚持或者改良哪些措施的转型计划。

5. 推广先进经验，扩大数字化试点

有了之前的数字化转型试点，CEO 就能看到企业数字化转型的必要性和好处，企业高层也更容易达成共识。在第一个数字化试点成功后，要不断总结其中的经验教训，组织对成功案例的研讨会，对外传输成功经验。对数字化转型成功的负责人和团队要给予相应的奖励，包括物质和精神两方面。这种奖励也能激发整个团队变革创新的勇气。

6. 制定全公司的数字化转型方案

经过从点到面的数字化转型，以及不断的复盘，整个组织对数字化的理解越来

越深入，对企业未来的方向有了共识，学习了很多经验和教训，企业就可以制定一个系统化的数字化转型方案了。这个方案要包括企业的战略、产品、营销、渠道、组织、运营、管理、人才等模块，以及企业的顶层设计，如企业的使命、愿景和价值观，还有企业文化和领导力等。

7. 全面落地，定期复盘，优化改进

最后一步是全面实施公司的数字化转型，这个过程更像是一个从 1 到 10 的过程。在这个过程中，CEO 授权和管理，提供资源支持供应链上下游的数字化转型；试点项目负责人推广成功经验，不断优化方案；外部顾问辅导并形成书面成果，提供指导和建议，推动赋能培训，组织内部研讨会，传播成功案例。参与者相互协作，促进企业的数字化转型。

> **思考**
>
> 1. 简述企业如何制定数字化转型战略。
> 2. 战略决策者脱离一线就会导致他们远离组织中具有战略意义的信息，你认为该如何避免这种状况的发生？
> 3. 试述外部顾问在数字化转型战略制定环节中的必要性。
> 4. 试了解业务领先模型（business leadership model，BLM），并说明如何使用该模型对企业进行数字化转型战略规划。

五、传统企业的数字化转型

（一）传统企业数字化转型的驱动

1. 数字化浪潮给各行各业带来巨大挑战

随着移动互联网的发展，人类获取信息的终端已经从固定场景进一步转变为移动场景，这带来了数据采集、数据存储、数据计算的指数级增长。对于企业来说，数字化转型的根本在于通过数据推动业务增长。这些数据是通过各种新技术采集的，无论是信息技术、虚拟现实、机器人技术还是大数据。通过业务流程的转型，企业的组织、所有的业务都可以基于数据来驱动，从而带来更好的客户体验、更高的组织效率和新的价值。

在电商、社交等场景下，更高频的数据交互也驱动了业务逐渐朝数字化方向迁移。传统企业无法作为独立的个体置身于数字化商业环境中，数字化转型是传统企业实现业务增长的必经之路。

这种转型是没有行业区别的，几乎所有的行业都已在其中。在交通行业，网约车正在颠覆传统的出租车行业；在零售行业，网商正在颠覆传统的线下零售业；在银行业，传统银行要接受来自企业的挑战；甚至在农业中，已经有企业通过对土壤、

种子、气候的数据分析来精细化运营，提升效率，产生业务价值。在这种大环境下，传统企业的数字化转型刻不容缓。

2. 消费者的升级与变化

数字化时代的到来催生了消费精细化。比如，消费者更加青睐的可能是个性化定制的方式，更贴近自身的实际需求，从而带来更加愉悦的消费体验，因此数字化转型是传统企业顺应时代的必然要求，否则传统企业将会被用户抛弃。下面以红领服装公司为例进行阐述。

案例　　　　　　　　　　红领服装

"红领服装"（以下简称"红领"）通过几年的数字化转型，实现了柔性定制生产。而红领的成功离不开其所建立的智能定制系统，红领在这套系统中建成了版型库、款式库、工艺库、材料库等多个数据库，据称存储了涵盖中外服装的百万亿的大数据。在红领的数据库里，一套衣服有9 000多个型号，从1米3到2米5，无论高矮胖瘦，各种身材的数据都有，远超传统服装企业。2014年和2015年，国内整个服装产业高库存、负利润，一片凋零，红领却高歌猛进，销售收入和净利润同比增长130%以上，且库存为零。红领服装，就是一个传统企业通过数字化转型实现产业升级的绝佳案例。

对这样的传统企业而言，真正的生产资源以及生产资料已经不仅仅是物料，生产的所有核心都是围绕企业所获得的历史数据，根据经验及实践所建立的模型，以及从客户侧获得的各种各样的个性化指标。这一套完整的数据链条驱动了业务乃至商业模式的变化，使企业得以更加灵活地适应消费者的弹性需求，也更好地应对市场变化。

小思考

红领服装转型的核心理念是以消费者为中心，那么劳动密集型的制造企业该如何转型？

3. 通过智能数据创造价值增值

智能数据服务与互联网的产品和过程相结合，不仅能实现更加高效、灵活的生产，还能够优化复杂的价值链，从而显著提高工厂的生产力和增强其竞争优势。在汽车领域，数字化转型可以保证出色的工厂可靠性；在航空领域，数字化转型为制造提供最优条件；在机械制造领域，数字化转型帮助企业远程分析分布在全球的资产；在水泥领域，数字化转型提供可靠的状态监测；在制药领域，数字化转型树立能效新标杆……

（二）传统企业数字化转型方法论

在讨论传统企业的数字化转型之前，有必要澄清一下数字化的范围。简单地用一个系统把企业的各个流程串联起来,用数据库、表格等存储企业各个层面的数据,并不是完整的数字化,只能算是企业信息化,或者说是企业数字化的第一次尝试。

例如,某传统公司有很多业务表单系统,所有的系统都以流程流转和信息采集为主,大家会关心自己流程内的数据是否查得到或者是否可以溯源,但无法看到全局的业务情况。这只能被称为企业信息化,而并非数字化。就表面的情况而言,该传统企业的生产加工以原始物料为主,经过流水线生产,仓库发货,客户收货并开始使用,这是一个典型的采用单一产品覆盖用户需求的场景。

而数字化是企业信息化的整体升级。企业数字化和非数字化的核心区别在于:数据是否在线;数据分析是否推动业务改进;是否通过数据产生业务洞察力,实现精益运营或业务增长;数据是否推动整个企业业务和商业模式的转型;等等。

总的来说,传统企业主要需要从业务形态、组织结构、技术管理、运营体系等方面完成数字化转型。传统企业应该基于自身业务基础与优势,让传统业务的"躯干"以恰当的方式插上数字化的"翅膀",从而实现两者互补。

1. 制定数字化转型的目标

不同行业、不同企业的特点不一样,选择目标也就各有不同。如果一定要找出相同之处,在笔者看来,完成数字化转型的企业最理想的情况应该是这样的:企业内部和外部的所有交互均是基于数据;对于外部任何细微的数据变动,企业能够迅速感知并做出反应。所有企业的决策和考核都是基于客观的数据,所有人的主观猜测和推断均不会影响企业的正常运转。

2. 重建业务形态

首先是要建立符合数字化转型所需的业务形态。每种业务形态都是与行业和时代相关的,例如,从最早期的货郎、市集,再到专卖店、大型超市,不同阶段的零售模式都在发生天翻地覆的变化。而亚马逊、阿里巴巴这样的电商基于数字化的业务形态,正是对传统零售的巨大颠覆。电商这种新的业务形态正是在数字化之下的成功转变业务形态的例子。

3. 建立企业文化

任何一家企业都离不开人,而企业文化正是对于企业人员的一种管理和约束手段,所以要想企业数字化转型成功,就一定要塑造适合的企业文化。能否推动企业文化的变革,通常取决于企业的最高管理层。所以,这个变化需要企业高层首先认识到数字化转型的必要性,明确企业转型的最终目标,认识到企业现状与目标之间的差距,然后确定路径并一步一步坚持走下去。

4. 建立符合数字化转型所需的组织结构

企业的组织结构直接决定了企业的管理模式和效率。过去对于传统企业而言,金字塔式的组织管理足够稳健,能够保证企业的健康存续和发展。然而在数字化时代,传统企业过多的管理层级将极大地影响企业对于变化的响应速度,同时,企业需要有强有力的数字化推进机构来帮助高层实现数字化转型的落地工作。例如,可以学习互联网企业的扁平化管理，同时建立"数字化转型指导中心"，以一种独立部门形式推动整个企业的转型工作。

5. 数字化技术与经验相融合

数字化转型需要使用相关的技术手段来实现。对于企业而言，处于发展的哪个阶段、使用哪一种技术、用何种技术人员和技术团队将成为重中之重。许多年前，传统企业尤其是生产型企业里，最宝贵的是生产线上的老师傅，所有的团队经验因为专业性的不足，都需要这些见多识广的老师傅来进行把关。随着时代的发展，最合适的状态变成了"老师傅＋新技术"。老师傅负责用自己几十年的专业积累，对风险及问题进行及时的预判与解决，而新的技术就像化学反应里的催化剂一般，加速整个过程的运转。因此，传统企业想要进行数字化转型，数据与技术能力很重要，经验也很重要。将系统性经验与数字化技术的智能场景相结合，就成为数字转型的重要环节之一。

6. 建立以数据驱动为核心的运营体系

在实现数字化转型的过程中，数字化运营系统也是不可缺少的。因为数据往往是逐步积累和分析的，而企业在数字化的基础上可以很快转型，所以，企业数字化需要什么样的数据、数据如何变化、数据如何分析、如何根据数据变化快速应对内外部变化，将成为运营系统或团队的核心竞争力。传统企业的数字化转型需要建立一个以数据为导向的企业运营体系。从传统的由人决策、人执行、人协同，向数据决策、数据执行、数据协同转变，能够提高企业的运营效率，降低企业运营成本。可以通过数据辅助决策，通过数据驱动业务，通过数据实现创新。下面以三一集团为例进行阐述。

🎲 案例 ▶   三一集团

三一集团是目前中国制造业数字化转型的突出代表。面对工程机械和制造业数字化，三一集团拿出了要么"翻船"、要么"翻身"的决心，通过办公桌面云、研发桌面云等，加速构建现代化办公运营体系，在制造业数字化转型中树立标杆。

作为以工程机械研发和服务为核心业务的大型跨国企业集团，三一集团具有行业龙头的典型特征：业务规模庞大、分支机构和员工众多、管理体系复杂。随着业务不断地发展，三一集团在企业管理和运营体系上遇到了诸多挑战。因此，打造一个安全性好、集中度高、扩展性出色的办公运营体系就成为三一集团在数字化转型中的一大重点。

为此，三一集团选择与华为合作，基于华为 FusionCube 超融合平台的虚拟化能力，将计算、存储等硬件资源进行整合并资源池化，搭建了协同研发办公平台。研发人员可通过终端产品随时随地访问在虚拟机上构建的研发、办公桌面，实现在线协同和远程办公。同时，通过统一运维，有效解决了信息安全管控难、设备分散管理、资源利用率低等问题，整体运营成本下降30％；大幅提升了研发效率，还让数据不落地、不泄密，消除各种数据安全隐患。在疫情期间，在现代化办公运营体系的加持下，三一集团员工全面实现在线协同、在家办公，足不出户就能确保各项业务良好运行。

░░░ **小思考** ▶

实现从"制造"转向"智造"，建立三一集团现代办公运营体系的坚实基础是什么？

（三）传统企业数字化转型如何落地

制定好转型计划后，传统企业如何保证数字化转型顺利执行？这类问题是每个领导者都关心的。以下是对传统企业数字化转型如何落地的阐述。

1. 技术建设是基础

只有技术升级和系统搭建不叫数字化，却是数字化转型的基础条件。ERP或CRM等系统软件，不仅可以帮我们处理大量的数据，还可以将我们的日常工作和运营全部数字化，未来IoT、AR、VR等技术则可以实现更多的可能。这些是一家传统企业进行数字化转型的基础。

2. 业务变革是核心

每经历一个时代，企业的业务形态都会发生翻天覆地的变化。以零售为例，早期沃尔玛、家乐福等超市大行其道，新零售电商时代阿里巴巴、京东等电商基于数字化的业务形态正好满足了用户需求，颠覆了传统的零售行业。在医疗行业，过去患者需要人到医院进行预约挂号、咨询、诊断、买药，在当下智慧医疗时代，患者则可以通过App直接线上预约、向医生咨询、接受线上复诊、在线购药等，大大优化了医疗资源，降本增效。

系统搭建和技术升级是基础，企业建立符合数字化转型的业务形态才可以让数据动起来，创造新的价值。

3. 统一战略是关键

对于传统企业来说，企业数字化转型关系到每个人，需要从上到下彻底执行。如果离一线员工太远，则无法执行，也就没有效果。所以，要想企业数字化取得成功，需要企业的管理者认识到数字化转型的重要性，明确企业数字化转型的目的，并将这些文化传递给企业的每个人，统一数字化转型战略。

4. 组织架构是赋能

专业的事交给专业的人是很多企业的共识，所以，数字化部门是很多传统企业在组建的组织结构。传统企业似乎很容易把数字化部门像金字塔结构一样打造，其实不然。数字化时代讲究效率，过多的管理层级会影响企业的响应速度，反而不利于数字化转型的落地实施。当下流行的互联网企业的扁平化管理或许更适合传统企业数字化组织结构的打造，以小组的模式将数字化赋能给各个部门的每位员工，全力推动数字化建设。

5. 业务增长是目标

通过数字化升级，传统企业可以更好地捕捉消费者需求，迎合消费者场景，获得消费者的青睐，快速实现赶超。数字化能力也可以让企业以更低的成本精细化运营，通过数据分析总结，获得更精准的决策，完成业绩增长。

（四）数字化转型落地后的注意事项

数字化转型在企业内部落地的时候，有一些问题需要予以注意。

1. 是否加工数据并已实现数据在线

数据在线是企业数字化的基础，也是企业数字化的开端。这一步的开始首先是企业建立多维的数字触点，并通过不同的方式和渠道收集数据和存储数据，并对数据进行简单的清洗和加工，使之形成相对统一的格式，存储起来，并保持在线，以方便对数据进行取用和展示。而传统企业更多的是采集数据、存储数据，并未真正解决数据的统一格式清洗以及在线问题。

2. 是否通过数据分析驱动业务精益运营

数据分析是企业数字化应用的第二部分，这个时间段，企业很可能已经发现了传统通过导出数据库数据，进行手工的数据统计分析的工程量及时间、精力投入之巨大，开始考虑引入数据分析工具、可视化展示工具等，以提升对于数据不同维度的拆分以及分析，但更多的还是体现在业务层面的分析。比如，企业发现销售数据分析结果，可以更好地配置销售资源。又比如，企业发现某个商品的销售额不断下降，则很快将商品下线，但说不定背后还有更多其他层面的原因等。

通过数据产生业务洞察，就是对企业数据分析更深一步的探讨。这时，企业的数据就不能仅仅是来自自身，还需要一些第二方、第三方数据的支持，以帮助企业更好地了解整体的市场环境及竞争格局，了解潜在客户及已经成单的老客户的特征，对用户的行为、偏好等做综合性分型，从而形成立体的、分层的分析和趋势性判断，更好地对产业、行业、目标客户群体产生洞察与了解。比如，通过标签增补，对已有的用户群体补充第三方的维度分析，从而确立更精准的用户画像数据，通过更精准的营销手段进行营销，从而实现获客的转化。

3. 是否通过数据智能驱动整个企业商业和业务模式的转型

商业和业务模式的转型，对任何一家传统企业而言都是难中之难。大量的大数据企业一方面在不断倡导数据能力的平民化，希望能通过数据能力帮助用户更好地解决他们潜在的问题；另一方面也希望能够获得更多的客户数据，以实现更深度的用户数据洞察。这就要求企业从原有的流程及经验驱动，升级为以数据作为决策依据进行驱动。即以数据作为规模性样本，帮助管理层提供更多的预测性分析数据，从而更好地辅助管理层的决策。

思考 ▶

1. 当今传统企业如果不进行数字化转型，将会面临什么挑战？

2. 据你所见，生活中有哪些传统企业转型成功？它们的共同点和不同点是什么？给你的生活带来了什么变化？

3. 如何看待在疫情背景下，还未转型的传统企业的未来发展？

第八章

新零售：传统零售业的数字化转型

案例 ▶   **"知码开门"智能零售柜**

　　北京中科锐星科技发展有限公司成立于 2002 年，依托自主研发的"知码开门"智能零售柜软硬件技术致力于智慧新零售平台开发，助力零售业的转型升级。"知码开门"智慧新零售平台被国务院扶贫办指定为"消费扶贫"重要工程——"消费扶贫智能柜"全国落地承办企业，对接新疆、西藏、甘肃、青海四大扶贫线，以及云南、贵州、四川、山东等国家及地方认证扶贫产品。至今，数千台"知码开门"智能零售柜已覆盖全国 30 余个城市，进入学校、医院、商场、居民社区等多种场所。

　　"知码开门"智能零售柜通过对传统便利店线上、线下的双赋能和流量的双向叠加，为其带来了"资源互补、联合经营"的新零售转型升级方向。此外，"知码开门"智慧新零售平台以智能零售柜为零售终端载体，运用商品自动识别的射频识别（radio frequency identification，RFID）、重力感应、视频识别以及移动免密支付等功能，融合互联网和物联网，为消费者提供 24 小时"扫码开门自选、关门自动结账"的全新无人超市购物体验。消费者从智能零售柜购买商品后，智慧新零售平台则会自动记录用户购买行为、商品数据、货柜所处位置等信息，并结合零售柜所在区域用户特殊消费偏好构建用户画像，通过全场景商品营销模型实现货柜补货、仓管预警等智能决策；通过货柜商品、货柜屏幕广告、手机推送的三体联动，实现全面直接的推广，产生最快速的消费行为。"知码开门"智能零售柜采用运营商自营模式，即由运营商自行负责采购、销售、补货等业务。公司提供了三种与运营方的合作方式：一是公司直接售卖开门自取零售机，后续无须补交任何费用；二是运营方提供押金，公司提供机器；三是针对贫困用户的特有方式，直接由运营方提供货物。

不仅如此，各地政府也会提供一些免费场地和资金支持，使得运营方的成本进一步降低，让类似于残疾人、退伍军人等就业困难和其他想要创业脱贫的人有了加盟的欲望。

"知码开门"在实现乡村振兴的过程中，其智慧零售项目在技术、业务和管理方面仍面临困境。首先，受环境因素（如光线暗亮）和人为因素（故意遮挡摄像头）影响，当消费者一次性同时取大量商品时，可能存在消费者行为识别失败的现象。其次，智能零售柜沉淀了较多消费者数据，数据价值密度越来越低，如何利用数据进行分析、提供业务洞察是一大难题。最后，部分运营商出现补货不及时、售货服务补救不及时等问题。如何建立补货—库存—销售模型，利用沉淀的数据去提高企业运作效率，也困扰着中科锐星公司。

智能售货平台将大数据时代智慧零售、全场景营销、共享经济充分内化于产业赋能中，真正实践了新零售"降本增效"的主旨。中科锐星公司有意使线下实体的零售柜与线上的虚拟世界建立联系，以建立一种新颖的销售模式，即将线上与线下的商品联动销售或者将线上的虚拟商品作为实体商品的赠品捆绑销售，以此来捕获年轻用户的心。新零售与传统零售的区别是运用人工智能、大数据等先进技术，将用户、商家、运维人员、运营人员联系起来，实现零售业务的智能化、电子化、系统化和商业化，推动智能零售创新。

小思考

1. "知码开门"的发展面临什么样的转折点？目前的新零售有哪些商业模式？传统零售向新零售的过渡需要哪些要素支持？
2. 你认为"知码开门"智慧新零售平台是如何找到自己的市场定位的？思路是什么？
3. 在技术、业务、管理方面，"知码开门"都是怎样做的？为什么可以得到较好的效果？
4. 思考新零售有哪些模式和案例，就一种模式进行深入分析，并将其与"知码开门"进行对比分析。
5. "知码开门"在未来发展中将面临哪些问题？如何看待并解决这些问题？

一、传统零售与数字化转型

（一）传统零售与数字化转型的定义

传统零售以货物为核心，注重人货场理论中的"货"和"场"。企业门店的经营者更多借助线下实体店来向消费者提供产品和服务，最后通过买卖双方交易后获得的差价作为收益。但传统零售未能注重消费者的个性化需求，从订货到生产、销售、交易的整个管理流程都围绕商品，没有以消费者为核心，打造相应的消费场景。

数字化转型是建立在数字化转换和数字化升级的基础上，通过对公司核心业务的进一步了解，以新建一种高效可行的商业模式为目标的高层次转型。2020 年 5 月 13 日下午，国家发展改革委官网发布"数字化转型伙伴行动"倡议，旨在使企业通过开发数字化技术和支撑能力来建立完善的数字化商业模式。

传统零售的商业模式具有以下特征。

（1）借助实体门店售货。传统零售商大多通过线下实体店进行买卖交易。实体店指与虚拟店铺相对的、现实生活中有物理空间陈列货物的门店。实体店包括现实生活中的市场、商区、夜市、游乐场等固定店面。实体店随消费者的消费能力、习惯等慢慢发展演变，即由初期的综合零售逐渐转型为专业零售，并进一步升级为高级的综合零售，不断往复完善经营体系。根据"手风琴理论"，零售业的具体表现是，单一商品向专业化转变，再由专业化向商品多元化转变，其经历了大概五个时期：杂货店、专卖店、百货店、便利店、购物中心。

（2）大批量买入，小批量卖出。传统零售行业的商家主要根据市场销售的反馈，从某些渠道大批量买入货物，将商品进行有序陈列，再将大批量买入的货物根据不同的营销方式分小批量卖出给消费者，并不涉及产品的研发设计、生产物流等商业行为。这种"大批量买入，小批量卖出"的集中采购与分批销售模式能够让零售商家与生产商进行价格谈判，通过价格优势提升自己在市场中的核心竞争力。

（3）收入层级单一。传统零售商的经营销售活动可以概括为"采购、陈列、促销、销售、服务"，并没有从源头的产品生产进行管理，只能通过对购买渠道的筛选获取产品收益。传统零售行业中的杂货店、专卖店、购物中心等零售商的主要收入来源仍是"低价买入，高价卖出"的中间差价，其收入层级较为单一。

尽管面临电商行业的冲击，传统零售行业的发展优势仍是明显的。购物体验作为整个购买环节中重要的部分，消费者对其非常重视，尤其是对首饰、服装等产品而言。随着支付、物流配送方式的变化，消费者的购买行为也在调整，逐渐从线下转向线上。

新零售的商业模式具有以下特征。

（1）以消费者为中心。区别于传统零售商采用的"大批量买入，小批量卖出"的商业模式，日渐发展的新零售以消费者为中心，弥补了传统零售根据产品差价等方式采购制造商规模化生产货品的不足，一定程度上满足了消费者逐渐个性化的需求。新零售通过大数据、云计算、人工智能等科技手段，迅速收集整理用户行为数据、交易数据等，并对这些数据进行建模分析，能够更快地获悉消费者的真实需求，并将其反馈给制造商，使之进一步根据这些反馈信息进行产品更新和产品创新。

（2）科技创新驱动。近几年，在国家政策的引导支持下，科技创新逐渐推动传统零售向新零售升级转型，使用的技术有人工智能、虚拟现实/增强现实、大数据、传感器、互联网金融等。具体体现的场景包括：无人仓储、无人驾驶、无人送货、用户画像、可穿戴设备等。随着技术的发展进步，未来会有越来越多的科技运用到零售业中，加速传统零售的数字化转型。

（3）线上线下相结合。由线下转为线上是传统零售进行数字化转型的一大具体表现。随着互联网技术的发展，消费者的消费习惯也发生了很大的改变，传统零售的实体店售货模式受到了一定的冲击，过去的网页、小程序、公众号等已经不能满足消费者的购物需求与体验感。而逐渐发展起来的新零售将线上与线下相结合，改变单一的获客渠道，并通过线上抢购等方式对新用户进行激活，使新用户留下来成为忠实用户，再进一步变现，让忠诚用户产生更大的商业价值，最后通过口碑营销等方式将某一消费者推荐给其他消费者，实现线上线下的有机融合。

零售业已经进入大数据时代，数据分析与应用在零售业务的关键领域扮演着重要的角色，丰富的数据资源可以帮助企业构建智慧运营与管理，越来越多的传统零售企业正进行数字化转型。《阿里研究院新零售研究报告》中，新零售被定义为以消费者体验为中心的数据驱动的泛零售形态。通过将线上与线下相结合，新零售实现商品、交易、营销等数据的互通，为消费者提供个性化服务与体验；此外，运用人工智能、大数据、现代物流等先进技术与商品流通生态圈相结合，通过数据与商业逻辑的深度结合，重构人货场关系，丰富营销场景和手段，不断对用户体验进行优化升级。

（二）传统零售的发展历程

随着电子商务的发展以及新技术的应用，传统零售商、传统零售模式逐渐由线下转向线上，通过人工智能、大数据、虚拟现实等技术实现对用户需求的快速分析与定位，满足用户对高科技的好奇心，为用户创造更好的购物体验。

1. 电商崛起，线下零售面临压力

2010年左右，电商行业快速崛起，其所占有的市场份额逐步扩大，对传统零售造成了极大的冲击，线下实体店的零售业绩逐渐下滑。经过多年发展，电商已由最初的服装、家电逐步延伸到饮食、护理等各个品类中。传统零售行业面临的竞争变革主要在于人们生活行为方式的变革。电子商务兴起之前，人们的闲暇时间可能是用于聊天、运动、聚会等；现在，网购则成为很好的替代模式。

此外，消费者的需求与购买行为也发生了变化。传统零售业的消费者所面对的是有限的实体商铺。根据马斯洛需求层次理论，自我实现层面的需求通过线下方式是很难实现的，而电子商务没有约束这种行为的释放。同时，电子商务等这些新的零售模式简化了消费者的购买交易过程，只需通过网络即可实现线上购物，这一购物消费体验是传统零售无法比拟的。

2. 传统零售商发展线上业务

面对科技创新与消费者需求的升级，传统零售已不能满足消费者的线上购物需求，也不能根据数据来分析用户行为，满足消费者的个性化、差异化需求，商品与服务价值的二次提升与创造更加困难。因此，传统零售商逐渐发展线上业务，充分利用现代科技的发展，构建自己的商业生态，适应市场的快速变迁。

近年来，随着国家对电商行业的大力扶持，传统零售商纷纷发展线上业务，公众对电商的接受程度也越来越高，我国电商渗透率稳步上升。数字化已经成为社会

和经济发展中必不可少的内容，目前很多传统零售商坚持线上线下共同发展，开拓新的线上业务。新零售迅速演变为一个风口，诸多实体零售企业开始布局O2O超市、社区店等新业态，例如步步高、苏宁易购等企业选择了B2C商业模式，银泰、天虹等百货企业开展了百货线上数字化。随着网络零售在社会消费品零售总额中所占的比例明显上升，线上交易增长远高于传统的线下零售（见图8-1）。

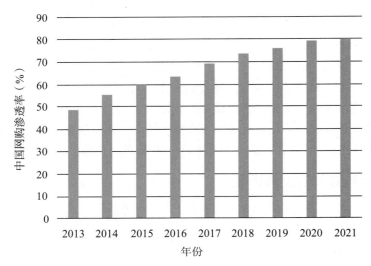

图8-1　2013—2021年中国网购渗透率

资料来源：艾媒咨询、网络预测数据。

（三）传统零售的数字化转型道路

近年来，我国传统零售业出现发展速度缓慢、经济效益下滑的态势，传统零售业的发展受到互联网电商平台的巨大冲击。只提供经营场所、不占压自有资金的联营模式虽然降低了零售企业的采购风险和业务风险，但造成其对供应商的过度依赖，难以形成较好的经营管理模式和创新驱动力。此外，渠道分散、成本上升、利润空间压缩、经营理念落后等因素都影响着传统零售业的发展。

受新冠疫情影响，全球消费增速均受到严重冲击。疫情也向传统零售业的数字化转型提出了挑战，迫使零售商强烈地意识到数字化转型的重要性和迫切性，加快了各类数字化项目的建设和上线速度。数字化转型是以新的信息技术为支点，对零售业务、商业模式和管理进行深度变革与重构，通过数字化、网络化、智能化的业务场景实现数物融合，为零售业务和产品服务的创新提供跨组织、跨部门的端到端数据流，实现资源优化配置。

我国零售行业未来的发展机遇体现在以大数据作为核心竞争力，不断满足消费者全渠道需求，实现跨行业协作的业务模式创新，共同推动实体经济与数字经济的融合。

1. 树立数字化转型思维

传统零售进行数字技术重塑的趋势不可逆转。未来的企业应主动拥抱以消费者需求为导向的新零售业态模式，在引进新技术的过程中，完善企业的经营理念，不断推动传统零售朝数字化、智能化的方向发展。当创新性的零售理念形成后，企业的商业模式及运营体系也将随之转型升级，从而有利于产品的可持续发展。

2. 增强顾客消费体验

用户消费体验和顾客满意度的提升是零售企业面临的重要问题。零售企业与生产供应商应开展密切合作，共同基于用户行为数据、订单数据等对用户需求与市场痛点进行分析，最大限度地以用户体验为中心，不断完善产品逻辑。此外，企业应充分结合电子商务平台提供的优势，使用新技术实现对整个运营管理模式的优化，基于大数据挖掘与利用，打造创新消费场景，提供优质的零售服务。

3. 推动线上线下融合

传统零售的发展需要将线下实体与线上电商相融合。企业在进行商业布局的过程中，不仅要围绕线下渠道投入人力、物力、财力，还应结合物联网、大数据、云计算等新技术不断推动线上线下的结合，促进产业链的生态价值互联互通。未来传统零售的数字化转型将离不开线上线下全渠道的生态融合与价值互补。

下面以周黑鸭公司、步步高集团为例进行阐述。

案例 ▶　　　　　　　　　　**周黑鸭的数字化转型**

周黑鸭（全称周黑鸭国际控股有限公司）是一家专门从事生产、营销及零售休闲熟卤制品的企业，主营业务为卤鸭、鸭副产品，以及卤制红肉、卤制蔬菜、卤制家禽及水产类等其他产品。周黑鸭成立于 1997 年，2016 年在香港联合交易所主板上市，并于 2019 年正式开放加盟，进一步渗透现有市场，销售覆盖全国多个省市地区。

随着我国休闲食品零售行业规模的增长，周黑鸭也走上了从传统零售到新零售的数字化转型道路。先前周黑鸭在生产工艺上有了很大的突破，通过采用现代化生产设施和包装技术以及自动化生产线，已经实现了高质量、高效率的营销发展。在IT 战略以及信息化的驱动下，周黑鸭大力发展新技术，完善营销模式；在消费场景化的趋势下，其紧跟数字化转型脚步，迅速发展线上营销体系，并形成了"外卖＋主题店＋无人店"的新零售模式。

销售渠道的增多也给周黑鸭带来了用户联动的难题。如何让线下会员也能在线上消费、如何打通网店与实体门店之间的营销、如何通过对各种渠道的分析总结提供更精准的用户画像等问题接踵而至。由于周黑鸭直营门店的分布区域较多，且门店的进销存系统和用户系统都与总部有对接，因此其对数字化升级的需求是迫切的。随后，周黑鸭通过华为云定制了 SAP 专属安全方案，最大限度地发挥了系统性能优势，极大降低了周黑鸭的 IT 运维成本，也得到了更加可靠的性能，以较短实施周期完成了开发测试系统的迁移。周黑鸭对会员中心系统、管理系统、客服系统等都进行了数字化升级，通过云服务实现了集团对全国各门店的管理和资源调配，进一步支持新业务的快速成长。

小思考

对于不同行业，其数字化转型模式及转型升级思路是有区别的。试分析其他行业的数字化转型道路，并将其与周黑鸭的转型方式进行对比，总结其中的相同点和不同点。

案例 步步高的数字化转型

步步高集团成立于 1995 年，目前已发展成为经营零售贸易、互联网金融、电子商务、商业地产、物流等多业态的商业集团。在 2019 年度中国零售百强企业名单中，步步高集团居第 18 位。此外，步步高也入选中国民营企业 500 强榜单，致力于成为中国领先的商业及服务业运营商。

步步高于 2017 年提出数字化转型战略，旨在打通线上，重建供应链，逐步实现线上线下的全覆盖，以及顾客、商品、运营的全面数字化，建立新智慧零售生态系统。2018 年则是步步高数字化转型战略真正落地的一年，公司引入腾讯、京东等战略合作伙伴，实现会员数字化和深入交流互动，并根据用户画像对会员用户进行分类管理，从而进行精准营销。2019 年是步步高数字化转型的 3.0 阶段，公司开始和各种品牌的供应商合作，完善整个生态体系，通过智能技术实现精细化管理，深入应用并完善数字化运营方案。

目前，步步高的数字化转型初见成效，数字会员的规模在持续扩大，会员销售比与会员月度复购比也在提升。因此，未来零售业的发展要回归零售本质，即以消费者为核心，为消费者服务。步步高的数字化转型也为传统零售的数字化转型提供了很好的启发：数字化技术只是一种实现方式，提升消费者的用户体验才是最终目标。

小思考

从近几年的发展来看，步步高的数字化转型是有成效的，这套思路和模式对于其他企业而言能否照搬？请谈谈你的看法。

思考

1. 简要阐述传统零售与新零售的概念与异同点，并谈谈你对传统零售向新零售转变怎么看。
2. 如何看待传统零售在数字化转型道路上遇到的阻碍？这些问题该如何解决？
3. 怎样加速传统零售的数字化转型？请从国家、企业、社会、个体四个层面分别阐述。

4. 如何看待未来新零售业的发展趋势？

5. 举例分析某一企业向新零售行业转型的发展历程，并简要阐述该企业的未来发展状况。

二、外卖电商

（一）外卖电商的定义

外卖分为客人到店点餐付款并打包带走和商家送餐两种，随着互联网的普及和外卖新技术的发展，后者逐渐成为外卖行业的主要方式。从传统的餐厅打包到现在的外卖电商，美团、饿了么等外卖平台迅速发展，占有一定的市场份额。电子商务是在互联网或电子交易方式下进行的相关服务活动，是传统商业活动各环节的电子化与网络化，离不开互联网、万维网等信息技术的使用。外卖电商，即借助电子商务平台将传统的外卖营销模式转变为线上外卖，为用户提供更方便快捷的线上订餐体验和服务。

如图 8-2 所示，外卖电商主要通过商品供应方和需求方之间的连接实现在线商品和服务交易，例如淘宝、京东等平台通过互联网完成信息流的传递，将商品信息提供给消费者，接着消费者通过互联网完成资金流的传递，这其中也依托强大的物流配送体系。"最后一公里"在物流配送过程中，指客户接收货物的最终环节。电商的到来与发展让"最后一公里"的配送成为平台与消费者之间的关键纽带。

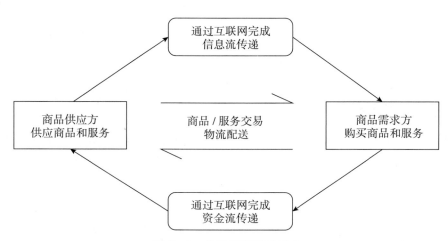

图 8-2　外卖电商运营模式

外卖电商的业务流程主要包括"订、做、送"三个环节。"订"主要指外卖O2O应用，消费者通过外卖平台进行线上下单点餐，并支付餐饮费用，这一过程涉及信息流与资金流。"做"指外卖供应商进行产品生产加工，是外卖电商运营模式中的核心环节。"送"指外卖配送服务商提供送餐服务，提供电子商务中物流配送的功能，但也涉及资金流。

（二）外卖电商的运营模式

外卖电商与传统外卖最大的区别在于运营模式的不同。传统外卖通过线下实现用户订餐，且配送效率较低，单一的交易方式难以给消费者带来好的购物体验。外卖电商则依托平台进行交易，极大地提高了订餐与配送效率，也能够随时更新店内餐品的信息状态，商家可以通过平台的订餐信息分析消费者偏好，进而实现精准营销和推送。目前，外卖电商平台主要有三种运营模式：自建自营模式、轻模式平台、重模式平台。

1. 自建自营模式

大型连锁的餐饮企业可以通过互联网平台建立自己的外卖服务系统，统一处理订单与用户数据，实现高效率的外卖运营模式。但这种模式前期建设投入成本较高，只有规模较大的连锁店才可能有实力建设，且自建平台一定程度上也存在很大的资源浪费，加大了平台的运营难度。

2. 轻模式平台

除了自建自营的外卖平台外，许多商家也会通过第三方外卖O2O平台进行运营管理。这种情况下，商家不需要自建平台，只需向第三方外卖O2O平台缴纳一定的费用。商家与消费者通过轻模式平台建立联系，商家只是平台的使用者，不需要承担较高的运营风险。

3. 重模式平台

重模式平台相较于轻模式平台多了配送团队，配送人员在收到订单后去相应的餐厅取餐，并将其送到消费者手中，重模式平台只根据订单量向商家收取佣金。这种模式减少了商家的人力成本投入，能够吸引更多商家入驻平台。

（三）外卖电商的发展历程

外卖电商自诞生以来，主要经历了三个发展阶段。一线城市一直是外卖的主要对象，但由于激烈的竞争与同质化的产品，市场已趋于饱和，因此二三线城市的外卖电商也正在迅速发展。

1. 开拓混乱期

2008—2016年是外卖萌芽的阶段，同时也是其开拓的时期，处于外卖的红利期。在这个阶段，外卖行业通过补贴用户的方式迅速发展，其规模和影响都非常大，但也给这一阶段的市场带来了极大的混乱，以低价为竞争手段的方式破坏了外卖市场的稳定发展。此阶段没有一种可复制的商业运营模式得到推广。

2. 深入发展期

2017—2018年，外卖进入了深入发展阶段，很多自带流量的餐饮品牌纷纷入驻外卖电商平台。此时，外卖平台的规则与格局基本已经确定，且一些头部参营商家成为外卖平台运营服务的重点对象，外卖市场规模达到了 4 000 亿元。这一阶段外卖行业的发展呈现多强争霸的局面，同时外卖平台的中小餐饮商家的入驻数量也在增长。

3. 精细化运营期

2019 年至今处于外卖发展的精细化运营阶段。这一阶段的特点是以产品为基础，通过流量管理与数据运营，不断地将数据转化为流量，再进一步将流量转化为利润，最终实现收益。同时，这一阶段的外卖电商规模仍在持续扩大，外卖行业的市场渗透率也随之持续提升。

（四）外卖电商的现状

我国外卖行业自诞生以来飞速发展。随着互联网消费习惯的渗透，在线外卖用户的规模逐渐扩大、使用率逐渐提高。这种网上订餐形式越来越被更多人认同和接受，是电子商务应用的全新体现，其帮助推进了电子商务的普及。但在发展过程中，外卖平台竞争愈发激烈，许多平台推出了满减活动，使得外卖订餐的价格非常优惠，这又进一步给 App 软件带来了更高的关注度。此外，外卖平台的服务对象也发生了变化。由于上班族对时间的把控比较严格，因此外卖平台的服务对象逐渐过渡到学生群体，外卖进校园也成为目前普遍的现象。学生的时间要求较低，且有部分学生有兼职的需求，这也为外卖市场提供了更多的机会。通过学生群体来进行宣传，不仅减少了前期的成本投入，还有利于品牌的建设和平台推广。

随着人们经济生活水平的提高，外卖行业在发展过程中还面临一些无法满足消费者需求的问题，主要涉及外卖配送员的素质、外卖菜品质量、外卖配送速度以及外卖评价四方面。消费者往往对外卖配送员的素质以及配送速度有一定的期望和需求，且菜品质量会影响消费者对商家和外卖平台的信任，外卖评价则是提升外卖平台及配送员服务质量的关键方式。目前，外卖行业也在围绕这四大问题进行解决，接受消费者反馈并不断改进，为人们提供更高质量的外卖服务。

下面以美团外卖、饿了么外卖平台为例进行阐述。

📖 案例 ▶ 　　　　　　　　　　美团外卖

美团外卖是美团旗下的网上订餐平台，于 2013 年 11 月正式上线。目前，美团外卖用户总数达 2.5 亿，合作商家数超过 200 万家，活跃配送骑手超过 50 万名，覆盖城市超过 1 300 个，日完成订单达 2 100 万单。在抗击新冠疫情时期，美团外卖正式推出无接触配送服务。"无接触配送"指消费者在线上下单后，可通过订单备注、电话联系等方式与配送员协商菜品送达的指定位置，该举措是为了保证用户和配送员在收取餐过程中的安全，最大限度地减少人与人的接触。目前，美团外卖的"无接触配送"服务已覆盖数百个城市，将逐渐实现全国覆盖。此外，京东、盒马、饿了么、天猫等企业也跟进采用了"无接触配送"模式，更好地保障消费者和配送员的健康安全。

2019年12月，美团提出"下一代门店"概念，将通过软硬件改造和经营管理模式的迭代升级，把原来以经营堂食为主的线下门店打造为同时具备线上线下运营和服务能力的门店。在这一工程中，美团也将通过平台与服务商给商家提供一系列的数字化转型技术与需求方案，为餐饮品牌定制全场景营销模式，联通线上线下会员，整合线上线下资源，实现"平台、商家、第三方"的联动。

美团外卖也考虑到了在飞速发展的电商时代，外卖骑手的职业路径规划问题，因此率先通过"站长培养计划"和"骑手转岗计划"将有能力的人留下并培养其潜力。在保障制度方面，美团的"同舟计划"从职业发展、培训激励、工作保障、生活关怀等方面提升骑手的生态建设。

小思考

1. 美团外卖在外卖电商生态体系中起到什么样的作用？
2. 如何看待其未来发展趋势？请结合实际谈谈你的看法。

案例 ▶

饿了么外卖

饿了么是2008年创立的本地生活平台，主营在线外卖、即时配送等业务，目前该平台已覆盖全国670多个城市，在线餐厅达340万家，用户量达2.6亿，旗下蜂鸟即时配送平台的注册配送员达300万。作为中国餐饮领域数字化领跑者，饿了么通过全面的数字化餐饮体系，为消费者提供便捷的外卖服务。

2020年6月，饿了么完成100%上云，所有的业务系统、数据库设施等均已迁移至阿里云，这一改变能支持1亿人同时在线点单。2021年5月，数字人民币正式接入饿了么子钱包，这一改变也意味着饿了么不断进行数字化转型升级，为消费者提供更加良好的消费体验和线上点餐环境。

继美团之后，饿了么也开始主动为骑手提供一定的职业发展保障，意识到只有真正关怀骑手发展，才能长期实现平台发展进步；此外，服务员也正进行数字化转型。饿了么与其他外卖平台的差异主要体现在两方面。一是从"送餐"到"送万物"，开拓了服务范围。二是提供个性化服务，将大量消费者和商品的数据进行匹配，实现对消费者的差异化需求理解。饿了么还携手生鲜电商，正式启动"新服务伙伴计划"，坚持平台的定位，共同推动本地生活服务数字化。

小思考

1. 如何看待饿了么的发展现状与未来发展趋势？
2. 饿了么平台与美团外卖平台的异同点是什么？
3. 你认为不同外卖平台的本质区别是什么？

（五）外卖电商的发展趋势

未来的外卖行业发展趋势体现在安全性、便利性、主体性、个性化四方面，为消费者提供高质量的菜品和周到的服务体验，提升用户对外卖电商平台的信任。安全性指外卖平台入驻商家会保证菜品的安全健康，符合国家卫生标准的菜品才能受到消费者信任。便利性指会有更加快捷便利的外卖配送服务，通过对配送路径的优化以及对配送员的奖惩规则，有效提高配送员的服务速度。主体性指外卖平台、外卖商家、外卖配送员、消费者都是服务中的主体，不同角色在外卖电商中从事不同的工作，都应受到尊重。个性化指的是外卖行业应依托大数据为消费者提供个性化的推荐服务，增强消费者的用户体验，同时也应对用户行为数据进行分析，保持与消费者的亲密感。

1. 外卖产品趋向多样化和细分化

随着餐饮行业的不断发展，各外卖平台推出的功能与服务越来越完善，可以在App 上看到更多产品呈多样化发展，且对消费群体的服务划分越来越细，能更好地满足消费者的购物需求。例如，外卖平台除美食提供外，还增加了水果、药品供应以及超市等服务模块。

在不断满足产品品类要求的过程中，各外卖平台也在提高产品的质量，通过引入品牌商家来保证产品安全。此外，高口碑商家的入驻能够给平台发展带来优胜劣汰的竞争机制，长期发展下去能够为消费者提供更加优质的服务与体验。

2. 重视环境保护

由于外卖行业产生的垃圾大多对环境有一定的破坏性，因此越来越多的外卖平台开始启动环境保护方案。例如，美团外卖于 2017 年推出"青山计划"，积极承担起保护环境的责任。此外，众多外卖 App 上也倡导自备餐具，用户在订单中的选项里即可添加"不需要餐具"，能够减少许多浪费，也增强了用户自身的环保意识。

3. 平台升级优化

新冠疫情给餐饮行业带来了较大的冲击，线下门店的生存越来越困难，新技术的应用也进一步推动了移动互联网下外卖电商行业的发展。外卖平台除了为消费者提供优质便利的服务外，也在不断优化自身的功能，提升平台操作的便捷性，实现更好的人机交互。

案例　　　　　　　　　　　盒马鲜生

盒马鲜生于 2015 年创立，2016 年开出首店，是国内首家新零售商超，被作为阿里巴巴的新零售样本。盒马鲜生与传统零售的最大区别是，通过运用大数据、人工智能、物联网、自动化等技术和先进设备，实现了"人、货、场"三者之间的最优匹配，打造属于自己的从供应链到仓储的完整物流体系。

盒马鲜生的快速配送得益于算法驱动的核心能力。店内挂着金属链条的网格麻绳则是盒马全链路数字化系统的一部分。从商品的分装上架到打包配送等工序，工作人员都是通过智能设备去识别的，极大提高了作业效率，降低了出错率。其整个系统分为前台和后台，在用户线上下单后的 10 分钟内便可完成分拣打包，20 分钟实现 3 公里内的配送服务，实行 30 分钟配送、店仓一体的模式。

　　阿里巴巴表示，创建盒马并不仅仅是要在线下开店，也是要通过线上驱动数据消费能力，线下联合银泰商业等进行相关合作，在实行较好的商业模式后，便将其数据能力和技术能力对外与合作伙伴共享。

　　可以看出，未来的新零售模式将更好地融合线上与线下，构建完整的物流体系，发展新颖的产品组合，满足消费者的即时购买需求。

小思考

除盒马鲜生外，还有许多外卖电商领域的新零售企业发展非常迅速。那么，未来的外卖电商在发展过程中会遇到什么阻碍？哪些技术或者商业模式会促进其发展？

思考

1. 简要阐述外卖电商的运营模型。
2. 如何看待外卖电商的发展趋势及其面临的困境？
3. 除美团、饿了么外，请举例分析其他外卖平台的发展历程及现状。
4. 试分析外卖电商的未来发展趋势。
5. 试总结不同外卖平台的经营模式并比较异同点。

三、无人零售

（一）无人零售的定义

　　无人零售作为无人值守服务中的一大类，主要指基于智能技术实现的在无人情形下进行的零售消费行为，未来将逐渐发展为基于大数据的商品售卖。无人零售的特点体现在两方面：一是通过新技术的应用实现自助服务或自主结算，降低零售购物对人的依赖。二是对消费者的用户行为数据进行分析，为用户带来定制化的购物体验，从而进一步实现线上与线下的融合。

　　相较于传统零售，无人零售更关注被大多数消费者忽略的消费场景，例如办公室、商场、地铁站、机场等垂直人群的垂直场景。无人零售按照具体形态可分为自助零售柜、无人便利店、无人便利货架等。其主要采用两类技术：一类是依靠机器视觉、生物识别和深度学习等技术实现的商品识别和销售。另一类是 RFID 技术，主要以消费者所购商品为核心，自动完成价格计算与分类任务。

　　无人零售也被称为智能零售，"智能"和"零售"的融合不仅结合了新技术的应用，还关注了新零售模式的创新，其具有智能化 24 小时工作的特点，使人们的生活更加方便快捷。

（二）无人零售的现状

根据国家统计局公布的数据，2021 年全年社会消费品零售总额为 440 823 亿元，比上年增长 12.5％。这一持续增长的零售市场为无人零售的发展奠定基础。随着智能设备终端的不断普及和新技术的发展进步，移动支付成为消费者的行为习惯，这种形式下积累的用户基础也为未来无人零售的可持续发展提供了驱动力。目前，市场上无人零售行业的主要参与者有初创企业、传统零售商、电商企业等。除传统零售商借助其他平台外，初创企业和大型电商企业往往建立自己的平台，发挥其自身渠道优势。

1. 消费结构变迁，用户体验趋向个性化、多元化

随着新技术的发展和人们生活水平的提高，消费理念逐渐由物质性消费向精神性消费过渡，消费升级趋势愈加明显。消费结构的变迁带来了个性化、多元化的用户体验，如何进行市场消费群体细分、市场定位成为无人零售行业最关注的问题。

2. 线上线下零售不断发展，我国零售市场规模扩大

无人零售基于线下消费场景，依托线上零售的大数据与人工智能技术，实现了线上与线下的深度融合。我国线下零售市场占比达 65％以上，结合不断发展的线上零售市场，均为无人零售的发展提供了很大空间。逐渐扩大的零售市场规模也为无人零售行业带来了新的机遇。

3. 无人零售商业模式呈多元化发展

目前，无人零售的发展除无人便利店、自主零售机、无人超市等以商品零售为主的业态模式外，还包括其他以服务零售为主的业态模式，例如自助无人按摩椅按摩服务、自助洗车、自助无人 KTV 等，逐渐呈多元化发展，消费场景也呈现差异化发展趋势。

4. 无人零售长期技术可控且可优化

无人零售前期投入主要是场地费用、装修成本和自动化设备费用等，但从长期发展角度来看，无人零售不需要传统零售销售方式下的众多人力成本投入，仅需承担日常的运营管理费用，一名维护人员负责技术维护与货品更新等，实现了自助零售现场紧急处理以及流程的及时优化。

然而，目前无人零售也面临一定的困境。2017 年被称为无人零售的元年，但随之经历了大落阶段，企业或倒闭或转型。目前，无人零售存在的问题便是商业与零售的本质区分。无人零售的关键是"零售"，而不是"无人"，后者只是一种表现形式，只有通过优质商品以及精细化运营，再加上数字化能力的提高，才能更好地实现人机互动，无人业态才会呈现更多的价值。同时，无人零售新技术的应用仍处于初步探索阶段，虽然对于无人便利货架等领域的技术要求较低，但会出现较高的货

品受损率，若采用封闭或半封闭式的货架来降低受损率，则应用场景的覆盖率也将被限制。而对于无人便利店，其仍难以应对人流量大、购买行为识别错误等问题，较小的门店面积也限制了进店人数，给用户带来了较差的体验感。尽管目前无人零售以其便利性持续扩张，但其暂时还难以取代线下实体店。未来的电商新零售、实体店零售以及无人零售等零售形式将互相融合，形成一种兼容互补的状态。

下面以天猫无人超市、中吉自助售货机为例进行阐述。

📟 案例 ▶ 天猫无人超市

天猫无人超市于 2017 年 12 月推出，其代表阿里新零售的理念，体现了"即拿即走，自动支付"。其通过多种技术的结合来提升消费者的购物体验，例如使用图像识别技术实现"刷脸进店"的身份验证过程，使用追踪技术和物品识别技术判断消费者的购买意愿与支付意图，使用电子标签、智能闸门完成"无感支付"。天猫无人超市将线上与线下相结合，打通了其之间的联系，并且促进了线上数据系统与线下购物体系的深度融合。

除无人零售技术外，天猫无人超市还推出了"Happy 购"情绪营销，将消费者的情绪与商品价格相关联，不断拥抱新零售与数字变化。阿里巴巴 CEO 张勇表示，天猫无人超市将会让新零售行业发生前所未有的变化，相应地也将会出现新一代的零售商，共同促进无人零售行业拥抱数字化与科技化的未来。

天猫无人超市相较于传统超市，尽管省去了消费者排队等待的过程，也让消费者感受到了高科技带来的便利，但由于技术发展的不成熟，天猫无人超市里真正用于摆放货架的空间不会很多，其他问题也渐渐浮出水面。无人超市的发展问题不在于成本和技术突破，而在于人们在技术实现后的道德观念与自律意识是否跟得上，因为任何新的模式一定程度上会受到一些破坏性行为的影响，这也阻碍了无人超市的创新发展。

▦ 小思考 ▶

1. 你认为哪些因素会影响天猫无人超市的发展？
2. 请根据自己的理解谈谈无人超市的未来发展趋势将是什么样的。

📟 案例 ▶ 中吉自助售货机

中吉公司成立于 2011 年，隶属于湖南中吉科技有限责任公司，是一家提供专业高质量自助售货机和自助零售系统解决方案的高新技术企业，旗下已经推出饮料自动售货机、综合食品售货机、组合售货售饮一体机、专属定制售货机等产品，应用场景包括高校、地铁、机场、车站、商场、医院和企业等场所。此外，自助售货机大概分为弹簧螺旋货架、履带式货道自助售货机、蛇形轨道自助售货机、多格子柜自助售货机等，能够满足消费者的个性化需求，都推动了无人零售业的发展。

作为全球大型自助售货机专业生产工厂，中吉拥有完善的设备，多条流水线协同制造，是自助售货机行业整体发泡流水线生产制造工艺的先行者，公司研发的系列产品应用于全球 50 多个国家和地区。凭借其创新性设计和技术应用性能，中吉成为全球客户值得信赖的自助售货机品牌，品牌形象进一步确立。中吉公司在跟随电子商务数字化发展的同时，也提升了整个零售行业的智能制造水平。

统计数据显示，我国的自助售货机市场规模正快速扩大，人脸识别、物联网、感知信息采集等技术都得到了迅速发展。越来越多的自助售货机配备微信、支付宝的刷脸支付功能，更快、更稳定的部署方案将会逐渐赢得市场。

小思考

你认为未来自助售货机与无人零售超市的发展趋势有哪些异同点？请举几个例子进行深入分析。

（三）无人零售的优势

无人零售从兴起到发展，一直备受人们的关注。无人零售的优势主要体现在成本、技术、应用场景、用户体验四方面。作为无人经济的代表，无人零售将互联网、物联网、大数据等技术联系并融合在传统消费场景中，不断推动传统零售的数字化转型升级。

1. 成本优势

目前，线下实体门店利润回报有压力，且实体店租金相对前几年呈增长趋势，员工薪酬也逐渐上升。相对于传统零售业，无人零售的运营成本投入较低。根据权威数据统计分析，一组自助零售柜整体的运营成本比传统便利店低 70% 以上，且回款周期短、管理模式简单。

2. 技术优势

无人零售的发展伴随着新技术的创新，智能货柜、智能摄像头等设备，加上模式识别、移动支付、云服务等技术，实现了消费者"拿了即走"的新零售模式，使购物方式更加方便快捷。

3. 应用场景优势

无人零售对场地面积的要求较低，能够在不同场景下实现创新零售。目前，无人零售的应用场景包括商场、地铁站、体育馆、学校、景区等，针对不同受众群体投放专属商品，以满足区域内服务对象的购物需求。

4. 用户体验优势

无人零售能够实现购物自由，在不与人接触交流的过程中即可完成购物，既保护了消费者的隐私，也增强了用户体验。对于大多数自助零售柜，通过扫码开门、自由选购、关门自动结算三个简单的步骤就能完成便捷购物。

缤果盒子

缤果盒子于 2016 年成立，是全球第一家可规模化复制的 24 小时无人值守便利店。目前，缤果盒子运用自助结算系统，智能商品识别、人脸识别、动作识别防盗系统，动态货架等，打通了从供应链到商品管理的完整零售链条；通过对技术的更新，打造距离消费者最近的强势销售渠道，并利用渠道资源变现，对资金流进行再利用。

缤果盒子先前也发布了全新的无人零售新方案"小范 FAN AI"，利用图像识别计算系统、动态货架等技术，基于人工智能的后台系统，实现了所有业务环节，同时也涉及物联网、深度学习等领域。无人零售店作为一种新的商业形式，是对传统零售的升级改造，也是对整个零售行业的补充，将会不断推动整个行业的发展进步。

正如在此前缤果盒子发布会上提出的对新零售"新"的理解：一方面，"新"在于能够降低消费者的决策成本，并增强用户体验；另一方面，"新"在于提高了整体零售的效率，降低了交易成本，创造了越来越多的价值。

但在 2017 年底，无人零售行业便出现了一系列危机，发展速度也逐渐放缓，在 2018 年中期出现了关店浪潮。2019 年，行业龙头缤果盒子被曝光出现巨额亏损，关闭大量门店。随着市场的扩展，无人货架的平均货损率与盈利能力出现极大的不平衡，无人零售行业也面临越来越多的危机。

小思考

1. 有人说缤果盒子不过是延续了无人零售的模式，将"衣柜"变成了"衣帽间"，对于这种说法你怎么看待？
2. 无人零售行业的优势能否支持这个行业的长久持续发展？

（四）无人零售的发展趋势

在经历行业发展"大起大落"后，未来的无人零售将专注于提升消费者的购物体验，通过对用户行为数据的建模分析，实现对信息系统、物流配送等多方面能力的提高利用；此外，将发展重心放在产品本身，相应地结合物联网、VR、AR 等新技术以实现快速发展。

1. 行业整合是未来发展趋势

在无人零售行业的发展初期，各个无人零售项目迅速规模性扩张，设置更多的触点，吸引更多的流量，呈现一定的规模效应。但任何产业的发展都不仅仅依赖于规模，更需要可行且有效的商业模式与运营方法。在无人零售行业规模竞争的背后，更多的是供应链、管理系统、运营能力等多方面的较量。因此，无人零售行业的发展，可能会像共享单车行业的发展一样，进入一定阶段后，将面临行业的整合。例如，猩便利对 51 零售的全资收购等，既可以发生在同一业态内，也可以是跨业态的，不同场景下的自主零售模式将相互依存、不断融合。

2. 消费者体验是未来竞争的核心

尽管无人零售在经历萌生、发展的过程中遇到了很多阻碍，但无人零售的商业模式目前仍被看好，企业专注于解决产品、技术、用户等问题，也有一些跨界人员加入无人零售的领域。这意味着无人零售的商业模式代表着零售行业发展的走向，基于大货场的前端，后端运用移动支付、大数据、云计算等技术融合应用，不断满足消费者的购物体验与需求。

3. 推动无人零售智能化发展

数字经济的发展为消费结构的优化提供了机遇，企业应积极对大数据时代的消费热点与趋势进行分析，并实现政府、龙头企业和消费市场间的互联互通，建立零售商与供应商之间的信息标准，不断推动无人零售的大范围推广。另外，尝试通过人工智能技术将服务机器人应用于无人零售的发展中，这些基于自然语言处理与情感识别的机器人系统将不断为消费者带来全新的消费体验。

> **思考▶**
>
> 1. 简述无人零售的经营模式与营销特点。
> 2. 如何看待无人零售行业从萌芽到发展这一时期的"大起大落"?
> 3. 试分析无人零售行业的未来发展趋势。
> 4. 无人零售的发展与哪些因素相关?
> 5. 试分析政策、科技等要素对无人零售业发展的影响。

四、直播电商

（一）直播电商的定义

继 2016 年淘宝直播后，直播电商悄然出现。2019 年因直播电商发展迅速而被称为直播电商元年，头部主播、明星、主持人、企业家等纷纷走进直播间。作为一种新的购物方式，直播电商在法律上属于商业广告活动，主播通过线上短视频等方式对产品进行宣传推广，以实现商品交易。直播电商与传统电商相比，其售卖逻辑由"人找货"转变为"货找人"，消费者在直播间通过主播的介绍来判断自己是否需要下单购买，其社交属性与互动性更强。此外，由传统电商的图文推荐转向实时视频推荐，能让消费者全面了解产品和服务，加深了买卖双方之间的信任。

作为内容电商的最新形式，直播电商呈现"现场＋互动"的特点，通过生动形象的视频介绍，借助视频直播的形式进行产品推荐，迅速将商家与用户联系起来，实现了内容多维度的升级改造，也有利于品牌形象的建立与价值输出。越来越多的用户逐渐关注消费过程中的体验，希望能获取更多的专业性、知识性的信息来辅助购买决策,因此直播电商的本质是消费升级,其背后则是用户需求的升级。

直播电商的特点主要包括:强互动性、强 IP 性、高度去中心化。主播与用户的即时互动能够给消费者带来更真实的体验,也更容易获得用户信任。此外,具有很强的 IP 属性的主播能够带来更大的影响力,进一步影响用户的决策行为。高度去中心化的特点为平台主播提供了更多的机会与可能性。除了公众平台外,主播还拥有自己的私域流量。

(二)直播电商带来的影响

直播电商借助内容、场景等各方面的优势,加速了各类电商平台涌入直播行业。通过营销驱动增强平台用户的黏性,吸引更多线上流量,成为流量变现的有效方式之一。2021 年艾瑞咨询发布的《2021 年中国直播电商行业研究报告》中的数据表明,2020 年我国直播电商行业的市场规模达到 1.2 万亿元,年增长率约为 197%,其发展势头十分迅猛。

在新冠疫情的催化下,直播电商迅速进入人们的生活,并占据了一定的空间。当前国内的直播电商平台主要有抖音、快手、京东、小红书、拼多多等,直播电商无处不在,并且已经形成以品牌商、代理商为上游,以平台主播、渠道平台为中游,以消费者为下游的产业链,进入规模化发展时期,有效促进了我国直播电商行业的发展。目前,从线上到线下的转变使直播电商对各个行业都产生了一定的影响,包括服饰、美妆、食品、家居、家电等领域。

1. 影视业领域

随着直播电商的高流量被迅速挖掘,更多的影视从业者将新电视剧、新电影带入直播间进行宣传。这不仅增强了用户黏性,也对影视业的发展起到了助推作用,进一步加强了影视与社交电商的融合。

2. 公益扶贫领域

直播电商在公益扶贫领域也展现出强大的活力。多名贫困县县长以及地区代表走进直播间,借助流量较大的直播平台对家乡以及当地特产进行宣传,在售出大量农特产的同时,不仅解决了产品滞销的问题,还大大提升了当地知名度。

3. 司法拍卖领域

近年来,通过网络平台进行司法拍卖推动了司法的高效执行。司法拍卖在采用网络拍卖形式的同时,也应增强买卖双方的互动性,避免信息不对称带来的影响,提升买家对网络司法拍卖的信任。

(三)直播电商的现状

直播电商是我国电子商务演化所经历的一个新阶段:从最早的传统电商,发展到现代电商,再发展到社交电商,最后是内容电商,直播电商则是内容电商发展的新阶段。直播电商的快速发展离不开移动通信技术、用户规模、短视频红利等要素的驱动。

1. 移动通信技术迅速发展

自 20 世纪 80 年代以来，移动通信技术已经经历了 1G、2G、3G、4G、5G 等五代技术。5G 相较于 4G，不仅使直播的新传播手段得到规模化使用，还促进了直播用户与电商用户的迅速增长，带宽、网速等基础能力有了大幅提高，互联网水平也越来越高，更好地促进了直播电商行业的发展。

2. 用户规模逐渐扩大

《第 45 次中国互联网络发展状况统计报告》中的数据表明，截至 2020 年 3 月，我国网民规模达 9.04 亿，互联网普及率达 64.5%，网络购物用户规模达 7.1 亿，网络直播用户规模达 5.6 亿。在内容生态体系下，以内容引导为导向的需求满足方式为直播电商提供了良好的基础，以 KOL、创作者等主播为核心的直播视频内容产出是最新的内容生态。

3. 短视频红利培育直播市场

随着移动互联网的快速发展，我国网络视频用户的规模迅速增长。受新冠疫情的影响，网络短视频的用户规模及其使用时长均大幅提升，短视频红利形成了平台用户黏性强、获客成本低的平台优势。此外，短视频平台的流量成本较低，新兴的短视频平台凭借其较强的创新能力把握住了直播电商的新风口。

（四）直播电商的发展趋势

随着短视频和直播趋势的发展，信息传播速度快、大众接受度高成为直播电商的主要特点。直播电商重构了电商、产品和消费者之间的关系，电商和社交的结合会把电商价值放大。目前，许多地方推出了培训课程，同时部分平台也给主播提供了很大的补贴。直播电商在未来会成为常态，并在不同阶段存在进一步的演化可能。

国家部委也出台了相关扶持政策，通过创新监管模式进一步优化直播电商行业的健康发展环境，推动直播电商新经济快速发展。此外，为整治直播乱象，各地区相关政策的出台也为直播电商行业设立了一定的门槛和标准，直播电商行业进入了平稳增长期。同时，直播电商的可持续发展需要更多完善的企业体系和专业的"人、货、场"资源，以推动整个行业的规范化、标准化发展。

1. 用户规模不断增长

随着近几年电子商务的迅速发展，直播电商已经成为电商市场的常态化营销模式，也成为重要的销售渠道之一。未来的电商平台将拥有更多的用户，且下单用户数、下单频次、商品交易额等都会持续增长，用户规模会进一步扩大。此外，直播电商在网络购物零售市场的渗透率也将进一步提高。

2. 直播平台多样化发展

直播电商生态系统的构建与完善，快速推动了直播机构的发展，专业化培训机构和培训服务量也日益增长，平台朝着多样化趋势发展，为用户提供更加精细化和全面化的服务。同时，合理严格的监管机制将促进电商提高其内容质量，从而增强用户体验感，输出更多有价值、有吸引力的内容。

3. 平台主播专业化发展

目前，许多电商平台提高了主播入职的门槛，遵守国家和各地政府推出的相关政策和法律法规，避免恶性竞争现象的发生。此外，主播职业也将朝着专业化方向发展，表达能力、品格素质等都将成为筛选主播入驻平台的标准。

4. 用户市场逐渐成熟

直播电商用户市场正在逐渐成熟，并不断从低价格竞争向高性价比产品渗透转化，培养了用户对网购产品的品牌认知和消费习惯。通过向高性价比与质性比的需求转化，满足价格敏感型用户的诉求，直播电商也将会在发展中获得更多的竞争优势。

（五）直播电商的优缺点

相对于传统电商，直播电商有明显的优势。相较于线上平台的文字图片，直播更加生动真实，迅速拉近了消费者与主播之间的距离，进而降低信任成本。主播通过与消费者之间的互动也能更加全面地展示产品，营销紧迫感与视觉刺激的结合能够使消费者下单购买。此外，长期的高质量直播能够有效建立品牌效应与粉丝效应，而主播的持续曝光能够形成其个人品牌，从而进一步增加消费者与商家之间的信任。

（1）商业模式较为完善。目前，电商直播发展较为成熟。从网红主播到 MCN 机构，再到电商平台的一套完整链条，进一步丰富了网红经济商业模式，也促进了平台主播的职业化趋势发展。通过更精准的流量和更具吸引力的商品推荐与内容直播，引导消费者进行购物，电商和直播相结合的商业模式从目前来看有远大的发展空间和市场前景。

（2）准入门槛低。传统电商需要主播用户与平台签订一系列协议，并缴纳相关手续费等。但在目前的电商直播新经济模式下，通过手机、麦克风等简单的设备便可以实现直播。平台主播可以针对不同的群体用户进行直播，吸引消费者购物，有效促进产品销售，同时也是对品牌的建设与推广。

但同时，直播电商也给消费者和商家带来了一些困扰，最明显的是无法像在线下实体店一样真实感知到产品及其质感，镜头清晰度、色彩差异、滤镜特效等都对消费者的真实体验有所影响。此外，直播间的群体效应可能会导致消费者冲动消费，最后发现一些产品不适合自己，又导致较高的退货率，这些都会影响商家的正常营销。

（1）平台监管不到位。平台准入门槛低这一特点在推动直播电商发展的过程中，也相应地带来了一系列问题。目前，平台监管更多的是对主播的行为规范、语言规范、直播规范等进行判断，而对产品本身没有深入关注，导致平台出现许多真假混杂的产品，这种现象不利于平台的长期发展，也不利于消费者与平台间信任的培养。

（2）直播电商对流量主播依赖性强。电商直播离不开网红主播的推动，但目前知名度较高的主播在市场中很少，且大流量网红主播具有不可复制性，而平台对新主播的培养成本较高、时间较长，很难在短期内看到一定的效益。因此，需要对平台主播进行专业化培训，但同时也要更多地将重心放在产品质量本身，改变以流量为中心的直播电商。

（3）产品质量与直播内容有待提升。直播电商的发展需要更好的产品质量与体验感更佳的直播内容来推动，但目前大多数商家将侧重点转移到了平台网红主播、粉丝获取、流量吸引上，忽略了产品本身带来的价值，也没有专注于产品力的提升，具有不稳定性。

（4）长尾电商直播转化率低下。长尾电商直播指的是由商家作为主播的小型直播，在平台中占据了较多的份额。但长尾电商直播的商家通常知名度不高，粉丝数量很少，直播引流也远不及大型直播，长期下去不利于小店铺直播的发展。此外，长尾电商直播的产品本身也没有保障，导致消费者很难产生较强的购买欲望，从而导致较低的直播转化率。

> **■■■思考▶**
>
> 1. 简述直播电商与传统电商的异同点。
> 2. 试举例分析直播电商在某一领域的影响，并解释直播电商的哪些特点影响了这一领域的发展。
> 3. 如何看待直播电商未来的发展趋势？其发展会呈持续上升趋势吗？
> 4. 直播电商与短视频等平台的关系是怎样的？
> 5. 如何理解直播电商具备社交、营销、数字化等多种属性？

第九章

智慧医养：公共服务业的数字化转型

案例 ▶ 春雨掌上医生——Mhealth 概念拓荒者

　　春雨医生是一款"自查＋咨询"的健康服务类手机客户端，由北京春雨天下软件有限公司出品，于 2011 年正式上线，以真实的临床医生手机接诊，涵盖全科，每天 24 小时极速响应，开创了通过移动设备进行实时医患沟通即"在线问诊"的先河。

　　当今时代，数字化进程不断深入拓展，加上疫情的影响，人们日常生活中的很多问题往往转由线上沟通解决。同时，由于人民生活水平的提高和疫情的影响，人们对自身的身体健康也越来越重视，线上问诊、线上购药等活动愈发频繁。春雨医生就是一个满足人们日常医疗养生活动需求的平台。

　　通过春雨医生，用户可以以图文、语音、电话等多种方式进行健康咨询，并在 3 分钟内得到有二甲、三甲公立医院主治医师以上资格的医生的专业解答。春雨医生还采用了流数据健康管理技术，对多来源数据进行采集并以可视化的表现形式，将用户的运动、饮食、体重、血压、血糖等多种人体数据进行全方位汇总，让用户随时随地了解自身的健康状况。

　　经过十年的发展，春雨在线问诊服务体系不断延伸，先后接入百度、华为、泰康、阳光保险等千余家合作方，除了在线问诊服务以外，还可以为用户提供健康咨询、分级诊疗、绿色通道、诊间陪护、慢病管理、送药上门、出国医疗和健康险等全图谱式服务。目前，春雨医生已经是移动医疗行业成熟度最高、品牌最强、服务最成熟的业务形态，也是家庭医生、分级诊疗和慢病管理服务的重要入口。

小思考

1. 据你所知，除了春雨医生，还有哪些移动医疗平台？它们各有什么特点？

2. 除了上面提到的功能外，还有哪些医养需求可以通过线上的平台实现？

3. 线上医疗服务的可靠程度如何？如何提高其可靠程度？

4. 春雨医生等平台的发展需应用何种技术？这些技术还能支撑哪些行业的发展？这些行业的发展未来将为世界以及人们的生活带来哪些可能性？

一、智慧医疗概述

（一）智慧医疗的定义

智慧医疗（wise information technology of med，WITMED）是指将人工智能、传感技术等高科技应用于医疗行业，通过打造健康档案、区域医疗信息平台等，利用最先进的物联网技术，实现患者与医务人员、医疗机构、医疗设备之间的互动，逐步实现信息化、智能化发展。

（二）智慧医疗的组成部分

智慧医疗由三部分组成：智慧医院系统、区域卫生系统和家庭健康系统。

1. 智慧医院系统

智慧医院系统由数字医院和提升应用两部分组成。

（1）数字医院

数字医院包括医院信息系统（hospital information system，HIS）、实验室信息管理系统（laboratory information management system，LIMS）、医学影像信息的存储和传输系统（picture archiving and communication systems，PACS）和医生工作站四个部分，实现病人诊疗等信息的收集、存储、处理、提取及数据交换。

医生工作站的核心工作是采集、存储、传输、处理和利用病人健康状况和医疗信息。医生工作站拥有门诊和住院诊疗的接诊、检查、诊断、治疗、给予处方和医疗医嘱、病程记录、会诊、转科、手术、出院、病案生成等全部医疗过程的工作平台。

（2）提升应用

提升应用包括远程图像传输、大量数据计算处理等技术在数字医院建设过程中的应用，用以提升医疗服务水平。比如：远程探视，避免探访者与病患的直接接触，防止疾病蔓延，也能方便一些相隔距离较远的家属了解患者情况；远程会诊，支持优势医疗资源共享和跨地域优化配置，整合优质资源更快更好地为患者服务；自动报警，通过新型软硬件对病患的生命体征数据进行监控，在病患指标超出合理范围时自动报警，降低重症护理成本；临床决策系统，协助医生分析详尽的病历，为制定准确有效的治疗方案提供基础；智慧处方，分析患者过敏和用药史，反映药品产地批次等信息，有效记录和分析处方变更等信息，为慢性病治疗和保健提供参考。

2. 区域卫生系统

区域卫生系统主要由区域卫生平台和公共卫生系统两部分组成。

(1) 区域卫生平台

区域卫生平台是收集、处理、传输社区、医院、医疗科研机构、卫生监管部门记录的所有信息的区域卫生信息平台；旨在运用尖端的科学和计算机技术，帮助医疗单位以及其他有关组织开展疾病危险度的评价，制定以个人为基础的危险因素干预计划，减少医疗费用支出，以及制定预防和控制疾病的发生和发展的电子健康档案（electronic health record，EHR），比如社区医疗服务系统和科研机构管理系统。

社区医疗服务系统提供一般疾病的基本治疗、慢性病的社区护理、大病向上转诊、接收恢复转诊的服务；科研机构管理系统对医学院、药品研究所、中医研究院等医疗卫生科研机构的病理研究、药品与设备开发、临床试验等信息进行综合管理。

(2) 公共卫生系统

公共卫生系统由卫生监督管理系统和疫情发布控制系统组成。

卫生监督管理系统把现代信息技术渗透于卫生监督、管理和决策等各个方面，覆盖卫生监督各职能部门，服务于许可审批、日常监督和综合管理各个工作环节，反映出在现代信息技术和通信网络环境下的一种全新的科学规范性和集约高效性。

疫情发布控制系统贯穿疫情的发现、监测、发布和控制的各流程，通过高效的信息收集和信息流通实现疫情的溯源与控制。

3. 家庭健康系统

家庭健康系统是最贴近用户的健康保障系统，包括针对行动不便、无法送往医院进行救治的病患的视频医疗，对慢性病以及老幼病患的远程照护，对残障、传染病等特殊人群的健康监测，还包括自动提示用药时间、服用禁忌、剩余药量等的智能服药系统。

（三）智慧医疗的特点

1. 互联协作

智慧医疗通过医疗信息和记录的共享互联，整合并形成一个高度发达的综合医疗网络，使各级医疗机构之间、业务机构之间能够开展统一规划，实现医疗资源的优势互补，达成监管、评价与决策的和谐统一。专业的无线信息平台使患者、医护人员、医疗服务提供商、保险公司等以无缝协同的方式智能互联，让患者体验一站式的医疗、护理和保险服务。

在智慧医疗系统里，经授权的医生能够随时查阅病人的病历、治疗措施和保险细则等，患者也可以自主选择更换医生或医院。整合的智慧医疗体系清除了医疗服务当中各种重复环节，在降低医院运营成本的同时也提高了运营效率和监管效率。智慧医疗的核心就是"以患者为中心"，给予患者全面、专业、个性化的医疗体验。智慧医疗的整合区域医疗体系能够使大量的医疗监护工作实现网络化、无线化的应用，实现医疗信息的共享，比如：社区医院可以预约三级医院的专家号和特殊检查，各种检查和检验结果各级医院共享共认，让患者得到更高效的治疗，带来更高的满意度，也在一定程度上减少了医患纠纷。

2. 安全稳定

从患者的角度看，智慧医疗本着对患者负责的态度，在后台就实施预防性核实，全程对患者的姓名、电话、身体状况、药品使用情况等敏感数据的操作访问进行监控，限制患者资料在授权许可范围内被访问，防止患者隐私信息泄露。同时，智慧医疗通过联网也可开展远程会诊，自动查阅相关资料和借鉴先进治疗经验，辅助医生给患者提供安全可靠的治疗方案。

从医护人员的角度看，智慧医疗根据患者病理特征对医护人员的系统操作进行全流程实时审核，减少了医疗差错及医疗事故的发生。如患者出现相对的危机值时，系统可发出即时提醒或远程报警，也可避免医生在开药时出现配伍禁忌等现象和使用患者过敏性药物，还可实施各级医生权限控制，避免抗生素的滥用等，使整个治疗过程安全可靠。

从医疗机构的角度看，医院的信息系统是一个数据量巨大、数据类型复杂的实时系统。由于医院业务的特殊性，任何人为或自然因素所导致的应用或系统中断，都会给医院造成巨大的经济和名誉损失以及严重的法律后果，所以医院的业务运转和发展对 IT 系统的持续稳定运行提出了非常苛刻的要求。而智慧医疗系统根据数据的类型，自动将不同生命周期阶段的数据存放在最合适的存储设备上，按照集中、整合的方式统一构建医院信息系统需要的存储资源，可以保证患者数据在多个站点间的可访问性、可靠性和安全性。同时，智慧医疗系统还具有自动纠错功能，当意外发生时能够进行自我修复、自动重建。

> **思考**
>
> 1. 试述智慧医疗可能用到的技术。
> 2. 智慧医疗与传统医疗有什么联系和区别？
> 3. 你有过医疗更智能的体验吗？举例说明。

二、智慧健康生态圈

（一）智慧健康生态圈的定义

智慧健康生态圈是各类健康资源主体（医院、体检中心等）、信息协作主体、消费主体（病人）等生态主体之间，以及其与周围的环境包括政治、经济、社会、技术等外围环境之间相互作用、相互影响，形成的具有自我反馈调节功能的、开放的动态平衡系统。

智慧健康生态圈将现代信息技术应用到医疗健康领域中，促进医疗健康领域的信息互联、共享协作、诊断科学以及公共卫生预防等，实现患者、医务人员、医疗机构、医疗设备之间的互动，实现经济发展和国民健康有机统一的新兴产业生态圈建设，是一个把所有关于医疗体系和医疗服务的领域整合起来的生态系统。

（二）智慧健康生态圈的内涵与特征

1. 智慧健康生态圈的内涵

智慧健康生态圈实质是商业生态系统，是一个通过商业利益把相关主体聚集在一起的生态系统，不仅涉及患者、医务人员、医疗机构、医疗设备之间的互动，还包括医疗机构的投资商，医疗设备的材料供应商、生产商和销售商等，本质上还是一个以生产商品和提供服务为中心的群体及其环境。同时，现代信息技术的应用贯穿于系统各个元素的互动过程，起到了至关重要的作用，所以智慧健康生态圈也是一个关于医疗健康的信息生态圈。

2. 智慧健康生态圈的特征

智慧健康生态圈是一个与智慧健康相关的生态系统，有着一般生态系统的特征：完整性、动态性、开放性、多样性和协同性。

（1）完整性

智慧健康生态圈是一个包含众多不同种类、不同层次要素的完整整体，虽然同类主体中可以有不同的成员，但每类主体不可缺少；缺少某一类主体或某一种环境要素，价值链条、信息链条将可能断裂，进而影响整个系统的运行。

比如，医疗机构可以有各种医院，医疗设备生产商也可以生产各种不同的设备，但是如果设备的生产链、供应链或者销售链断裂，则整个系统的运行就会受到巨大的影响。

（2）动态性

智慧健康生态圈的各类主体和发展环境都是动态发展的，各个主体之间不断进行信息交换、相互影响，他们之间既有激烈的竞争，也相互协作，彼此依靠，通过反馈调整机制，最终实现整个系统的动态平衡。

正如前面提到的，智慧健康生态圈实质是商业生态系统，各商业主体、成员之间存在激烈的竞争、合作与依赖，有的成员在竞争中由强变弱，有的成员在竞争中从小做大，但整个系统是动态平衡的。

（3）开放性

智慧健康生态圈是一个开放的巨大的系统，系统通过接纳和更新主体成员，保证系统各种功能的实现。同时，组成这个生态系统的所有成员都应该持有一种更为开放、更为包容的心态，共同搭建一个大平台，并依托这一平台共同进化。

智慧健康生态圈的开放性和其动态性是一脉相承的。在整个生态圈保持动态平衡的过程中，允许新的商业主体和成员加入到生物圈中，新成员的加入往往与新技术的产生和应用有关，不仅让整个生态圈更加繁荣，还让更多的医护人员和患者从中受益。

（4）多样性

　　智慧健康生态圈的多样性，一方面是系统参与主体的多样性，整个生态系统不但有多类参与主体，而且每类参与主体中有多个成员；另一方面是产品与服务的多样性。而且，随着时间的推移，生态系统中参与主体和产品与服务的多样性会持续发展。

　　多样的参与主体和成员可以吸引更多产品和服务提供者加入整个智慧健康生态圈，多样的产品和服务也可以让更多医疗工作者和患者从中受益。

（5）协同性

　　智慧健康生态圈中的各个主体在相互作用中功能互补、共生共荣，形成良好的价值链条和环境体系，使价值循环、信息循环正常进行，推动整个生态系统演化，从而获得系统整体功能大于部分之和的效果。

　　信息技术的应用使得各主体之间的协同合作更加高效、便捷，不仅可以实现患者医疗信息的共享，简化医生问诊、患者就医的流程，还可以促进医生和有关研究人员的信息交流，推动医疗水平的发展和进步。

（三）智慧健康生态圈的要素构成

　　智慧健康生态圈可分为智慧健康生态主体和智慧健康生态环境两大部分。其中，智慧健康生态主体类似于自然生态系统中的生物群落，是智慧健康生态圈的核心组成，其中既有健康资源的提供者、智慧健康应用系统承建者、协作者、健康信息服务者、医疗消费者，也包括政府监管者。智慧健康生态环境类似于自然生态系统中的空气、水、阳光等无机环境，是影响智慧健康生态主体发挥作用的政治、经济、社会、技术等各类因素的集合。

　　智慧健康生态环境是指除智慧健康生态主体以外，直接或间接影响智慧健康建设和发展的各种要素的集合，包括社会、经济、技术、政治等环境。其中，社会环境是指智慧健康所处的社会人文环境、整个社会的人才结构、人才培养能力等，如社会对智慧健康的态度、公众网络习惯、医生对智能设备和软件使用熟练程度，社会对智慧健康从业者的态度和培养等。经济环境是指建设智慧健康所面对的当地经济发展阶段、发展水平，智慧产业发展基础，金融市场发达程度等，如人民的总体收入水平、高中低收入人员结构等。技术环境是指建设智慧健康所依靠的通信技术、网络技术、云计算技术、物联网技术等所处的水平和科研机构研发创新能力。政治环境是指各级政府部门对建设智慧健康的态度，政府部门的态度和积极性直接关系到智慧健康建设的成败。同时，政府部门在基础设施建设、资金保障、人才引进、产品采购等方面出台的政策法规是智慧健康持续顺利发展的重要保障。

智慧健康生态主体是指参与智慧健康应用系统开发、维护、管理和使用的组织和个人，可分为健康资源主体、信息协作主体、消费主体、政府监管主体四部分。

1. 健康资源主体

健康资源主体主要包括医院、病理中心、体检中心、检验中心、疾控中心、社会化健康管理中心、血站、医学院、药店、药品制造商、药品营销商等。它们是智慧健康生态系统中健康服务的主要提供者。它们之间既有纵向的联系，也有横向的联系。

2. 信息协作主体

信息协作主体主要包括智慧健康云服务平台、电信运营商、信息服务商、软件开发商、智慧健康方案解决商、运营维护商、终端医疗设备商、系统集成商等。信息协作主体是智慧健康生态系统的核心组成部分。它们通过医疗协作平台建设、专用软件开发、医疗信息传递加工、智能健康终端制造等为消费群体提供预约挂号、电子病历查询、传染病监测预防、远程医疗、健康预警、视频监护探视、家庭健康管理等产品和服务。

3. 消费主体

消费主体主要包括各类病人、体检人员等医疗服务对象，是智慧健康生态系统的消费群体。他们通过智慧健康协作平台、电信运营商、信息服务商，能够更加便捷、高效地从医院、体检中心等健康资源主体获得高质量的服务。同时，他们还会对信息服务商、家庭医疗智能终端设备商等提供的产品和服务进行选择，最终通过优胜劣汰的方式淘汰消费群体不喜欢的产品和服务。

4. 政府监管主体

政府监管主体主要是各级卫生、信息化管理部门。它们组织论证审批区域性智慧健康协作平台以及其他智慧健康项目设计方案、建设方案，并推动其建设，对智慧健康应用系统和相关生态主体进行监督和管理，保障应用系统正常运转，确保医院敏感信息和个人隐私安全。

(四) 智慧健康生态圈的生产链

1. 硬件设备生产链

硬件设备生产链为"芯片制造商—初级设备商—系统集成商—终端设备商"，通过硬件设备制造商以及软件开发商的协同配合，生产医院智能医疗设备、家庭智能医疗设备、信息化设备等产品，为健康资源主体、智慧健康云服务平台、用户提供硬件的支持。其中，医院智能医疗设备主要向各级医院、体检中心、检验中心、疾控中心等健康资源主体提供，供医生、检验员等医务人员对病人进行诊断、检测和治疗；家庭智能医疗设备主要向家庭或个人提供，供消费者进行智能检测、监测和医疗报警；信息化设备是开展智慧医疗的重要辅助工具，主要指向各类健康资源主体、智慧健康云服务平台提供的办公电脑、服务器、存储器等设备。

智能手环就是一种穿戴式智能设备。通过智能手环，用户可以记录日常生活中的锻炼、睡眠、饮食等的实时数据，并将这些数据与手机同步，起到通过数据指导健康生活的作用。

2. 软件协作主体生产链

软件协作主体主要包括方案解决商、软件开发商、信息服务商等，它们构成的生产链较为复杂，几乎涉及智慧健康的每一个环节。比如，方案解决商、软件开发商既服务于各类硬件设备商，为它们提供嵌入式软件，又服务于各类健康资源主体，为智慧医院建设提供解决方案和操作软件，同时还服务于智慧健康云服务平台，为区域医疗协同系统、数据共享、大数据开发提供解决方案和操作软件。但软件协作主体生产链的主链条是明确的，即"软件开发商（方案解决商）—健康资源主体（智慧健康云服务平台）—信息服务商—用户"，软件协作主体的活动基本上都围绕此链条展开。

智慧健康软件在人们日常生活中扮演了相当重要的角色：春雨医生可以帮助用户查询健康问题和提供在线健康咨询服务；Keep 等健康软件可以帮助用户合理安排饮食和锻炼，并提供健身课程……

3. 健康资源主体协作产业链

健康资源主体协作产业链种类较多，其大致可以分为两类。一类是医院、检验中心、病理中心、医学院等医疗机构之间的协作链条。医院与区域检验中心、病理中心、影像中心、医学院之间通过软件协作主体提供的信息化服务，进行医疗协作、远程教学等。另一类是社会化健康管理机构与医院、知名医生之间的协作链条。社会化健康管理机构借助医院、知名医生的力量，为其重点客户和网络会员提供健康咨询、诊断、治疗等服务，形成"医院（医生）—社会化健康管理机构—患者（会员）"的生态链条。

思考

1. 简述智慧健康生态系统的特点。
2. 试结合自身经历简述智慧健康生态圈为医疗行业带来的改变。
3. 如何理解智慧健康生态圈也是一个商业生态系统？

三、互联网时代的移动医疗

（一）概念定义

国际医疗卫生会员组织（HIMSS）对移动医疗做出的定义，就是通过使用移动通信技术——例如 PDA、移动电话和卫星通信——来提供医疗服务和信息。具体到

移动互联网领域，则以基于安卓和 iOS 等移动终端系统的医疗健康类 App 应用为主。

本书讨论的互联网时代的移动医疗主要包括以互联网为载体和技术手段的健康教育、医疗信息查询、电子健康档案、疾病风险评估、在线疾病咨询、开电子处方、远程会诊、远程治疗和康复等多种形式的健康服务。

（二）我国移动医疗产品分类

最狭义的移动医疗主要是指借助最新的传感器技术和移动互联网的效率，将优质的医疗服务通过互联网延伸，强调提供医疗服务，是医疗资源借助智能移动设备的一种辐射。一般来说，我们讨论的移动医疗涵盖医疗专业人士、医疗机构、医疗硬件和普通大众，不同的医疗产品根据服务对象提供相应的服务。目前，国内的移动医疗产品大致可以进行如下划分。

第一类：医生工具。管理对象通常包括患者病历、药品信息、临床指南、前沿的医学资讯等，能够给医生的日常工作带来帮助。

第二类：自诊问诊平台。此类平台包括患者自诊或预诊平台、医患沟通平台、患者互助平台、签约私人医生等，在日常生活中能够为普通人和患者获取医疗信息和诊疗带来便利。

第三类：硬件结合。用户通常需要购买专用的硬件，测量生理信息后通过 App 自动记录，目前记录对象主要有血压、血糖、心率、体温、尿液信息等指标。除此之外，还有一些移动监护仪和远程胎儿监护设备等，也能够通过 App 将信息及时发送给患者及其家人，此类产品一般是医疗器械公司在移动医疗领域的尝试成果，或者可穿戴硬件公司针对特定用户需求的开发成果。

第四类：医药电商平台。此类平台提供完善的药品信息、药品使用说明、病症查询服务，并且能够基于用户的地理位置推荐药品购买服务。此类平台也包括目前国内最大的几家电商平台。

第五类：医疗新媒体。这类媒体除了针对医疗机构和企业服务之外，还可以通过传递医疗资讯，进行患者健康教育（patient education，PE），同时可以连接医生、制药企业和患者，并建立社区，为患者服务，采用移动互联网的微博、微信等通用平台架构，所以从广义上来说，也属于移动医疗的范畴。

（三）移动医疗的商业模式

无论从哪个方向深入探寻商业模式，由于医生资源仍旧牢牢束缚在公立医院的高墙之内，因此移动医疗真正核心的问题是如何撬动这块资源。现在的消费型移动医疗设备大多集中于对某些简单数据的监测与记录，缺乏对数据的深度挖掘，互动性较差。更为重要的是，目前市面上的多数移动医疗企业均未解决一个最为核心的问题：不论是慢性病的管理还是为客户提供远程医疗，所有数据的最终接收端均为医生。虽然有些经过训练的 AI 能够回答用户的部分问题，但是其准确性很难满足市场要求，只能作为建议。

1. 医疗健康平台

（1）阿里健康

阿里健康是阿里巴巴集团"Double H"战略（Health and Happiness，健康与快乐）在大健康领域的旗舰平台，是阿里巴巴集团投资控股的公司之一。凭借阿里巴巴集团在电子商务、互联网金融、物流、大数据和云计算等领域的优势，阿里健康以用户为核心，全渠道推进医药电商及新零售业务，并为大健康行业提供线上线下一体化的全面解决方案，以期对现有社会医药健康资源实现跨区域的共享配置，同时在保证专业安全的基础上，大幅提升患者就医购药的便捷性，满足消费者对健康生活方式的追求。

目前，阿里健康开展的业务主要集中在医药电商及新零售、互联网医疗、消费医疗、智慧医疗等领域。天猫在线医药业务和云医院业务的融合，将打造一个一站式的线上购药体系。此外，阿里健康还提供预约挂号、复诊开方、健康百科等服务。

（2）京东健康

京东健康是京东集团旗下专注于医疗健康业务的医疗健康平台，是一家以供应链为核心、医疗服务为抓手、数字驱动的用户全生命周期全场景的健康管理企业。目前，京东健康已经实现全面、完整的"互联网＋医疗健康"布局，产品及服务覆盖医药健康实物全产业链、医疗全流程、健康全场景、用户全生命周期。

京东健康的业务范围涉及医药健康供应链、医疗健康服务、数智医疗健康等领域，同时还与产业链上中下游各环节的企业进行合作，以打造更加完整的大健康生态体系。

在医药健康供应链板块，京东健康现拥有药品、医疗器械以及泛健康类商品的零售及批发业务，覆盖线上线下全渠道。

医疗健康服务板块主要围绕患者需求，开展在线挂号、医生在线问诊等医疗服务，并结合医药供应链优势，打造"医＋药"全流程服务。医疗健康服务板块为用户提供针对家庭日常健康管理场景的"京东家医"服务产品，以及包括体检、医美、齿科、基因检测、疫苗预约等在内的消费医疗服务等。

数智医疗健康板块则主要服务于社区、医疗机构和地方政府部门等各方合作伙伴，向其提供信息化、智慧化解决方案，促进医疗健康信息实现互通共享。

在上述业务板块中，京东健康已经成功打造京东大药房、京东家医、药京采、京东健康互联网医院、智慧医院等核心产品和子品牌。

2. 面向消费者的硬件销售

（1）Zeo 提供移动睡眠监测和睡眠指导

Zeo 是一个腕带和头贴，可以通过蓝牙和手机或一台床旁设备相连，记录晚上的睡眠周期，并给出质量评分。用户可以通过监测得分变化或和同年龄组的平均值相比较，对自己的睡眠有一个量化的了解。另外，对于睡眠不好的人，Zeo还提供个性化的睡眠指导，通过一些测试找到可能的问题。后续的收入还包括个性化推荐产品和药品的佣金。

（2）九安医疗——iHealth 系列产品

九安医疗推出能与 iPhone 连接的血压仪，在硅谷成立了子公司，其产品进入了苹果商店等渠道。iHealth 系列拥有血压计、血糖仪、体重脂肪秤、运动记录仪、血氧仪等多款家庭移动健康产品，同时还有心电仪等专业移动医疗设备。iHealth 健康腕表可以不经过手机 App 端，直接连接到微信服务号"iHealth 智能腕表"，用户可以在微信中查看、分享个人运动健康数据，打通智能硬件与微信社交关系的入口，硬件可以与用户以及用户的社交关系进行数据分享和交流，将数据信息同时转换成社交语言，并通过使用场景传播出去。

3. 自查问诊模式

自查问诊模式的一个典型是"好大夫在线"。好大夫在线收录全国 9 000 多家医院、82 万名医生，医生出停诊信息随时在线查询。23 万家公立医院医生注册、认证，开通自己的"网上问诊"，医生本人在线接诊，患者在家也能看专家号，线上开处方，线上药房出药品进行配送，让患者足不出户就能治疗寻常的小病。而且好大夫在线还提供预约转诊服务，为真正需要专家诊治的重症患者免费预约合适的专家。

好大夫在线的侧重点在于医生资源。好大夫在线拥有一个囊括 82 万名医生的庞大数据库，在专业性、信息不对称极为突出的医疗行业，好大夫在线所积累起来的这一资源极为稀缺和昂贵。

好大夫在线在同时拥有医生和患者两个群体的巨大流量的情况下，却拒绝了药企和民营医院的广告。它的最主要的收入渠道是电话咨询：按照专业的要求把患者的病情资料收集全，好大夫团队给出方案，包括选择合适的医生、协调双方的时间，最后接通双方的电话。

4. 其他模式

（1）杏树林

杏树林主要服务医生群体，帮助医生进行病例收集、获得医学文献和医学资料，向医生提供行医工具。产品主要有"病历夹""医口袋""医学文献"等。"病历夹"帮助医生在临床工作中用智能手机记录、管理和查找病历资料；"医口袋"是手机里的医学资料库，包括临床指南、药典、检验手册、医学量表、计算器等临床行医的常用工具；"医学文献"是手机里的医学杂志，汇总国内外医学期刊。

（2）丁香园

丁香园是医疗领域的连接者，是一个面向医生、医疗机构、医药从业者以及生命科学领域的专业性社会化网络，自成立以来，服务上亿大众用户，并拥有550万专业用户。在大众端，丁香园覆盖了优质健康科普、大众知识服务、在线问诊平台、健康产品电商及线下诊疗等多个健康应用场景；在医生专业端，丁香园紧紧围绕医生的职业成长路径展开，满足学术交流、继续教育、用药指导、职业发展等多种专业需求。

（四）移动医疗创业团队面临的挑战

1. 监管风险

医疗一直是国家重点监管行业，进入医疗领域尤其是新兴的移动医疗领域的政策风险和监管风险较大。而很多移动医疗的应用是让患者自己诊断疾病，这存在相当大的风险，一旦误诊后果极为严重，因此，国家势必会加大对移动医疗的管理力度。在政策和监管尚未完善阶段，确定医生和机构是否具有资质是个大问题，网站、App是否有行医资格需要相关部门核实。另外，对于虚拟世界中的医疗责任如何鉴定更是难题。

而被监管将会是一把双刃剑——对于这个行业的益处显而易见，会提高行业准入门槛，使得不具备医学专业性的团队被踢出这个队伍，规范行业；而负面也是大家能够推测到的，监管通常都是极为严苛的，对于这一行业的终极监管手段就是牌照，一旦要求牌照准入，那么这个行业的准入门槛将极高，牌照的获得也将是一个漫长而艰难的利益博弈过程。

2. 现有的模式不能解决医疗的根本问题

目前的移动医疗给医院带来的影响和改变主要集中在挂号和支付流程的改善上，这些影响和改变的确能够帮助病人缩减诊疗中的很多时间和烦琐的流程，但这些影响和改变并没有解决医疗中的根本问题，因为患者在缩减了挂号和付款的时间和流程以后，却无法马上见到医生开始诊疗，患者还是要等医生——以前是排队在等，现在是在外面坐着玩着手机等。

要解决这个问题，一是要抓住医生的实际需求。对于不同的医生，应该满足其不同的需求。譬如医生在移动医疗平台上回答患者一个问题获得25元或50元的报酬，这样的回报对于一些专家而言是缺乏吸引力的，因此这样的方式不足以满足所有医生的真实需求，也无法真正提升医生愿意使用移动互联网的动力。二是提高人工智能在处理解决日常小病中的准确度。在现实的应用场景中，医生被询问的大多是相对常见的问题，而相对常见的问题往往都是相对简单的，如果人工智能能够应用于处理这类问题，将会解放出很多医生资源，从而提高诊疗效率。

▓▓▓思考▶

1. 结合自身经历谈谈移动医疗对日常生活的影响。
2. 如何看待互联网时代移动医疗的发展？

四、智慧养老面临的挑战与发展机遇

(一) 智慧养老的背景与定义

人口老龄化与信息化是现代社会发展的两大重要趋势，也是我国社会发展面临的巨大挑战。日益增加的养老服务需求对当下社会养老服务发展的不平衡、不充分提出挑战。运用信息化的智慧手段进行为老服务，将智慧养老嵌入老龄社会发展服务中，既是积极应对人口老龄化的客观需要，也是老龄社会发展的潮流和推动社会变革的力量。

智慧养老的前身即"智能居家养老"（smart home care），最早由英国生命信托基金会提出，当时称为"全智能化老年系统"，其核心在于应用先进的管理和信息技术，将老年人与政府、社区、医疗机构、医护人员等紧密联系起来。

智慧养老是对智能养老概念的继承与发展，由左美云教授的研究团队于 2011 年提出。其定义为：利用信息技术等现代科技（如互联网、社交网、物联网、移动计算、大数据、云计算、人工智能、区块链等），围绕老年人的生活起居、安全保障、医疗卫生、保健康复、娱乐休闲、学习分享等各方面支持老年人的生活服务和管理，对涉老信息自动监测、预警甚至主动处置，实现这些技术与老年人的友好、自主式、个性化智能交互，一方面提升老年人的生活质量，另一方面利用好老年人的经验和智慧，使智慧科技和智慧老人相得益彰，目的是使老年人过得更幸福、过得更有尊严、过得更有价值。

(二) 智慧养老面临的挑战

1. 智慧养老人才匮乏

优质养老医护人员的短缺是家庭、社区、机构都必须面对的现实。据调查，我国空巢老人多于 1 亿，独居和高龄老人分别在 2 000 万以上，其中失能、半失能老人为 4 063 万（18.3%），按老人护工比 1∶4 计，对应的护工缺口高达千万，已与养老需求产生严重脱节。

要培养更多的养老护理人员，首先要做到的是提高该行业的收入。据报道，普通养老护理人员的平均工资在 3 000～4 000 元，而受过培训的月嫂的平均工资为 8 000～13 000 元；加之养老护理工作苦、累、脏，缺乏保障，社会地位较低，极大地制约了养老人才发展。为了解决人员问题，有的养老企业采取的方式是与政府签订养老护理人员的扶贫战略合作协议，有的则是校企对接定向输送养老人才、给予补贴等。

未来，要补足缺乏的养老人员，一方面是靠护理人才补贴制度的完善，另一方面是靠养老服务的市场化对服务价格形成自然调节，失能照料之类的刚需服务将逐渐涨价。

2. 智慧养老的费用问题

一方面，在我国人口老龄化的同时，独生子女在赡养老人的人口中占很大比例，这部分人在养老支出上面临的压力很大。同时，老人未富先老，支付能力和意愿受限。在互联网医疗兴起前的那一批 65 岁以上的老人消费观念比较保守；即使老人潜在需求庞大，也因为消费观念和实际支付能力有限，养老服务实际消费需求不足。另一方面，医养服务报销问题直接影响了医养结合。一些医养结合机构已经接入了医保系统，但是只报"医"不报"养"，医疗费用比康复护理服务费用更低，压床位养老节省费用的问题可能还是难以解决。

3. 智慧医养的技术问题

老年人由于身体、智力和观念等原因，对于各种智能硬件、软件设备的使用都存在一定的困难，很多年轻人很容易上手的软硬件都需要进行适老化改造。而如何更好地进行适老化改造和如何更快地推广适老化改造都存在问题。

养老服务的网络基础设施的构建也是一大难点。不仅需要建设医养结合所必需的信息化设备，还需要在信息化的过程中注重老年人的隐私保护。

4. 可持续、可推广的商业模式尚未建立

国内试点智慧养老服务目前多采用企业运营、政府买单的运营模式，基础养老服务和智慧健康终端产品由财政以购买服务的方式免费发放给用户，这造成智慧养老服务商盈利模式的不可持续性。

现有模式下，养老服务商的积极性不高。民政的"政府采购服务＋监管"模式率先构建分层分类的养老服务标准体系，政府的出发点是维持当地老年人的基本需求得到保障，较难为高端养老服务买单，因此利润空间较小；非政府托底的部分，老年人不愿意掏钱；智慧养老设备需要投入大量的资金成本勇于实验与研发，投入成本回收周期漫长，经营收入起伏波动大。这些都会劝退一些实力不够的服务提供商。

（三）智慧养老面临的发展机遇

1. 政策支持

随着人口老龄化的加剧，国家越来越重视养老产业的发展，发布了一系列政策扶持，逐步完善老龄人口相关社会保障制度，全面放开养老服务市场发展，大力繁荣老龄消费市场，积极促进发展居家社区、医养结合等养老模式。

2015 年，国务院印发《关于积极推进"互联网＋"行动的指导意见》，明确提出了"促进智慧健康养老产业发展"的目标任务。2017 年发布的《智慧健康养老产业发展行动计划（2017—2020 年）》提出，要加快智慧健康养老产业发展，到 2020 年，基本形成覆盖全生命周期的智慧健康养老产业体系，建立 100 个以上智慧健康养老应用示范基地，培育 100 家以上具有示范引领作用的行业领军企业，打造一批智慧健康养老服务品牌。这些利好政策与信息意味着智慧养老已经开始上升到国家战略层面。

2019 年 4 月发布的《国务院办公厅关于推进养老服务发展的意见》，提出实施"互联网＋养老行动"：持续推动智慧健康养老产业发展，拓展信息技术在养老领域

的应用；制定智慧健康养老产品及服务推广目录，开展智慧健康养老应用试点示范；促进人工智能、物联网、云计算、大数据等新一代信息技术和智能硬件等产品在养老服务领域深度应用；在全国建设一批"智慧养老院"，推广物联网和远程智能安防监控技术，实现 24 小时安全自动值守，降低老年人意外风险，改善服务体验；运用互联网和生物识别技术，探索建立老年人补贴远程申报审核机制；加快建设国家养老服务管理信息系统，推进与户籍、医疗、社会保险、社会救助等信息资源对接。

目前，已经有很多省市开展了智慧养老试点，提出了智慧养老应用场景需求和建成智慧养老产业体系的目标。有政策支持的智慧养老必然前景广阔。

2. 科技支撑

2019 年 11 月，中共中央、国务院印发《国家积极应对人口老龄化中长期规划》，明确提出把技术创新作为积极应对人口老龄化的第一动力和战略支撑，加快老年相关产品和服务的科技研发。专家认为，规划对于加快发展智慧健康养老产业做出了安排，有助于创新开发智慧产品和服务，加大老年健康科技支撑力度，加强老年辅助技术研发和应用，推动智慧健康养老服务的发展。

近年来，数字化、智能化为民生保障插上新翅膀，也让养老心态更积极、养老方案更为多元。在此背景下，相关机构和企业积极拥抱新技术，为市场提供品类更多、品质更好、品牌更优的养老产品。

随着我国深度参与新一轮科技革命和产业变革，科技创新为应对人口老龄化提供了强大支撑。智慧健康养老是现代科技与传统产业的创新融合，拥有十分广阔的发展前景。

■■■思考▶

1. 智慧养老还存在哪些挑战？
2. 结合自身经历谈谈智慧养老对周围老人生活的影响。
3. 智慧养老是解决我国养老问题的唯一方案吗？

第十章
数字化转型产业新业态

腾讯会议：随时随地办公

　　腾讯会议是由腾讯云发布的一款云视频会议软件，于 2019 年 12 月底上线。在 2020 年，其受新冠疫情影响实现爆发式增长，上线仅 245 天即突破 1 亿用户量，成为国内最先突破 1 亿用户量的视频会议产品。腾讯会议在短时间内不断对功能进行更迭，为用户提供 300 人在线会议、全平台一键接入、音视频智能降噪、美颜、背景虚化、锁定会议、屏幕水印等功能，并提供实时共享屏幕，支持在线文档协作，满足用户日益增长的云上办公需求。腾讯会议打破了硬件会议系统之间的壁垒，大大提升会议效率，展现出超强的市场渗透能力和商业变现能力。北京大学互联网发展研究中心发布的《在线会议社会价值与未来发展报告》显示，2020 年 1—5 月期间，腾讯会议直接节约社会成本 714 亿元；2020 年，共有 3 亿场云会议在腾讯会议上进行，云面试、云培训、云签约等随之成为新趋势。

　　当今时代，全球化的趋势让随时随地的连接、沟通成为人们生活、工作的必需，会议作为一种高成本沟通协作场景，其受形式和工具的影响十分显著。在此大背景下，传统会议方式存在时空限制、缺乏直观性等局限，给企业运营成本、运作效率等带来无形压力。腾讯会议等音视频在线协作平台的推广则有效地提升了企业等机构的内外部沟通效率与可持续竞争力。

　　以腾讯云及其合作伙伴遍布全球各个主要国家的接入点、骨干网和专线为基础，腾讯会议构建了一个高质量、低延时、大容量的传输网络，为用户提供了高跨度、高保障的数据传输服务，并基于 AI 算法、大数据分析、TSE 编码及多种声学场景识别等多种技术为用户保障了音视频通话质量与高效协作功能。腾讯会议用户可直接通过手机、电脑、小程序、企业微信等入口实现打开即用，真正做到一键参会、随时随地办公。

自 2020 年 1 月 24 日起，腾讯会议面向用户免费开放 300 人的会议协同能力，直至疫情结束；而腾讯会议企业版最高可支持 2 000 人同时在线，并实现企业通讯录对接，提供专属会议邀约模式，具备互动批注、同声传译、自定义会议布局、场外会管会控助手及可视化会议控制台等功能，方便企业实时掌握会议数量、时长等情况；与此同时，腾讯会议还在疫情期间紧急研发并上线了国际版应用，助力全球抗疫，实现跨国、跨地区的全球性协作办公。

小思考

1. 据你所知，腾讯会议在生活中有哪些应用场景？
2. 除了腾讯会议，还有哪些远程会议平台？它们各有什么特点？
3. 举例说明远程会议平台有哪些应用场景？其能带来何种价值？
4. 腾讯会议等平台的发展需应用何种技术？这些技术还能支撑哪些行业的发展？这些行业的发展未来将为世界以及人们的生活带来哪些可能性？

一、远程会议

（一）远程会议的定义

广义来说，远程会议（teleconference）是利用现代化的通信手段，实现跨空间召开会议的工具。狭义来看，目前人们理解的远程会议多指以云计算为核心的云视频会议，其间由服务提供商来建设云计算中心，企业则以租用服务的形式实现在会议室或个人电脑、移动设备上参与多方视频沟通，而无须购置多点会议控制器，亦无须大规模改造网络或专门配备 IT 人员。本章所提及的远程会议均指狭义上的云视频会议。

（二）远程会议的发展历程

远程会议系统的起源可追溯到工业革命时期，当时的人们将话筒一字排开，并接入电声设备来向不在场的参会者传递声音信息，这种方式虽声音质量、会议效果仍不够理想，却是远程会议发展的开端。此后，远程会议的发展经历了四个阶段：拨号群组远程会议系统、ISDN 桌面远程会议系统、LAN 上的远程会议系统和多媒体远程会议系统。随着互联网的发展，远程会议由最初的"点对点"模式向"点对多点"及"多点对多点"发展，而多点交互式远程会议也是目前远程会议系统的应用主流，即会议由多方用户参与，同时拥有视频、音频、图示和数据一体化的解决方案，具有较强的实时性与交互性。随着近年来人工智能、云计算的发展，云视频会议已在环境的驱使下普及大众，并在超宽带语音、连续丢包补偿等技术的加持下不断优化，提供更为人性化的服务。

（三）远程会议的发展态势

1. 远程会议平台的发展现状

在缺乏面对面沟通条件的情况下，远程会议能够为团队成员之间的联系与协作搭建桥梁。诸多音视频会议工具在技术更迭的支撑下，被特殊背景及市场需求催生并迅速发展，在特殊时期发挥了自己的关键作用。

在疫情大背景下，市场对于视频会议软件的要求已从单纯的开会工具变为提供更为便捷、丰富功能的协作平台，如会议室预约、交互协作、成员管理等。目前，市场上广泛应用的远程会议工具大致分为两类：一类是如 Zoom、小鱼易连等专门的视频会议工具；另一类则是大平台旗下的综合办公应用工具，如阿里的钉钉、腾讯旗下的腾讯会议、字节跳动的飞书以及华为的 WeLink 等。下面以阿里钉钉、腾讯会议为例进行阐述。

案例▶　　　　　　　　　　　　　　钉钉视频会议

钉钉的音视频会议功能从 2017 年开始陆续上线，主打语音电话、视频会议等功能。钉钉提供 1 080p 高清会议视频，最高支持 302 人同时在线，且疫情期间为所有用户提供免费不限时使用的权限。钉钉的视频会议基于钉钉企业组织的在线能力，为其提供"电脑＋手机"全视角，"网络＋电话"呼入、"单人＋多人"全融合，"多终端＋多平台"全终端服务，并立足于会议前中后的日程、会议、群聊、文档打通全流程数字化沉淀服务。值得一提的是，背靠组织日常化的管理，钉钉能够较方便地实现会议考勤等功能。

事实上，在各大视频会议平台疯狂攻城略地期间，钉钉虽陆续对产品进行研发更新，如钉闪会和历经 20 余次更新的钉钉文档等，却始终未能在与后来者腾讯会议的竞争中取得优势，相对腾讯会议而言发展趋势较慢。但钉钉仍在音视频会议领域加强布局。2021 年 11 月 15 日，其宣布于近日成立音视频事业部，下设钉钉蜂鸣鸟音频实验室，聚焦音频技术及算法创新的研究，探索新一代音视频会议形态与钉钉的结合之路。此外，秉持开放合作战略，音视频事业部还将音视频能力向软硬件合作伙伴开放。

小思考▶

钉钉视频会议为什么较腾讯会议发展更慢？如何看待其未来发展趋势？

案例▶　　　　　　　　　　　　　　腾讯会议

腾讯会议发行于 2019 年 12 月，在国内音视频会议平台市场上可谓后来者居上。作为腾讯历史上发展最快的软件，腾讯云在疫情期间市场的驱动下，基于自身技术资源的积累，以及成熟的组织结构支撑，在服务器资源、带宽需求方面只用一半的时间即交付以往两倍的资源。

音视频会议软件除技术更迭支撑的稳定流畅性外，还需为用户提供到位的交互功能与管理功能，这便需要针对用户需求进行全面考量。腾讯会议所属的科技巨头腾讯由于深耕于国内社交平台，对于国民习性把握较为到位，在交互、会议管理等方面均具有较细致的设计，如联席主持人的设置、参会者对音视频开闭的自主控制权、录频后的自动转录功能等，部分功能也在某种程度上暗合了国民的传统与偏好。

腾讯会议在客户端方面，相对其他平台而言更加重视C端用户，Zoom、钉钉等更加侧重B端的设计。腾讯会议的免费版使用门槛相对极低，可普遍用于国民日常各类会议。而B端应用，腾讯会议也通过设置专业版、企业版以满足不同规模组织的需求。

相对于其他云视频平台而言，腾讯会议没有一体化的群组供与会成员取得相互联系，在讨论的持续性及关系链的维护方面难以实现，且会议开展通知需通过腾讯旗下其他产品如微信、QQ等进行发布。但较为方便的一点在于，腾讯会议也可通过小程序直接入会，无须下载插件或客户端，由此便可链接腾讯在社交平台构建的关系网资源，这也是腾讯会议在国内市场较大的竞争力所在。

小思考

如何看待腾讯会议的功能布局及其在市场中的竞争力？

2. 远程会议的发展趋势

目前，云视频会议的具体应用场景主要在于办公写作、远程培训、在线教育等。而随着科技的发展，5G时代的到来为云视频会议平台的发展提供了更多的技术支持，云视频的应用也将转向更丰富的场景，如智慧医疗、智慧党建、智慧金融、智慧执法等。另外，随着新智能硬件、人工智能以及新一代音视频编解码技术如AAC标准、H.265标准的发展，云视频会议平台也能以更低的运营成本为客户提供更流畅的应用体验。

业内人士认为，视频会议行业的发展将呈现三大趋势：

第一，视频会议的开展将会融合更多新技术的运用。

第二，视频会议将进一步降低应用门槛，拥有更广、更深的用户面，下沉到更低层级的机构与部门。

第三，视频会议的应用领域也将进一步扩展，拓展更多领域业务，为更多行业赋能。

(四) 远程会议的优缺点

1. 优点

在特殊的背景下，远程会议以其稳定、生动且日趋丰富的会议功能逐渐在人们的生活中走向常态化，有效提高了人们工作、生活以及社会运转的效率，并增强了人类抵御不可预测事件的能力。

（1）对于日常无须面对面的信息沟通、决策制定等需求，远程会议的常态化能够有效降低参与者与会的时间、财物等成本，有助于政府、企业、学校等会议单位压缩运营成本、提升沟通效率；而对于个人或机构紧急的会议需要，远程会议亦能克服时空限制，满足其信息传递等需求。

（2）针对特殊社会背景如新冠疫情等重大突发公共卫生事件或其他重大社会事件，远程会议能够有效减少人员聚集，并在一定程度上保障人们工作、学习项目的正常运转，增强人类社会抵御突发事件的韧性。

（3）远程会议软件的优点还在于其精细化分层，使其适用范围广而功能定位精准。以腾讯会议为例，腾讯会议 App 分为免费版、专业版、企业版，分别面向个人用户、中小型企业用户以及大型企业用户，各个版本的功能根据具体面向用户逐层递增，针对面向用户特征做到精准匹配，从而为各类人群、机构日常的会议需求提供精准到位的服务，针对性提升会议效率及与会体验。

2. 缺点

虽然远程会议为人们的工作、生活带来诸多便利与效率提升，但其许多功能特性的应用效果仍与面对面的线下会议存在一定的差距，甚至其本身所具有的特性也会给会议效果带来其他的负面影响。

（1）首先，远程会议的质量极度依赖于网络情况及会议平台的稳定性。如平台功能设置不完善或参会成员遇到网络不佳的状况，很可能由于掉线等原因阻碍会议进展或导致信息缺失，存在较强的不稳定性。

（2）由于远程会议的参会者对己方摄像头及麦克风拥有较大的自主控制权，会议成员可能发生多任务处理行为，或产生走神行为。如由斯坦福大学、亚马逊公司等机构在 2020 年联合开展的一项针对微软员工的实验研究指出，远程会议中的多任务处理现象较之线下会议更为频繁。实验表明，约 30% 的远程会议中，员工会去处理电子邮件；约 25% 的远程会议中，员工会在开会的同时编辑文档，甚至有参与者在远程会议期间吃饭、锻炼、喂狗、做家务。可见远程会议中确实普遍存在多任务处理现象，而这无疑将给会议开展效果造成不可忽略的影响。

思考

1. 试述远程会议产生和发展的原因。
2. 远程会议与视频会议有什么联系和区别？
3. 远程会议给你的生活带来了哪些影响？这些影响是以何种形式发生的？

二、在线教育与学习

（一）在线教育学习的定义

在线教育学习（E-Learning）指运用现代互联网技术，跨时空展开教与学互动，并对教育的实施过程发挥引导作用和进行改造。在线教育学习平台即以提供此类服务为运营目的的平台。

对于在线教育的概念，应以发展的眼光视之，即随着技术水平的进步，其内涵将不断丰富，而其基本元素可参考 2019 年由教育部、中央网信办、国家发展改革委等十一部门联合印发的《教育部等十一部门关于促进在线教育健康发展的指导意见》，其对在线教育的要点进行明确界定：一是运用互联网、人工智能等现代信息技术；二是在线教育的表现形式是教学互动；三是在线教育的价值在于构建"人人皆学、处处能学、时时可学"的学习型社会。

（二）在线教育学习平台的发展历程

1. "资源"中心发展阶段

20 世纪 80 年代，计算机开始被运用于教学领域，这一阶段在线教育的特征是由教方单向制作并提供课程课件等学习资源供学生使用，这些教育资源有效地充实了传统教材以外的学习资源。在这一阶段，人们逐渐开始使用课件教学，这也使得计算机开始承担教学辅助的使命。

2. "学生"中心发展阶段

到 20 世纪末，科技带动经济发展，人们的教学理念也发生了改变。这一阶段在线教育的重点从教学资源转移到了受教育者身上，人们认识到在线教育的价值实现需要更多地注重教学过程的建设与学习过程的管理，而非仅仅关注教学资源。基于此，部分高校开始开发学习管理平台（learning management system，LMS），以支持小范围领域如班级、专业内教师与学生、学生与学生之间的高效交流。

3. 大规模在线开放课程阶段

随着课程教学、学习管理理论的发展以及互联网技术的进步，在线教育于 2012 年进入大规模在线开放课程的时代。这一阶段基于行为主义的慕课（massive open online course，MOOC）被推出：吴恩达和达芙妮·科勒（Daphne Koller）在 2012 年 7 月创办了 Coursera 公司，联合斯坦福等世界顶尖大学在线提供优质的网络公开课程，此后 Udacity、非营利性组织 edX 相继创办。美国三大慕课平台的创办发展，使得 2012 年被称为"慕课元年"。此后，其他国家如英国、澳大利亚等也开始推出慕课平台。我国的慕课平台同样呈现多元化的发展态势，如承载国家精品开放课程建设的中国大学 MOOC、注重职业技能培训的"网易云课堂"等。

4. 智慧课堂阶段

随着慕课的广泛应用与深入研究，在线教育在 2013 年再次取得突破，此次突破的来源同样是在慕课的发源地——美国。以小规模限制性在线课程（small private online course，SPOC）的出现为标志，这一阶段的在线教育与学习向翻转课堂、协作学习转变。平台通过在校生的身份认证与授权连接校内系统，实现课程的线上线下共建，并能有效打通学校的学分认证。这种教学形式通过技术实现资源跨时空的调配，基于对学生综合能力的培养、教学效果的提升以及教师教学能力的提高等多维度的考量，实现教学方式的重构，打破传统课程形式上的限制，为师生提供更为丰富的教学体验。

5. 内容重心转移阶段

"双减"政策背景下，教育部多次发文要求减轻义务教育阶段学生过重的作业负担和校外培训负担，规范义务教育课外培训体系，缓解教育焦虑。2021 年 7 月，中共中央办公厅、国务院办公厅印发《关于进一步减轻义务教育阶段学生作业负担和校外培训负担的意见》，点名"拍照搜题"等平台功能，明确线上教育平台规范问题，并要求教育部门主导建立免费线上学习服务体系，这无疑极大地打击了 K12 在线教育市场。在此情况下，教育将回归学校，而校外培训亦将不再独立于国家教育体系，各大在线教育平台也将把资源更多地应用于素质教育、职业培训以及线上线下结合教学等领域（见图 10 - 1）。

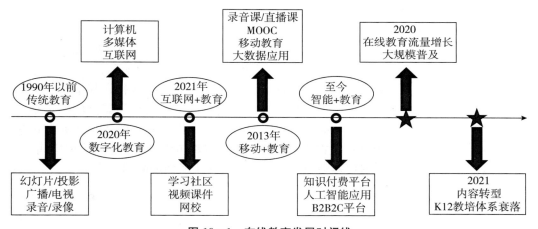

图 10 - 1 在线教育发展时间线

教育部在 2022 年 4 月 28 日的新闻发布会中提到的国家中小学智慧教育平台移动端"智慧中小学"App，能够为学生提供专题教育、课程教学、课后服务、教师研修、家庭教育、教改实践经验六个方面的资源，并且有效促进老师开展有组织的教育教学活动，助力家校协同工作。发布会中还提到，国家智慧教育公共服务平台上新了抗击疫情、心理健康、冬奥精神三大板块，这深刻体现了对于学生身心健康和全面发展的关注。

（三）在线教育学习平台的现状

1. 在线教育学习的发展与问题

截至 2020 年 6 月，我国在线教育用户规模达 38 060 万人，为 2015 年的 2.5 倍，而其中占主要比例的是移动端在线教育用户，规模达 37 668 万人，体量较 2015 年增长超过 7 倍。2020 年，受新冠疫情影响，我国乃至全球都开展了一场教育信息化实验，在线教育市场较 2019 年多出 7 点多个百分点，而教育线上化的比例亦从以往的 13%～15%提升至23%～25%。在国家政策及市场需求的推动下，在线教育迎来飞速发展，在线教育市场呈井喷式增长。

然而，由于缺乏经验，且受限于极短的发展时间，从传统教育模式到"互联网＋"教育的转型仍面临着较大的考验，尚需一定的时间、经验打磨。以下是存在的几个较为突出的问题。

（1）无形资产产权保障问题

在线教育模式下，大量资本被投入网络在线资源的研发中，以直、录播授课和知识题库等形式呈现给受教育者，而这些研发成品的知识产权均属于研发企业或组织所有。由于网络资源的公开性，此类资源极易被不法商家传播、盗用牟利，如在网络平台上转售套利等，这不仅会损害资源所有者及平台的权益，更会扰乱在线教育市场的秩序。因此，需要出台更加完善的法律法规，在对此类无形资产进行完善登记的同时，也应加大巡查及处罚力度，以规范在线教育市场秩序。

（2）教学效果问题

疫情背景下，在线课堂直播成为许多高校教学的首选形式，在愈加普及的应用过程中，其存在一些系统性问题，如学生注意力难以集中、依赖网络条件等。在如今的后疫情时代，学生返校后，许多课程以线上线下相结合的形式进行，其中与线下同步进行的云直播课堂同样存在此类问题，即因疫情等因素参与直播课堂的学生难以融入线下课堂的氛围，常常处于隔离在外的被动状态，而翻转课堂等形式亦存在学生参与度无法保障等问题，因此在线教育的应用仍有许多值得反思和提升的空间。

（3）平台发展参差不齐

新冠疫情背景下，在线教育领域的规则体系仍不完善，且巨大的盈利空间又使其发展受到大量资本追捧，使得其市场准入门槛下降。直至今日，在线教育市场仍良莠不齐，其中部分平台课程质量、师资水平均无法得到保证。与此同时，部分在线教育平台存在不规范营业行为，凭借营销投入推广天价课程，缴费前后态度逆转，等等，这将极大地损害消费者的利益，扰乱在线教育市场的秩序。

2. 现有在线教育平台的模式案例

目前，在线教育学习模式根据教学形式可大致分为两大类：线上为主的模式及线上线下相结合的教育模式，其中第二种模式主要表现为线上辅助线下。侧重第一种模式的平台主要包括网易云课堂、腾讯课堂、可汗学院等；侧重第二种模式的平台主要包括中国大学 MOOC、超星学习通、好大学在线等。下面以两种模式代表平台的案例对其进行一定的阐述。

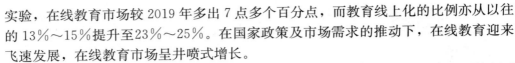

案例 ▶ 　　　　**线上课程教学——网易云课堂**

网易云课堂于 2012 年 12 月底正式上线。平台立足实用性，主要为客户提供实用知识与技能类内容，涵盖实用软件、IT与互联网、外语学习、兴趣爱好、职场技能等十余个门类，因此其主要服务对象为成人。网易云课堂作为机构/老师、用户之间的中介平台，将前者提供的教学资源链接给后者。其中值得一提的是其"系统化"特色。网易云课堂不仅会提供单一的课程供用户学习，还会将机构提供的教学资源进行分类整合，打造特定主题下的系列课程呈现给用户，为其特定学习需求提供系统性的一站式服务。同时，网易云课堂还推出了企业版，运用大数据、云计算等方式真正实现精准培训，通过学员建档、考试测评、学习地图等板块实现稳健的日常管理，并定期反馈员工学习效果、平台运营效果等数据；而且其运营专家团队将依据企业发展阶段的特点及培训需求等指标，为不同企业定制主题讲座、平台游戏化运营、微课大赛等个性化服务项目。

小思考

如何看待网易云课堂为其受众带来的影响？

案例 ▶ **线上线下相结合教学——中国大学 MOOC**

中国大学 MOOC（慕课）平台是教育部启动实施的高等教育课程资源共享平台项目，由网易与高教社"爱课程网"在 2014 年合作推出。高教社一直积极促进中国教育资源的公平化发展，其与互联网公司合作形成"公益＋商业"的发展模式，主要为高校师生和社会学习者提供优质教育资源共享和个性化教学服务，被称为"没有围墙的大学"。MOOC 平台的特色主要在于其较强的互动性，而这也成为许多高校打造线上线下融合课程的切入点，实行"MOOC＋SPOC""MOOC＋SPOC＋翻转课堂"等形式的融合教学，具体包括同步 SPOC、异步 SPOC、独立 SPOC 等。高校可通过对学生进行身份认证、统一管理，从而对 MOOC 中大量开放的学习资源进行高效利用。同时，由于依托国家大平台，其课程种类亦较为丰富，涵盖专业课程、英语学习、职业技能、个人提升等多方面，能够有效平衡教育资源。总体而言，中国大学 MOOC 平台的资源具有较高的可信度与知识密度，且提供了较好的教学管理方案，在高等学校线上线下融合教学领域具有较大的发展潜力。

小思考

如何看待中国大学 MOOC 线上线下相结合的教学模式与纯在线教育模式的关系？

（四）在线教育学习的发展态势

1. 宏观层面

首先，在线教育将逐步走向战略化。在线教育由于打破时空限制，不仅能够推动传统学习方式的改革，还能够实现教育资源的优化配置，有效促进教育公平；面对如新冠疫情等社会突发性公共卫生事件，也能够通过网络授课、网络互动、云共享资源等方式，实现停课不停学，凸显韧性优势，逐步上升到国家战略高度。

其次，在线教育呈现多样化。在线教育行业经过多年的发展，在职业教育、语言培训、通用技能培训等多个方面均有涉及。而且随着市场化的发展，在线教育平台自身在更新过程中进行业务拓展，或对其他平台进行兼并、收购，大多从初始的专一化领域经营转向多领域聚合发展。国内的在线教育行业通过不断地分类整合，已形成多层次、多种类的经营格局并将继续维持。

2. 微观层面

在线教育学习的未来发展，将走向与学校教育的融合。后疫情时代全面复课的现状，使得线下教学重新成为教学的主要场景，而疫情期间在线教育发挥的作用也使人们无法忽视其发展潜力。就社会可行性而言，人们往日的观念是将在线教育平台与学校教育分而视之；而在线教育平台着力打造的独立于学校课程外的内容，既难与学校日常教学相融，又不符合当下"双减"政策的背景。猿辅导的例子即较好地反映了此类转变，其响应国家号召，在疫情期间推出免费网课以协助实现"停课不停学"；猿辅导已不应被视为独立于学校教学系统外的在线教育机构，而应作为整合到学校系统中实现多元化支撑教学的重要资源。从独立的在线教育平台到"互联网＋学校教育的融合"，这是在线教育未来的发展趋势，也传递着教育理念的重要转变信号。

就"互联网＋学校教育的融合"的形式而言，混合式课程将成为主要选择。在此前提下，许多课程的框架和内容将重新设计，教师也将学习更多方面的知识以支持混合教学开展，而教室等硬件也将进行改造以支持新型混合模式。在混合课堂的发展过程中，许多新兴技术将发挥一定的作用，如利用 VR 技术进行虚拟场地模拟、利用 AI 技术处理机械重复性事务等。习近平总书记在中国人民大学考察调研时曾走进思政课智慧教室，现场观摩了一场智慧思政课。同时，随着经验的积累，混合模式将步入常态化，行之有效的混合课程模式框架将被提出以应对不同的教学需求。与此同时，5G 时代的来临将带来更多技术上的更迭；而在线教育领域作为 5G 技术应用的首要阵地，也将取得长足的进步。4G 技术支撑下的在线直播形式在互动时间差、网络稳定性等方面均存在亟待解决的难题，5G 时代更为完善的网络设备和更逼真的虚拟课堂环境或将提供有效的解决方案。

▓▓▓思考▶

1. 简述在线教育的优势。
2. 试结合自身经历简述互联网给教育行业带来的改变。
3. 如何理解慕课这一形式？
4. 就我国"互联网＋"教育模式未来的发展趋势提出个人见解。
5. 除在线教育外，你还能想到哪些在疫情期间加速向"互联网＋"趋势发展的领域？

三、智慧协作与办公

（一）概念定义

百度百科对于智慧办公的定义为：基于云计算技术对办公业务所需的软硬件设备进行智能化管理，实现企业应用软件统一部署与交付的新型办公模式。

堂堂加集团创始人、董事长兼CEO，前绿地集团有限公司常务副总胡京则如是描述智慧办公：建立一张办公的物联网，在其上可以自由配置所有办公要素，企业根据需求选择适配自己的组织形式，最终建立起一种更灵活、更高效、更有生命力的未来办公新方式。

本书将智慧协作与办公的概念定义为：基于协同办公理念，利用云计算等技术对日常办公业务及其所需软硬件设备进行智能化管理，供企业灵活高效适配组织形式，实现日常办公的智能化、网络化、规范化、统一化，最终提高办公效率。

（二）智慧协作与办公的现状

伴随着5G时代与物联网时代的到来，区块链、人工智能、云计算等技术的发展与应用逐步渗透到人们的日常工作与生活中，许多处于数字化转型历程中的企业纷纷将智慧协作与办公应用到日常业务中。2020年暴发的新冠疫情激发了更多在线办公与在线协作的需求，许多企业开启智慧协作与办公的短期或长期试验，加速智能办公与协作时代的到来。截至2021年6月，中国在线办公用户数突破3.8亿人，较2020年12月增长3 506万人。

智慧协作与办公的应用给人们的工作环境、工作方式与习惯带来了极大变化。具体而言，本书将智慧协作与办公分为智能办公环境、办公自动化系统、集成移动办公平台、智慧共享与协作平台四方面进行介绍。

1. 智能办公环境

（1）智能化集成管理中枢

物联网技术的发展使企业能够在办公空间里建立集成管理中枢。该中枢通过设备之间的数据、业务相连，实现办公环境设备数据的有效监测与管理。监测数据包括资源使用数据，如电器使用产生的电力消耗数据、打印机产生的纸张消耗数据等，以及设备运转数据，如空调功率数据、冰箱温度数据等。此类数据可与企业身份标识一同上传至云端，基于数据分析等手段生成监测报告，供企业了解办公设备的使用状况，在促进资源节约、降低能耗的同时对设备进行及时维护。企业员工也可通过智能中枢系统控制设施状态，以提升办公体验与办公效率。例如会议室智能透光玻璃，即通过调整电路切换会议室智能调光玻璃的透明度，使其在会议开展过程中呈现磨砂效果，防止与外界空间的相互干扰并保证会议开展的私密性。

(2) 智能化调节系统

科技的应用还能够服务于办公空间中的许多细节，为员工提供舒适可靠的办公环境，大大提升工作效率。如智能感应升降台，即通过安装在办公桌边缘的智能感应器，感应识别员工动作，从而实现合理的智能升降，满足不同员工的个性化办公需求。智能空气净化系统，通过温度及空气质量感应器收集环境数据，当数据属于预先设定的阈值集合时，系统所关联的空调及空气净化器将进行智能化运转，以实现对员工办公环境的调控；与此同时，通过该系统与报警系统、集成中枢系统的关联亦可及时预报烟雾、火灾等险情，有效保障办公环境的安全性。

(3) 智能识别系统

在智能办公领域，人脸识别技术的应用可延伸至许多办公场景，如通过智能门禁实现人员进出权限管理及访客管理，并提示员工及来访人员不可进入的办公区域，实施对不同级别保密空间的智能化保护；或通过人脸考勤简化企业日常管理，并与智能办公管理系统进行数据链接，进一步通过智能问候等方式加强企业凝聚力，汇总数据，以便人力资源等相关部门后续管理使用等。

2. 办公自动化系统

(1) 概念定义

办公自动化（office automation，OA）指运用现代化计算机、通信技术建立智能化办公平台，代替部分传统手动或重复性业务活动，实现单位信息资源与外部社会资源的全面整合与高效利用，构建协同办公平台，最终全面提升规范化管理水平与工作效率。

(2) 发展历程简述

国内的 OA 系统经历了文件型办公自动化阶段、协同型办公自动化阶段、知识型办公自动化阶段，后发展为现在的智能化办公自动化系统。智能化阶段的办公自动化系统更加关注企业的决策效率，能够提供决策支持、知识挖掘、商务智能等服务，实现系统的智能化、协同化、门户化与人性化。

(3) OA 的分类

OA 系统可应用于除生产控制之外的信息管理与处理系统，根据所处管理层级不同可分为 3 类。对于战略层领导来说，OA 系统是决策支持系统（decision support system，DSS），基于企业内外部信息建立科学数学模型，为领导的战略性决策提供参考依据；对于中层管理者来说，OA 系统是信息管理系统（information management system，IMS），基于业务环节产生的基础数据提炼有效信息，实现对业务进程的监测控制，以提升经营效率，降低业务风险；对于执行层员工而言，OA 系统是业务处理系统，通过为办公人员提供方便的办公平台及手段，实现重复性工作如文字处理、表格生成、文档管理、办公日程管理的电子化、自动化，以及工作流程的规范化等。

以平台个性化程度为分类依据，可将 OA 平台分为标准化 OA 平台和定制化 OA 平台。前者的代表性服务商为泛微，目标客户主要为中小企业；后者的代表性服务商如蓝凌，其深耕大中型企业市场，掌握众多行业百强企业资源。具体而言，标准化 OA 平台主要包括大众化的通用模块，如合同管理、会议管理、人事管理、财务管理等，相对来说开发技术要求较低，需要企业根据自身业务与平台的契合度进行选择，有时需对业务流程进行微调以适应平台应用。标准化 OA 平台主要适用于中小企业或初创企业。在信息化背景下，随着企业业务板块及管理流程的个性化，定制化 OA 系统的需求逐渐上升。定制化 OA 系统的搭建对于技术以及企业各方面投入的要求较高，主要通过低代码平台实现。定制化 OA 商家需根据客户企业的具体情况设定所需功能模块，并根据客户实际需求进行模块开发以及后续的迭代升级；与此同时，定制化 OA 平台也能够为企业员工提供个性化后台，以对所需功能进行必要调整。相对而言，定制化 OA 系统的应用企业更希望 OA 平台更为综合且应用长久，因此在前期以及过程维护中均需要大量的开发投入。此类平台主要适用于大型企业。

3. 集成移动办公平台

随着技术的更新与时代的发展，集成移动办公平台出现并取得了迅速的发展。此类办公系统不仅是办公软件，更是一个系统平台，集成 IM 通信、日程管理、办公协同及三方应用等多项功能，打通各平台间的模块与数据对接，实现各个业务阶段的信息互联。企业可实现一个平台整合所有管理、协作功能；员工只需一个账户即可流畅工作，而无须在各个平台之间切换。当下，此类集成移动办公平台的市场份额主要由阿里钉钉、字节跳动的飞书以及腾讯企业微信占领，下面对这三个代表性平台各自的特点进行阐述。

案例▶

钉钉

钉钉（DingTalk）是阿里巴巴集团专为中国企业打造的免费沟通和协同的多端平台，其通过微应用的方式为客户提供一站式工作解决方案。其目标用户主要为中小型团队及组织，体现出强管理性、高效率性的风格，近年来对于协作性的重视也逐步提升。钉钉功能设置丰富，涵盖考勤打卡签到、审批、日志、公告、钉盘、钉邮等，为中小型团队提供全面高效的管理解决方案。钉钉广为人知的特色功能如消息直通车及 Ding 消息等能够帮助用户实现对不同类型、来源及紧急重要程度的区分，保证消息处理的高效性；同时，钉钉的群聊页面实现了常用应用入口的集成，为用户提供迅速开启应用的快捷途径，足可见钉钉对于工作尤其是沟通效率的看重。钉钉作为一个架构全面的一站式工作解决平台，体现了巨头阿里制霸行业的决心，对于客户而言具有相对较高的上手难度。

小思考▶

如何看待钉钉平台适合的企业风格？其在在线办公市场中是否能得到普适应用？

案例 ▶   飞书

　　飞书为北京字节跳动公司自主研发的一站式协作平台，于 2017 年推出，整合了即时通信、云文档、视频会议、日程管理等功能。相对而言，飞书的功能布局体量较小，仍处于快速成长期，却体现了独特的产品理念与功能风格。飞书的功能风格更加重视沟通协作而管理元素较少，平台设计从个人角度出发，以愉悦为产品设计主要原则，并希望以此激发员工的生产力，正如其宣传语所言："先进团队，先用飞书"，飞书所代表、探寻的是先进的组织生产力。市场策略方面，飞书在国内国外市场双管布局。2019 年，字节跳动在新加坡注册了一家名为 Lark Technologies 的子公司，对飞书在海外市场如美国等进行推广。而在国内市场，飞书也在管理功能方面加紧必要布局，上线审批系统、飞书合同、飞书会议室等功能。

小思考 ▶

飞书的迅速发展得益于哪些因素？

案例 ▶   企业微信

　　企业微信是由腾讯微信团队打造的企业通信与办公工具，于 2016 年上线。企业微信注重提供协助管理的解决方案，故目标客户主要为具备定制化 OA 平台的大型企业，通过接入企业内部平台应用的方式助力企业实现移动办公。主打连接概念的企业微信，通过开放生态和打通日常通信工具微信，可帮助企业实现内部、生态伙伴、消费者三方连接。值得一提的是，背靠腾讯平台，企业微信可实现添加微信用户、建立微信群、发布朋友圈等易上手的功能，同时具有标签管理、成员客户统计等分析功能，在客户运营管理方面具有绝佳的应用优势。与此同时，企业微信的后台管理设置较为灵活，能够适应大型企业因部门分类较多、业务相对复杂所产生的内部管理差异化较大的需求。相对而言，企业微信在日常管理方面虽具备角色管理、工作统计等管理功能，但其模块入口相对分散，相比钉钉、飞书易用性较弱。

小思考 ▶

在集成移动办公平台市场中，企业微信的社交网络资源将为其带来哪些方面的优势？

4. 智慧共享与协作平台

　　当下智能办公领域还存在一类共享与协作工具，为用户提供专业化的远程团队协作平台，具体可将其分为云盘平台、在线协作平台及虚拟协作流程平台，本书结合案例对三类平台进行介绍。

（1）云盘平台

　　云盘平台主要介绍以百度云盘为代表的备份网盘及以坚果云为代表的同步网盘。

案例 **百度网盘——备份网盘**

　　百度网盘是百度推出的一款国民级云存储平台，为用户提供多元化的数据存储服务，供用户便捷上传、下载、管理文件，并可随时随地跨终端访问、共享文件，其最大可提供2T的容量空间。百度网盘较注重为个人用户提供存储、备份功能，其主要意义在于扩展用户硬盘容量，延展用户办公存储空间。与此同时，借由微信等社交平台，百度网盘可将大体量资料以链接形式实现轻量化分享，同样具备一定的联动办公属性。百度网盘也为用户提供了许多辅助功能，如有利于一对一、一对多甚至多对多分享、对话的群组功能，通讯录、短信、照片的云备份功能。同时，百度云基于人脸识别等技术为用户提供图片智能分类、图片精准定位等功能，辅助用户实现多类型文件的存储管理。

小思考

当下，百度网盘相对同步网盘来说缺少实时同步功能，如何看待其在云盘办公市场中的定位？

案例 **坚果云平台——同步网盘**

　　坚果云是一款专业的同步网盘产品，通过文件自动同步、文件共享以及文件备份功能，实现智能化的文件管理，为用户提供高效可靠的办公解决方案。坚果云平台面向个人用户提供免费版及专业版，面向企业用户提供团队版（公有云）及企业版（私有云），覆盖Windows、Mac、Linux、iOS（iPad及iPhone）、Android、Windows Phone、Web七大系统，支持用户文件在电脑、平板、手机、网页等端口之间的同步互联。坚果云这类同步网盘区别于百度网盘等备份网盘的最大特点为实时同步，即保证用户在任意设备端进行的文件修改都将实时上传云端，并同步到用户的其他设备端。与此同时，坚果云平台提供各类便捷的文件管理功能，如团队文件夹共享、文件搜索、文件历史版本对照、文件权限设置等。使用者可基于坚果云提供的文件管理功能实现文档的协作编辑，以评论、批注的形式实现内容的在线讨论。安全性方面，坚果云通过文件分块加密技术、冗余备份技术及两步验证等设置保证文件传输的私密性及文件使用的安全性。

小思考

坚果云在日常工作中可能有哪些具体应用场景？请举例说明。

（2）在线协作平台

在线协作平台主要介绍集团队管理及资料管理于一体的综合云协作平台和专业

化的多人协作在线文档。

案例 ▶ 有道云协作——企业云协作平台

有道云协作是网易在 2014 年推出的一个企业团队协作与知识管理平台，主要为用户提供团队协作管理及团队知识管理两大功能。团队协作方面，有道云协作为用户提供包括 Web 端、PC 端、移动端的跨平台多终端同步功能，以协作群的形式辅助企业协同办公，并为团队组织架构的灵活管理提供支撑，如用户可根据团队目标特点分别建立传统部门群及临时性的项目群等，协作群为用户提供多种协作方式，供其高效分配任务、便捷聚焦讨论问题。与此同时，有道云协作也为用户提供各类权限管理、日志管理功能以支撑组织管理日常需要。团队知识管理方面，支持多种文件类型的有道云协作能够为用户提供安全高效的文档协作平台，用户在协同管理文档的同时能够围绕文档展开信息沟通，并有便捷的历史信息版本管理及分层内容定位等功能。同时，有道云协作利用网易集群服务器为用户提供专属企业级服务，并通过内外链分享、多地备份等方式保障团队资料的安全。

小思考 ▶

有道云协作这类在线协作平台为传统协作带来了哪些革新？

案例 ▶ 金山文档——多人协作在线文档

金山文档作为目前中国规模最大的专业在线文档产品，于 2018 年 7 月由珠海金山办公软件有限公司推出。相对于有道云协作这类企业协作平台而言，其更加聚焦于在线文档协作功能。借助金山文档，用户可通过生成分享文档链接实现文档的多人在线查看、编辑，金山文档亦为用户提供语音意见评论功能与会议模式，使团队成员对于文档内容的交流能够完全在文档内实现；通过建立共享文档办公室并邀请团队成员加入，可实现工作成果的同步更新，并可以设置权限的方式限制不同成员的读写权，保护文档安全。文件常用格式兼容性方面，金山文档与 WPS Office 2019 电脑版及手机版无缝整合，并可供用户免转换在线预览、编辑 Office 文件，包括 PPT、Word、Excel 等；与此同时，金山文档可供用户多平台使用，支持 Windows、Mac、Android、iOS 等系统，并可在网页端及微信小程序中启用。以金山文档为代表的在线文档协作平台为远程协作中的文档处理提供专业化的支持，如在新冠疫情暴发期间，其半月内即增加 1 亿月活量，可见其发挥的重要作用。

小思考 ▶

如何看待金山文档在面对面场景中的应用价值？

(3) 虚拟协作流程平台

虚拟协作流程平台的主要特点为给用户提供科学、流程化的远程协作空间，这类平台主要基于协作工程（collaboration engineering）与建导（facilitation）式协作方法搭建。协作工程指以高效实现协作目标为目的，开发一套供组织人员使用的协作过程，人们在其中可以设计协作流程、建模，也可以通过具体操作实现反复的流程迭代等。建导即建设式引导，是协作工程学中的一个核心理念，最早由西方学者提出，意在通过优化团队协作流程来提高管理团队的协作效率。"思想利丝"（ThinkLets）是最为常见的一种建导方法，指的是一种可移植、可重复使用且可预测的构建模块，引导者可以基于它来开发团队协作流程以实现协作目标，现在常用的思想利丝包括头脑风暴（Brainstorm）、水桶漫步（Bucketwalk）等。

当下，我国已有部分虚拟协作流程平台能够实现将以上建导式协作流程场景化落地。本书对团队自主研发的特色软件——具有 AI 推荐功能的 Teambot 和具有倒计时功能的单页面便捷一体化协作平台 Discussion——进行介绍。相关的平台还有国外的 ThinkTank 和 Meetingsphere 等。

案例 ▶

Teambot 和 Discussion[①]

Teambot 是一个对话式的团队协作流程智能推荐系统，可根据用户输入内容识别用户需求，并根据科学化团队协作原理为用户推荐合适的协作流程。与此同时，用户亦可通过直接键入协作流程中的具体模块名称（如头脑风暴、米花拾掇、快速聚焦等），对模块具体含义进行查询，以保证团队成员在后续协作过程中的参与效果。承接 Teambot 所推荐的协作流程，团队可使用科学协作辅助平台 Discussion 实现特定目标下的团队远程协作。Discussion 为用户提供协作流程中头脑风暴、米花拾掇、水桶漫步、麦秆投票、铁锹选择、环形确定共六大模块的在线实施空间，引导团队成员发散思维、参与讨论，并对成员意见进行整合与合理分类，以支撑团队远程实现协作目标。

小思考

这类协作平台适用于哪些合作场景？

（三）智慧协作与办公的优势

1. 打破时空限制，提升办公灵活性

智慧协作与办公的应用能够帮助企业打破时空限制，便捷实现不同类型的业务操作。如企业部分日常性业务可通过线上管理系统与相关业务部门联动办理，而无

---

① 相关链接：www.ilabmeeting.com。联系人：张晓玲。邮箱：zxl18500630188@163.com。

须行至各部门所在办公地点；日常事务的处理如工作审批、考勤打卡可通过 OA 系统实现；企业可实现远程对异地子公司、全国门店等部署的指令发布、报表汇总等；企业紧急事务的商议及决策可通过在线管理系统的线上视频会议等功能及时解决，无须组织参会人员线下集合。

2. 控制管理成本与沟通成本

智慧协作与办公可有效控制办公的管理成本与沟通成本。控制管理成本体现在：首先，智慧协作与办公系统提供的数据统计、数据分析功能能够从时间及人力上简化行政人员及有关部门的日常管理投入，且基于智慧协作与办公系统过程可视化的特点可实时督促员工进行良好的自我管理；其次，相对于传统办公产生大量纸质文件，以及储存于硬盘中的数据文件，智慧协作与办公系统不仅能够实现过程文件的实时版本管理，更可通过云端存储的方式降低文件储存成本，从人财物三方面降低管理成本；再次，通过智能集成管理中枢自动执行相关设备的监测与控制操作，可以有效减轻相关管理人员负担，减少管理人员数量。控制沟通成本体现在，团队成员之间的沟通可通过视频会议、移动设备文字交流等进行，在大幅降低沟通成本的同时提升沟通效率。

3. 促进资源的合理分配与高效利用

传统办公模式下，由于信息不对称、职权不对等，常常出现资源上下分布不均的现象，高层职位或工龄较长的员工相对能够获得更多的资源。而这对于企业的运转及决策效率是不利的。智慧协作与办公系统的信息透明、资源共享以及协同特性能够有效促进资源的合理分布，使有限的资源得到最大化的利用，从而提升企业的总体效益。

4. 过程可视化促进工作及时调整

智慧协作与办公系统在为员工提供在线协作平台的同时，也能实时积累过程中产生的元数据，如行为数据（包括直接发言数据、操作数据及后台分析数据等）、会议过程数据（如会议记录、项目推进文件数据等）。此类元数据在人员管理方面能够有效约束员工的工作状态，为负责人提供发现问题的窗口。同时，智慧协作与办公系统还能有效记录并存储过程数据，以备后续回顾调整。

5. 易扩展性

对传统办公系统而言，其软件系统及终端硬件的维护、更新较为烦琐，需耗费较高的迭代成本，难以支撑企业适应新时代变化所需的频繁业务更迭。而智慧协作与办公系统则具有较开放的架构体系以灵活响应用户个性化升级的需求，同时能够较好地满足客户与第三方业务系统的数据对接需求，支撑客户的业务拓展。良好的系统开放能力赋予智慧协作与办公系统较好的延展性，增强其适应现代化市场的能力。

思考

1. 如何理解 OA 系统与集成移动办公平台在应用场景方面的区别？
2. 举例说明某一技术在智能办公领域的应用情况。

3. 试从多方面分析智慧协作与办公带来的影响。

4. 物联网时代的到来除了改变室内办公体验，是否能影响我们的户外办公日常，如日常通勤等？

四、智能汽车

（一）智能汽车的概念

1. 智能汽车的定义

百度对于智能汽车的定义为：搭载先进传感系统、决策系统、执行系统，运用信息通信、互联网、大数据、云计算、人工智能等新技术，具有部分或完全自动驾驶功能，由单纯交通运输工具逐步向智能移动空间转变的新一代汽车。

2021 年 9 月 26 日发布的《中国汽车基础软件发展白皮书 2.0》也对智能汽车做出了详细的定义，其强调将辅助环境纳入智能系统中：智能汽车指通过搭载先进传感器、控制器、执行器等装置，融合信息通信、物联网、大数据、云计算、人工智能等新技术，实现车内网、车外网、车际网的智能信息交换、共享，具备信息共享、复杂环境感知、智能化决策、自动化协同控制功能，与智能公路和辅助设施共同组成智能移动空间和应用终端的新一代智能出行系统。

2. 概念辨析：智能汽车与无人驾驶汽车

大众常说的无人驾驶汽车指可基于车载环境感知系统识别道路环境，并能自动规划、识别、调整行车路线，最终达到预定目标的一类智能车辆。无人驾驶汽车是智能汽车在自动驾驶技术范畴的一种高级形态，即在此范畴内从辅助驾驶阶段进化到无人驾驶阶段。无人驾驶汽车的概念聚焦于车辆与外部环境之间的交互关系；而智能汽车还包括车内人员与车辆系统的场景交互，概念更为宽泛。

3. 智能汽车的系统构成

智能汽车的系统构成主要可分为三部分：其一是智能驾驶系统，包括智能网联系统、智能控制系统、智能传感系统、辅助驾驶系统等；其二是智能交互系统，包括生物体征监测、语音交互、面部识别等功能；其三是智能服务系统，包括社交及生活服务、车辆安全防盗服务等功能。

（二）智能汽车的发展

智能汽车发展的两大关键领域为自动驾驶领域及智能座舱领域，自动驾驶领域的控制器是智能汽车的核心部件，智能座舱则是为用户提供舒适化智慧出行的关键所在。下面将对自动驾驶领域及智能座舱领域的发展情况进行阐述。

1. 自动驾驶领域的发展阶段

智能汽车的发展阶段主要取决于智能驾驶系统相关技术的突破，基于此可将其发展道路划分为两阶段：首先是智能汽车发展的初级阶段，即辅助驾驶；其次是智能汽车发展的终极阶段，即全自动无人驾驶。美国高速公路安全管理局在此基础上进一步细化，将智能汽车的发展划分为以下五个层次。

层次一：无智能化阶段。驾驶员操纵汽车的原始底层结构，如发动机、油门踏板、转向器及制动器等，以控制汽车的运行，实现预定行车目标。

层次二：具备特殊功能的智能阶段。此阶段的汽车可实现一项或多项特殊自动控制功能。此阶段有许多为大众熟知的技术系统，如车道偏离警告系统（lane departure warning，LDW）、正面碰撞警告系统（forward collision warning，FCW）、盲点信息系统（blind spot information system，BLIS）等，能够协助驾驶员防患于未然。

层次三：功能多样化的智能阶段。该阶段的汽车具有将至少两项原始控制功能进行融合实现的系统，而无须驾驶员对其进行控制，可称为"半自动驾驶阶段"。在这一阶段，汽车能够在层次二的基础上监测驾驶员是否对警告的危险状况做出响应，并在未响应的情况下自动替驾驶员采取行动。具体应用如紧急自动刹车系统（autonomous emergency braking，AEB）、紧急车道辅助系统（emergency lane assistance，ELA）等。

层次四：具有限制条件的无人驾驶阶段。该阶段可称为"高度自动驾驶阶段"，汽车能够在特定的驾驶交通环境下脱离驾驶员操作自动驾驶，同时汽车可自动识别驾驶环境的变化并判断是否需要返回驾驶员模式。

层次五：全工况无人驾驶阶段。该阶段称为"完全自动驾驶阶段"或者"无人驾驶阶段"。在此阶段，驾驶员可从车辆驾驶中完全解放，由车辆系统自主实现交通环境的全程实时检测以及汽车行驶的完全控制，以达到预定驾驶目标。驾驶员只需提供目的地或者输入导航信息，即完成对驾驶目标及驾驶需求的设置。

2. 自动驾驶领域的发展现状

在以上阶段定义中，层次一即为传统的汽车驾驶。而随着互联网技术与传统汽车行业的逐步融合，汽车驾驶过程将变得越来越智能化、简易化。目前，汽车驾驶普遍发展到了层次三阶段，辅助驾驶技术与半自动驾驶技术正在人们的汽车出行中得到广泛应用。目前，层次三到层次四的实用化研发与产业化正是各大汽车企业突破发展的普遍致力点，如沃尔沃公司推出的堵车辅助系统。在部分高度自动驾驶技术已然得到落地的当下，甚至部分企业已开始层次五的突破。

自动驾驶领域是智能汽车的核心部件，目前其入局者主要包括汽车企业、IT公司、Tier1及各大芯片公司。

相对而言，汽车企业更了解汽车性能参数，故更多从本行出发，主要采用常规的雷达、传感器、摄像机实现环境识别与监测，结合GPS实现路径的规划，并基于车联网的协同式辅助驾驶技术实现智能信息交互，总体而言更加注重机电一体化系统动力学及控制技术的研发，保障车辆行的实用性和可靠性。在其他方面则考虑与IT公司或Tier1合作；也有少数行业领先车企如特斯拉正尝试自研自动驾驶域控制器，其中央计算机CCM＋区域车身控制模块BCM的水平是其他车企在短时间内难以企及的。

IT 企业在应用算法开发、芯片适配应用方面有较深厚的积累，主要基于网络技术、智能软件、后台数据等的支持，打造域控制器成品以切入其供应链。如百度的第三代自动驾驶域控制器可以支持停车场自主泊车（public automated valet parking，PAVP）以及领航辅助驾驶，其他 IT 企业还包括福瑞泰克、大疆、智行者等。与此同时，传统 Tier1 为守住市场、避免成为硬件代工厂，也在向软硬件技术等方面及时转型。目前，外资 Tier1 企业如安波幅、麦格纳等早已做好基本布局，国内 Tier1 如东软睿驰、经纬恒润等则在力求以芯片大算力追求新的突破。

AI 芯片量产作为自动驾驶领域控制器功能实现的关键，正吸引各类芯片厂商入局研发。目前，英伟达由于进入自动驾驶领域较早，成为车企的主要芯片供应商，其研发的 Xavier、Orin 芯片的算力在同时期市场上都代表了最高水平。与此同时，高通作为智能座舱领域的领导者，借助其与许多主机厂在这方面的合作关系也在迅速推进。国内华为也通过其 MDC 计算平台全线布局单车智能所有软硬件，可实现 L2 到 L4 的全场景覆盖。国内其他公司如地平线和黑芝麻等，也正通过车企合作、芯片研发等方式实现入局。

3. 智能座舱领域的发展现状

自动驾驶技术将改变传统的驾驶模式，从驾驶中得到解放的人们将与车内系统进行更多交互，因此智能座舱也是智能汽车发展的一个重要板块。

（1）概念级智能座舱

目前，国内外多家车厂和供应商已开始对智能座舱系统的布局。其中，部分入局者先推出概念级智能座舱，计划在未来数年内实现量产，如华为鸿蒙 OS 车机系统及延锋在 2020 年 6 月 17 日推出的智能座舱 XiM21，国外的概念系统则包括弗吉亚 Intuition 概念座舱以及伟世通 SmartCor 座舱控制器等。

（2）量产化智能座舱

目前，也有部分系统已实现量产车型搭载，如 BEIJING-X7 车型即搭载了北汽的 Hi·Me 智能健康座舱，其将智能语音、环境感知等技术进行集成，使得用户借助语音操纵智能助手小北，实现对空调、影音系统等的控制，并经由小北获知环境温度、空气洁净度、视觉和嗅觉舒适度等信息。系统也可监测外部环境，并自主切换循环模式，配合空气滤芯和负离子净化系统保持车内空气洁净。与此同时，其 FACE ID 智慧视觉系统，可通过人脸识别确定用户身份，在建立专属账户、保存习惯设置的基础上，提供千人千面的定制化服务。

目前，国内外对智能座舱的探索仍处于初级阶段。厂家大多聚焦于软件系统如娱乐系统、智能助手等，而智能座舱的发展不仅限于软件方面的延伸拓展，更需要在硬件方面进行探索，对传统座舱结构进行优化更新，如此才能与自动驾驶技术相结合，助力智能汽车革命的发展。

4. 智能座舱领域的发展趋势

智能座舱领域的发展趋势可总结为以下四个特征。

（1）多功能计算控制平台

传统座舱中，各个控制单元如信息娱乐系统、空调系统、仪表盘等在座舱内独立运行，既不利于一体化互动服务的实现，又产生了较高的沟通成本及生产成本。因此，智能座舱将致力于控制单元的功能一体化，以集成计算控制平台的方式实现系统性服务，并有效降低座舱在量化生产过程中的各项成本。

（2）综合感官交互模式

在多功能计算控制平台的基础上，人们可通过全感官控制方式与系统进行交互，如语音控制、手势控制、脑电控制、触摸控制等。不同情况下，用户对于交互模式的需求是不同的，所以智能座舱的发展必须做到全方位感官实现，并提供足够精准的控制效果。

（3）智能助手一体化调用平台

为了给用户提供更好的服务体验，智能座舱的发展应提供智能助手这类一体化调用接口，实现车对人的主动化、个性化交互。智能助手将有效整合车外环境信息、车内系统信息，基于生物识别技术、语音识别技术、AI 等多种手段，为用户提供便捷准确的人性化调用平台，并能基于用户数据预测日常需求，全方位提升车主体验。

（4）屏幕化车内环境

承接控制平台的一体化模式，智能汽车内部的屏幕环境也将得到优化。未来的智能座舱将替换当下独立分布的中央控制显示屏、仪表盘、平视显示系统（HUD）、电子后视镜，并用先进的显示技术如全息影像、智能表面等代替，使信息呈现与座舱环境融为一体，以改善座舱环境，提升用户掌握信息的效率及行车体验。

（三）智能汽车带来的影响

1. 智能汽车的发展将带来交通基础设施状况的改变

智能汽车的运行面临着与各种道路上不同对象的交互，其不仅依赖于自动驾驶技术的普及，也需要相配套的特殊交通基础设施。例如，在交叉路口、弯道等特殊路段布置引导电缆、雷达反射性标识、传感器、通信设施等，以辅助无人驾驶汽车对路况的感知，如通过传感器感知路面障碍、通过 4G/DSRC 与道路设施通信等。而这也将大大影响汽车交通相关行业的发展。

2. 智能汽车将大幅减少交通事故的发生

汽车交通事故的第一大因素与第二大因素分别是疲劳驾驶和酒后驾驶，即交通事故很大程度是由人为因素引起的。智能汽车的终极形态——无人驾驶汽车，由智能驾驶系统精确控制，与新一代交通基础设施相互配合，在实时环境监测的基础上进行精准计算，可有效减少由于认为操作不当引起的交通事故，如疲劳驾驶、酒驾、违规停车、行驶超速等。

3. 智能汽车的发展将有效提高车辆资源利用率，减少能源消耗

谷歌无人驾驶汽车团队统计表明，传统汽车的车主所有制导致汽车在时间维度上只有4%的利用率，96%的时间均处于闲置状态，这无疑会增大汽车材料的消耗。智能汽车的发展则可通过车辆智能化水平的提高以及平台调度能力的优化实现出行的服务化。智能汽车的统一调配机制能够将人们的使用需求依时间排序，并根据次序由预约人轮流使用，进而能够更好地统筹汽车资源的使用，减少汽车消费总量；与此同时，基于智能汽车的路况监测与自动计算功能，通过实时选择最优路径到达预定目的地，也能在提高使用效率的同时减少能源消耗。

4. 智能汽车的发展将大大改善交通状况

通过统一调配实现汽车总量的下降能够有效降低道路行驶车流密度。同时，车联网作为从单车智能到多车智能的重要条件，通过系统精确灵敏的响应能力，能够减少行车反应时间，有效缩短跟车距离，由此通过车流密度的提升提高道路通行效率，缓解交通拥堵。通过测算，以车路协同为基础的智能交通将使通行效率提升15%～30%，国内部分大城市为缓解交通拥堵推行的"限购""限行"政策有望在5～10年内取消。

5. 智能汽车的发展能有效促进社会效率的提升

智能驾驶系统的应用及交通状况的改善能够有效减少道路行驶中的等待时间，而无人驾驶技术的实现也能够解放驾驶员的双手与大脑，进而使驾驶员获得更多社会工作活动或个人家庭活动的时间。与此同时，如百度CEO李彦宏所说，交通既是一个经济问题，又是一个民生问题，智能驾驶系统的推行，如交通基础设施的建设更新，本身就为各项社会经济活动的开展提供了更加完善的服务支撑，而交通基础设施的建设过程，也可以有效推动各地区间的经济文化联系。

▓▓▓ 思考 ▶

1. 如何看待智能汽车与无人驾驶汽车的关系？
2. 简要阐述智能汽车的主要架构。
3. 试阐述智能座舱区别于当下汽车座舱的核心特点。
4. 如何看待智能汽车的发展趋势？
5. 怎样理解智能汽车将给人类社会带来的影响？

五、网络游戏

（一）网络游戏的定义

网络游戏（online game），简称"网游"，其概念主要相对于玩家独立使用一台

设备而无须接入互联网即可完成的单机游戏进行界定。

从设计层面出发，网络游戏指以互联网为传输媒介、以游戏运营商服务器和用户计算机为处理终端、以游戏客户端软件为信息交互窗口的，旨在实现娱乐、休闲、交流和取得虚拟成就的具有可持续性的个体性多人在线游戏。

从应用层面出发，网络游戏指由多名玩家通过计算机网络在虚拟环境下对游戏角色及游戏场景按照一定的规则进行操作，以达到娱乐、互动、虚拟成就等目的的游戏产品集合。

（二）网络游戏的分类

1. 按游戏平台划分

以游戏平台作为标准，可以将网络游戏分为三类：页游、端游和手游。

页游，指网页游戏，是基于 Web 浏览器运行的网络在线多人互动游戏，是早期网络游戏的最主要的形态。页游无须用户下载客户端，对电脑的要求配置低，且其即开即玩、即关即停的特性，为用户提供了较高的便捷性。具体而言，网页游戏又可分为 PC 端网页游戏和手机端网页游戏。前者起步较早，发展较为成熟，如曾风靡于多层次人群的《傲视天地》《摩尔庄园》《奥比岛》等即为 PC 端网页游戏。而随着移动设备的发展，手机端网页游戏也逐渐进入人们的视野，其根据实现方式的不同主要可分为 HTML5 实现和 Flash 实现两大类，前者不需要 Flash 插件即可实现，且通常可依托微信、QQ 等社交软件作为入口，拥有天然客户引流优势，是目前手机页游的主要实现方式。2007 年左右，PC 端网页游戏流行，后迅速发展，在 2014 年左右达到顶峰，此后，页游由于开发较为简单，游戏质量参差不齐，在画质、游戏情景等方面均难以满足玩家的需求，在当下与其他形式的游戏的竞争中优势不大。

端游，即客户端游戏，它是在 2012 年相对于网页游戏产生的名词。端游是需要用户在 PC 端下载客户端，并通过客户端与服务器相连以使用游戏数据的一类网络游戏。如上所述，端游一般会分为客户端和服务器端，前者指游戏数据使用端，后者则指为游戏数据库服务的一端。相对而言，端游由于需要下载客户端到电脑，对设备会有相应的配置要求。而正因为其拥有独立的客户端，端游能够为用户提供更精美的画质、更高的游戏丰富度，同时由于许多内容可以直接从电脑硬盘中读取，在网速和流量消耗方面也有较强的优势，能够为用户提供更好的游戏互动体验。当下较火的端游包括《英雄联盟》《绝地求生》《魔兽世界》等，主要的运营商包括腾讯、盛大等。端游对于情怀的追求较为重视，因而通常拥有较为忠实的用户群，经过多年的发展，目前已形成较为完整的体系。

手游，即手机游戏，指在手机或其他移动端平台上运行的游戏软件。智能手机的普及和移动网络的发展为手游的发展提供了充分的技术支撑。在资本的疯狂介入下，手游在 2013 年步入爆发期。手游与端游一样，需要用户下载固定客户端，因而在画质、游戏丰富度等方面能够为用户提供较好的体验；手游之于端游而言，后者由于需要使用电脑，通常需要用户预留出整段的时间开展游戏活动，手游则可充分发挥其移动端的优势，使得玩家可随时随地开启游戏，有效填充了用户的碎片时间。由于手游在配置需求方面的投入成本较低，许多款型的智能手机都可以满足市面上绝大多数手游的配置需求，目前其已形成较为完善的市场格局，其丰富的手游类型也已普及不同年龄段的玩家。当下较受欢迎的手游包括《王者荣耀》《和平精英》等，许多过去为人们广泛关注的端游也在近年相继推出同款手游，如《QQ飞车》《摩尔庄园》等。

2. 按游戏内容划分

根据网络游戏的内容，大致可将其分为四类：休闲网络游戏、网络对战类游戏、角色扮演类网络游戏以及功能性网络游戏。

休闲网络游戏指在网页上或服务端进行两人及两人以上对弈的网络游戏，其又可以划分为传统棋牌类网络游戏和新桌游类网络游戏，前者主要指各类扑克、麻将、象棋、夺宝类游戏，后者则指近年兴起的《三国杀》、UNO等类型游戏。网络对战类游戏是需要玩家安装市场上支持局域网对战功能的软件的游戏，并通过网络中心服务器实现相互对战，例如《反恐精英》《魔兽争霸》等。角色扮演类网络游戏中，玩家通常需要扮演一个虚拟角色，并控制该角色在游戏场景中进行各种活动。其主要特点在于游戏中虚拟世界的持续性：即使玩家下线游戏，此虚拟世界在运营商的服务器中也将继续存在且不断演变，如《魔兽世界》《龙之谷》等都是角色扮演类网络游戏。功能性网络游戏指借由网游形式来实现特定领域功能的网络游戏，目前此类网络游戏市场较小，如由原南京军区与光荣使命网络联合开发的军事游戏《光荣使命》即带领人们走近军事，了解战场上波澜壮阔、可歌可泣的感人故事，目前该游戏已停服。

（三）网络游戏的产品属性

1. 体验性产品

网络游戏是不具有物质属性的软产品，用户必须亲身体验网络游戏产品才能了解其功能特点并产生产品评价，而用户为网络游戏产品所投入的精力与金钱成本也是在购买一种体验性服务。

2. 生命周期性

网络游戏产品的生命周期包括导入期、成长期、成熟期和衰退期。网络游戏的用户量一般在成长期逐渐积累，在成熟期达到饱和。市场对网络游戏的质量要求在成熟期之前会逐渐提高，通常来说一款网络游戏的质量需要满足绝大多数玩家的需要才能发展到成熟期。许多游戏由于设计、质量支撑不足，往往会从导入期直接进入衰退期。

3. 网络效应显著

网络游戏多人在线游戏的特点导致其具有显著的网络效应。一款游戏的玩家越多，游戏本身能够创造的价值便越会增加，其吸引力也会得到提升。

4. 超时空性

用户可以在网络游戏创造的空间与时间中进行操作、体验，从而获得跨越时空的游戏体验。在此过程中，网络游戏将真实时空压缩在设备显示器这一终端上，表现出独特的"超时空性"。

5. 无限接近真实的虚拟空间

网络空间中的一切都是代码或者说信息的存在方式，所以网络游戏本身具有虚拟性。而随着技术的发展，网络游戏为用户所提供的试听体验能够将现实社会的元素无限纳入游戏空间，使得用户能够在游戏中找到现实社会的缩影。随着 VR 技术的发展，网络游戏能够给用户提供更为逼真的感官刺激，网络游戏也将为用户带来无限接近真实的沉浸式虚拟体验。

6. 多元且开放

因网络而生的网络游戏为用户提供的是一个自由开放的环境，所有账户均需遵循游戏的设定规则，任何一个客户端节点对于游戏空间来说都是平等的，这将为不同文化、不同价值形态的交流融合提供温床。随着时间的推移，网络游戏亦将体现出充分的多元性。

（四）网络游戏的发展态势

1. 网络游戏的市场现状

近年来，中国网络游戏用户规模保持稳定增长。2016 年网游用户规模为 4.17亿人次，2019 年已达 5.32 亿人次；至 2020 年，网络游戏用户规模略有下降，为5.18 亿人次（见图 10-2）。

图 10-2　2016—2020 年中国网络游戏用户规模及增长率

资料来源：《2020 年中国游戏产业报告》。

随着用户规模的扩大，我国网络游戏的市场规模也在自身的更新迭代及其变现模式的不断创新下，由 2016 年的 1 655.7 亿元增长至 2020 年的 2 786.9 亿元（见图 10 - 3）。

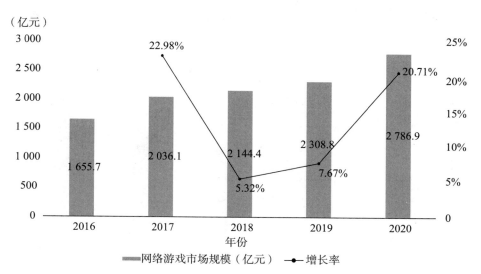

图 10 - 3　2016—2020 年中国网络游戏市场规模及增长率

资料来源：《2020 年中国游戏产业报告》。

其中，我国自主研发的国产网络游戏所占比例也是连年攀升，从 2017 年的 68.63％一路升至 2020 年的 86.19％，即由 1 397.4 亿元增长至 2 401.9 亿元（见图 10 - 4）。

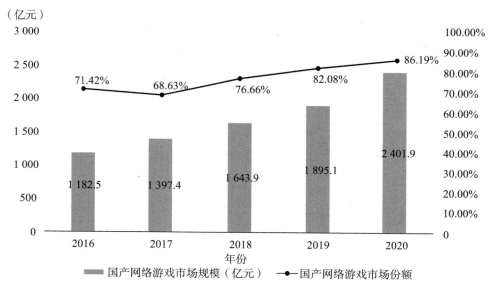

图 10 - 4　2016—2020 年中国国产网络游戏市场规模及其份额

资料来源：《2020 年中国游戏产业报告》。

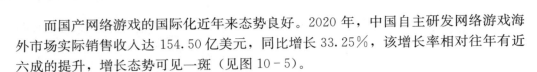

　　而国产网络游戏的国际化近年来态势良好。2020 年，中国自主研发网络游戏海外市场实际销售收入达 154.50 亿美元，同比增长 33.25%，该增长率相对往年有近六成的提升，增长态势可见一斑（见图 10-5）。

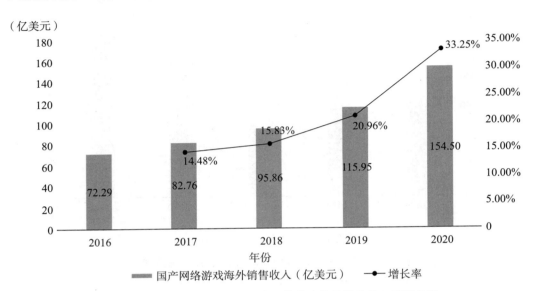

图 10-5　2016—2020 年中国国产网络游戏海外销售收入及增长率
资料来源：《2020 年中国游戏产业报告》。

　　就国产网络游戏的海外市场而言，2020 年来自美国、日本、韩国三大市场的销售收入位居前三，分别为 27.55%、23.91% 和 8.81%，三者合计贡献了中国国产网络游戏海外市场销售收入的 60.27%（见图 10-6）。

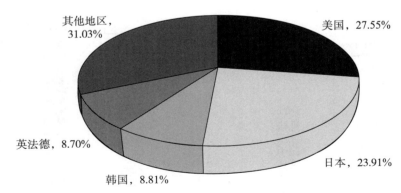

图 10-6　2020 年中国国产网络游戏主要海外市场销售收入占比
资料来源：《2020 年中国游戏产业报告》。

　　就中国网络游戏细分市场而言，移动游戏的市场规模近年来年年攀升，增长态势迅猛，其实际销售收入已由 2014 年的 274.92 亿元增长至 2020 年的 2 096.76 亿元。相较而言，客户端游戏及网页游戏的销售收入均呈现不同幅度的下跌。2020

年，移动端网络游戏的市场规模已逾整个网络游戏市场的 75%（见图 10-7）。

就网络游戏市场的竞争格局而言，目前其呈现显著的"2＋N"竞争格局。2020 年腾讯、网易两家巨头合计市场规模占整个网络游戏市场的 75.6%，较 2019 年同比增长近 10%。其中，腾讯更是凭借其长久积累的产品与渠道优势固守行业地位，且积极通过合作并购完善布局，加固自身护城河，一家便占据市场 56% 的销售收入，网易份额仅为其 1/3。

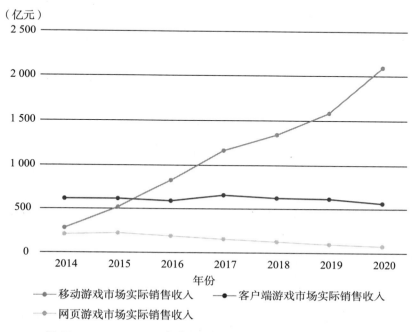

图 10-7 2014—2020 年中国网络游戏细分市场实际销售收入

资料来源：《2020 年中国游戏产业报告》。

2. 网络游戏的发展趋势

网络游戏的发展趋势主要呈现竞争格局保持稳定、产品精细化、产品规范化、跨界融合、技术赋能深化五个特点。

（1）竞争格局保持稳定，头部优势显著

网络游戏市场经过多年的发展，目前已形成明显的头部企业垄断格局。在政策调控方面，游戏版号的审批监管趋势必然会趋于严格，这本就限制了新兴企业的市场竞争力。而且头部企业拥有强大的产品研发能力、丰富的发行资源与开发经验，而小型厂商在资金、渠道、技术上的劣势将导致其难以形成规模效应，更难以与前者抗衡。小型企业若想破局，需具备独特的核心竞争力如极高的游戏质量，并具有维持运转的盈利能力。

（2）产品精细化

从网络游戏市场的发展现状可看出，其用户规模增长已进入瓶颈期，市场增量空间有限导致存量竞争加剧。目前看来，网游市场各企业将更加关注用户细分市场，将目光瞄准特定人群游戏需求的满足，如上班族、女性、老人等，以进一步拓展市场空间及自身份额。

（3）产业规范化

网络游戏产业的规范化主要体现在版权保护及未成年玩家防沉迷两部分。其一，修改后的《中华人民共和国著作权法》于 2021 年 6 月 1 日起施行，游戏产业在其指导下，势必进一步规范版权授权、使用、保障等工作。其二，随着时代的发展，电子设备的普及人群进一步扩大，目前小学生甚至幼儿等未成年群体的电子设备普及率越来越高。2020 年 10 月修订的《未成年人保护法》在一定程度上搭建了我国的网络游戏防沉迷系统，但仍需进一步完善，这也是今后规范网络游戏产业发展的重要一环。

（4）跨界融合

游戏内容的创新是推动游戏产业发展的首要动力，而与其他产业的融合则能为游戏产业的发展提供丰富的素材。2020 年，我国游戏产业的链条不断延伸，从 IP 产品孵化到与不同领域如游戏、影视、餐饮等的跨界联动，并进一步授权开发文化衍生品。随着国民经济的进一步发展，精神文化层面的追求显得愈加重要。尤其近年来我国对于传统文化的重视度愈发上升，传统文化丰厚的底蕴更是为游戏产业的创新发展提供了丰富的创作灵感。而网络游戏产业与其他领域尤其是中国传统文化的跨界融合也将进一步提升网络游戏本身的思想厚度与艺术层次。

（5）技术赋能深化

技术赋能与产业升级是 2020 年中国游戏产业的重要标志。智能信息互联网技术的进步为移动游戏的发展提供了充分的平台，移动端网络游戏的市场份额近年来不断攀升，相较于其他平台网络游戏的优势也愈加明显。而随着 5G、光纤等高速网络的继续发展，以及云计算、VR 等产业的加速演进，新兴游戏产业生态如云游戏、VR 游戏、体感游戏、电子竞技等必将进一步发展并得到普及，人们的游戏体验也将在技术的赋能下获得进一步的演化提升。

思考

1. 试分析手游近年迅速发展的原因。
2. 怎样理解网络游戏市场的需求方规模经济？
3. 以某一具体产品为例，试分析网络游戏在各个生命周期的特点。
4. 简述网络游戏的发展态势。
5. 如何看待网络虚拟世界与现实世界的未来发展关系？这将给人们的生活带来什么变化？

六、元宇宙

（一）元宇宙的定义

元宇宙（Metaverse），从其英文来理解，Metaverse 是一个合成词：Meta（超越）＋verse（宇宙），字面含义即"超越于现实宇宙的另外一个宇宙"或平行宇宙。事实上，元宇宙并非一个全新的概念，其在美国著名科幻大师尼尔·斯蒂芬森 1992 年的小说《雪崩》中便已首次出现："戴上耳机和目镜，找到连接终端，就能够以虚拟分身的方式进入由计算机模拟、与真实世界平行的虚拟空间。"作品中认为元宇宙是由 AR、VR、3D 等技术支持的，平行于现实世界并与其同步运行的人造空间，是互联网的下一阶段，其独立于现实世界却又无法完全脱离现实世界，人们可以在其中真实地社交、工作。

正如前沿科技领域中的其他概念一样，元宇宙尚未有一个普遍的核心定义。

对元宇宙的理解、实现与应用，首先需要我们改变固有的思维方式。比如，现在我们以为 AR 是进入虚拟世界的通道，但未来它可能还将成为我们回到真实世界的纽带，允许我们从完全虚拟的沉浸感之中解脱一会儿，但又不用彻底掉线。

有人将元宇宙定义为现实世界的数字孪生，认为元宇宙是一个大规模、可交互、实时渲染的 3D 虚拟世界网络，可以有效地、无限数量地同步和持续地体验。用户在其中具有个人存在感，并且具有数据的连续性，例如身份、历史、权利、对象和通信等。

美国社交媒体脸书的创始人扎克伯格对元宇宙的界定或许更为形象："下个阶段的平台和媒体，会让人更有身临其境之感，你将不仅仅是从旁观看，而是置身'实体互联网'之中。这就是'元宇宙'。"在他的举例描述中，人们不再是透过屏幕观看视频或玩游戏，而是置身于屏幕内的世界，人与物都仿佛就在身边。

清华大学新闻与传播学院新媒体研究中心也曾尝试给"元宇宙"做出规整的定义："元宇宙"是整合多种新技术而产生的新型虚实相融的互联网应用和社会形态，它基于扩展现实技术提供沉浸式体验，基于数字孪生技术生成现实世界的镜像，基于区块链技术搭建经济体系，使虚拟世界与现实世界在经济系统、社交系统、身份系统上密切融合，并且允许每个用户进行内容生产和世界编辑。

结合对元宇宙的分析，本书将其定义为一个与当前现实世界平行且融合的虚拟世界，并且该虚拟世界能与现实世界实现高度的交互。我们认为，所谓元宇宙，是指通过整合多种新技术建构的一个能让用户自由地进行内容生产和编辑的数字虚拟宇宙，并通过对数字宇宙的探索更加充分地认知和利用自然宇宙。因此，人类就实现了超越自然宇宙的限制，在数字宇宙中充分发挥人的各种创造性，并追求人类的自由。所以，元宇宙的意思是超越自然宇宙，即人类既要继承、生活在自然宇宙之中，又要充分发挥人的主观能动性来利用数字宇宙超越自然宇宙的限制，实现人的自由。

（二）元宇宙的技术基础

从技术角度而言，元宇宙代表着继 PC 时代、移动时代之后的全息平台时代，其通过内容系统、区块链系统、显示系统及操作系统的组合实现超越屏幕限制的 3D 界面呈现方式。支持元宇宙的技术可分为五个板块：区块链技术、网络和算力技术、人工智能、电子游戏技术、显示技术。

1. 区块链技术

区块链可以为玩家提供数字化的虚拟身份，通过智能合约打造一个新的经济系统，通过非同质化通证（non-fungible token，NFT）创造丰富且多元的内容，通过区块链技术实现去中心化网络。其能够提供去中心化的清结算平台和价值传递机制，以保障元宇宙的价值归属与流转，最终为用户提供一个稳定、高效、可信的经济系统。

2. 网络和算力技术

当前，网络与算力已密不可分。网络是将用户、数据、服务连接的主动脉，算力则如其中的血液，是信息社会的核心生产力，推动数字经济高速发展，直接决定社会智能的发展高度。空间定位算法、虚拟场景拟合、实时网络传输、GPU 服务器、边缘计算等技术的联合运用，以"网"为根基，以"算"为核心，实现网、云、数、智、安、边、端、链等的深度融合，提供一体化服务，成为元宇宙的坚实底座。

3. 人工智能

底层算力提升和数据资源日趋丰富后，需要通过人工智能的赋能实现 AI 辅助内容生产和 AI 完全内容生产，来满足元宇宙不断扩张的内容需求，以实时生成、实时体验、实时反馈的方式提供给用户，真正实现所想即所得。短期来看，AI 将更多地承担辅助内容生产的工作，即通过简化内容创作过程的方式来降低用户的内容创作门槛。而随着人工智能和机器学习的进一步发展，AI 承担的工作有望由辅助工作变为完全内容生产，以更直接的方式满足元宇宙不断扩张的优质内容需求。

4. 电子游戏技术

电子游戏作为元宇宙交互内容的重要来源，是元宇宙内容发展与用户流量获取的关键，其让用户沉浸于虚拟时空。按照元宇宙的发展趋势，用户不仅能够参与游戏，还能够参与创作，进而为元宇宙提供更加丰富的内容。在这中间，用户玩家并非局限于如玩传统游戏一般遵循游戏的情境、观念设定，这也能够改变其对于虚拟资产的观念。

5. 显示技术

天风证券全球科技首席分析师孔蓉将元宇宙的第一理解维度定义为"更强的沉浸感"，此即与显示技术息息相关。场景和空间更生动化的模拟、数字化，需要的是更加深化的感知交互与更深层次的沉浸式体验，AR/VR 装置的沉浸感来自更高的分辨率与刷新率的追求，AR、VR 等装置的发展又需依靠时下的技术支撑。例如，当下用户视觉和交互体验在 6Dof 和 4K 技术的普及下得到极大提升，而芯片的迭代更新则使得 VR 产品性能快速跃迁。

（三）元宇宙的特性

元宇宙在吸纳信息革命（5G/6G）、互联网革命（Web 3.0）、人工智能革命，以及扩展现实（extended reality，XR）等显示技术革命成果的基础上，向人类展现出构建与现实世界平行亦交融的全息数字世界的可能性。总体来说，元宇宙具有被多数人认可的七大特性：

1. 身份（identity）

正如人们在现实生活中拥有自己的身份一样，每位用户在元宇宙中也都具有一个虚拟的数字身份。用户的虚拟身份具有一致性及代入感强等特点。首先，用户的虚拟身份与其真实身份是一一对应的；其次，用户的虚拟身份可通过定制形象特点使其增强独特性与代入感。用户在元宇宙中以这一虚拟身份进行活动。

2. 强社交性（friends）

唯有语言的交流与思想的沟通，才能为人类带来创新的火花，最终推动人类文明的进步。从远古时代开始，人类社会的发展便始终伴随着社交。元宇宙作为虚拟的社会，同样内置了社交网络，能够为用户提供丰富的线上社交场景。

3. 沉浸感（immersive）

凭借先进的 XR 技术，元宇宙能够为用户带来更为深入的沉浸式体验。其中，游戏因能为使用者带来最佳的交互性体验，并能提供足够丰富的信息，将作为元宇宙最主要的内容和内容载体，为用户带来感官上的沉浸式体验。此类沉浸式体验相较于人们阅读小说、观看电影时的沉浸式感受，更加强调自我性，因为后两者的角色、性格等特征已由作者、导演预先设定，游戏则更加强调用户对角色的控制感，会带有更强的自建性。

4. 多样性（variety）

元宇宙以开放式的用户创作为内容主导，使其具备更充沛的内容活力。元宇宙的底层事实上是数据、计算和带宽的共享，这三者的组合即提供给人类探索、扩展世界可能性边界的钥匙；同时，技术的加持及虚拟世界本身的特性则使得元宇宙具有超越现实的自由和多元性。

5. 方便（convenience）

未来，元宇宙不仅会与现实世界有许多交融的部分，人们工作、生活中的大部分活动更是会在元宇宙中进行。如此一来，人们参与元宇宙的方式必须足够便捷，且元宇宙的大门应该向全人类敞开，不能有任何门槛；同时，元宇宙中也不得像现有游戏系统中一样存在延迟或异步，否则将会影响用户生活、工作的效率及体验感。

基于目前的技术水平，低门槛与高同步的要求仍无法得到满足，故此情境暂时无法得到实现。唯有某日 XR 等技术达到此类要求时，元宇宙才能真正迎来蓬勃发展的春天。

6. 经济系统（economy）

元宇宙中同样具备自己的经济系统，元宇宙经济是数字经济的特殊形式。支撑元宇宙经济系统的要素包括：数字创造、数字资产、数字市场、数字货币。数字创造实为用户生成内容（user generated content，UGC）创造，这种去中心化的创造是元宇宙经济的基础，而创造出的数字资产则可在元宇宙中流通；数字资产是具有明确产权归属的数字产品，能够由用户在数字市场中进行交易；数字市场则为此类交易建立了完善的市场机制，在其中交易的每一位参与者都必须遵循既定机制，进而保证稳定的市场秩序；在数字市场中，参与者使用数字货币作为交易的媒介，数字货币体系的构建是整个元宇宙经济系统的核心。

7. 文明（civility）

文明是人类所有社会行为和自然行为构成的集合。元宇宙并非唯一的，每一个元宇宙在发展过程中将逐步创造出各种数字资产，设定相应的规则秩序，建立不同的组织结构，形成不同的治理模式，演化出自身的基本价值观等，最终形成自己特有的文明，而这也是元宇宙的终极层次。

（四）元宇宙发展态势

1. 元宇宙布局现状

从企业层面来看，元宇宙目前仍处于行业发展的初级阶段，在技术基础与应用场景方面均不够成熟，然而这也同样体现出其未来巨大的产业拓展空间。故对于数字科技龙头来说，布局元宇宙是其捍卫市场的必需举措，对于初创企业来说则是难逢的弯道超车机会。元宇宙也顺理成章地成为当下加码热点。

美国在元宇宙领域可以称作开拓的先驱，美国的 Roblox 也被称为元宇宙上市第一股。疫情期间，Roblox 获得了游戏用户活跃度的大跃迁，而其游戏设定亦有许多与元宇宙的核心概念在一定程度上相吻合，如每位玩家均通过特有的游戏身份进行社交、通过 VR 设备增强沉浸感，甚至平台所得 Robux 货币能够与现实货币进行兑换等；同时，社媒巨头脸书亦称将在 5 年内转型成为元宇宙公司，并将在其元宇宙项目 Reality Labs 上花费至少 100 亿美元；微软的元宇宙游戏《模拟飞行》是真实地球的一个缩影，在元宇宙的应用下，其设想将世界万物纳入游戏玩家的画布中。

中国的互联网巨头腾讯、字节跳动、网易、百度也纷纷在元宇宙赛道上加码。腾讯对 AR 开发平台、游戏（如《Avakin life》）、流媒体音乐服务平台 Spotify 等均进行了资本投资，对元宇宙进行全方位生态布局，并提前为旗下概念申请元宇宙相关商标如"天美元宇宙"等。字节跳动则对中国 VR 设备公司 PICO 采取收购举措，并投资了元宇宙概念公司代码乾坤。网易旗下的多个关联公司申请注册"网易元宇宙""伏羲元宇宙"等商标。2020 年 12 月，百度正式启动其元宇宙项目"希壤"，一年后的 12 月 21 日，"希壤"正式开放定向内测；2021 年 12 月 27 日下午 2 点，百度在"希壤"中召开了百度 Create 2021（百度 AI 开发者大会），这是国内首次在元宇宙中举办的大会，可同时容纳 10 万人同屏互动。"希壤"是国内首个落地的元宇宙产品，这也让百度在国内元宇宙落地的赛道上拔得头筹。

同时，从行政层面来看，各国政府机构对于元宇宙也给予了足够的关注。如我国在《中华人民共和国国民经济和社会发展第十四个五年规划和 2035 年远景目标纲要》中提出，AR/VR 产业被列为数字经济发展的重点产业。其中"发展虚拟现实整机、感知交互、内容采集制作等设备和开发工具软件、行业解决方案"，成为国家给 AR/VR 进一步发展指出的重点方向。工信部直属科研事业单位中国信息通信研究院与中国移动主导的中国 XR 通用标准（GSXR）在 2021 年 4 月正式对外发布。俄罗斯总统普京在 2021 年 11 月 15 日的 2021 年"野生智能之旅"国际集会（AI Journey 2021）上亦强调元宇宙应用对于人们联合协作的意义。韩国政府也表示将推进"497"等虚拟现实旅游与实际访客智慧城市旅游的"双轨"体系建设。

元宇宙既是新兴潜力产业，又是不可忽视的未来治理领域。元宇宙产业的快速发展不可避免地将带来许多问题与挑战。一如当年的互联网产业，政府对元宇宙的关注既能为元宇宙带来蓬勃发展的动力，另外，通过参与其形成与发展的过程，也能够基于对元宇宙发展规律的了解，前瞻性地把握并解决未来可能出现的相关问题，促进其良性成长。

2. 元宇宙未来发展

元宇宙作为包络前沿科技的集合体，被许多人称为下一个互联网风口，其所指向的商机更是吸引大批资本的涌入。然而，对待尚处于发展起步期的元宇宙，应该报以更为理性的态度。这一概念所带来的颠覆确实振奋人心，但其对于技术的高要求仍是不可忽略的难题。当下，无论虚拟现实技术、互联网技术还是网络技术，都远未达到元宇宙的支撑需要。以算力压力为例，要真正做到零门槛，元宇宙需满足开放式任务、XR 入口、AI 内容生成、经济系统、去中心化认证系统等多方面算力问题同时解决的要求，在云计算稳定性、算力成本压缩方面仍有较长的路要走。同时，目前元宇宙仍处于雏形期，产业与市场过高的热度可能引发资本操纵、舆论泡沫等一系列不良后果，此类问题也需引起警惕。然而，对于元宇宙的发展也不可失去希望。从目前情况来看，元宇宙的发展是渐进式的，随着 VR、AR、芯片、区块链、云计算等各方面持续的单点突破及相互融合，元宇宙的时代终将到来。

思考

1. 如何理解元宇宙的定义？
2. 简要阐述不同技术在元宇宙中的应用。
3. 以某一行业（如教育、办公、网络游戏等）为例，试阐述元宇宙将如何改变其业务运作模式。
4. 元宇宙有哪些特性？
5. 如何看待元宇宙未来的发展趋势？

参考文献

［1］中国信息通信研究院. 数字贸易发展白皮书［R］.（2020-12）.

［2］中国信息通信研究院. 全球数字经济白皮书——疫情冲击下的复苏新曙光［R］.（2021-8）.

［3］中华人民共和国国民经济和社会发展第十三个五年规划纲要［M］. 北京：人民出版社，2016.

［4］中华人民共和国国民经济和社会发展第十四个五年规划和2035年远景目标纲要［EB/OL］.（2021-03-13）［2022-05-30］. https://www. gov. cm/xinwen/2021-03-13/content_5592681. htm.

［5］中国信息通信研究院. 数字贸易发展与影响白皮书［R］.（2019-12）.

［6］孙杰. 从数字经济到数字贸易：内涵、特征、规则与影响［J］. 国际经贸探索，2020，36（5）：87-98.

［7］李长江. 关于数字经济内涵的初步探讨［J］. 电子政务，2017（9）：84-92.

［8］逄健，朱欣民. 国外数字经济发展趋势与数字经济国家发展战略［J］. 科技进步与对策，2013，30（8）：124-128.

［9］康伟，姜宝. 数字经济的内涵、挑战及对策分析［J］. 电子科技大学学报（社科版），2018，20（5）：12-18.

［10］谢卫红，林培望，李忠顺，等. 数字化创新：内涵特征、价值创造与展望［J］. 外国经济与管理，2020，42（9）：19-31.

［11］闫俊周，姬婉莹，熊壮. 数字创新研究综述与展望［J］. 科研管理，2021（4）：11-20.

［12］魏江，刘洋，等. 数字创新［M］. 北京：机械工业出版社，2020.

［13］李晓华. 数字经济新特征与数字经济新动能的形成机制［J］. 改革，2019（11）：40-51.

［14］张新红. 数字经济与中国发展［J］. 电子政务，2016（11）：2-11.

［15］王伟玲，王晶. 我国数字经济发展的趋势与推动政策研究［J］. 经济纵横，2019（1）：69-75.

［16］刘淑春. 中国数字经济高质量发展的靶向路径与政策供给［J］. 经济学家，2019（6）：52-61.

［17］刘洋，应震洲，应瑛. 数字创新能力：内涵结构与理论框架［J］. 科学学研究，2021，39（6）：981-984.

［18］刘洋，董久钰，魏江. 数字创新管理：理论框架与未来研究［J］. 管理世界，2020，36（7）：198－217.

［19］钟春平，刘诚，李勇坚. 中美比较视角下我国数字经济发展的对策建议［J］. 经济纵横，2017（4）：35－41.

［20］朱福林. 全球服务贸易基本图景与中国服务贸易高质量发展［J］. 管理学刊，2022，35（1）：36－50.

［21］牛欢，彭说龙. 中美服务贸易国际竞争力比较［J］. 统计与决策，2021，37（6）：122－126.

［22］曲维玺，王惠敏. 中国跨境电子商务发展态势及创新发展策略研究［J］. 国际贸易，2021（3）：4－10.

［23］尤肖虎，潘志文，高西奇，等. 5G 移动通信发展趋势与若干关键技术［J］. 中国科学：信息科学，2014（5）：551－563.

［24］王振世. 一本书读懂 5G 技术［M］. 北京：机械工业出版社，2020.

［25］奥塞兰，蒙赛拉特，马什. 5G 移动无线通信技术［M］. 北京：人民邮电出版社，2017.

［26］王伟. 云计算原理与实践［M］. 北京：人民邮电出版社，2018.

［27］武志学. 云计算导论［M］. 北京：人民邮电出版社，2016.

［28］华为区块链技术开发团队. 区块链技术及应用［M］. 北京：清华大学出版社，2019.

［29］林子雨. 大数据技术原理与应用［M］. 北京：人民邮电出版社，2017.

［30］杨正洪，郭良越，刘玮. 人工智能与大数据技术导论［M］. 北京：清华大学出版社，2019.

［31］腾讯研究院，中国信息通信研究院互联网法律研究中心，腾讯 AI Lab，腾讯开放平台. 人工智能［M］. 北京：中国人民大学出版社，2017.

［32］苏凯，赵苏砚. VR 虚拟现实与 AR 增强现实的技术原理与商业应用［M］. 北京：人民邮电出版社，2017.

［33］国家信息中心. 中国共享经济发展报告（2021）［R/OL］.（2021－02－22）［2022－05－30］. https://www. ndrc. gov. cn/xxgk/jd/wsdwhfz/202102/P020210222307942136007. pdf.

［34］国家信息中心. 中国共享经济发展报告（2022）［R/OL］.（2022－03－11）［2022－05－30］. http://www. sic. gov. cn/archiver/SIC/UpFile/Files/Default/20220222100312334558. pdf.

［35］周南南，李昊宁. 共享出行的运营模式与核算探讨［J］. 调研世界，2021（8）：60－73.

［36］范楠，陈宏民. 共享住宿平台的多样化创新模式分析［J］. 管理现代化，2020，40（2）：49－51.

［37］宋琳. 不同运营模式下在线短租经济的博弈行为分析［J］. 东岳论丛，2018，

39 (2)：96 – 104.

[38] 程絮森，朱润格，傅诗轩. 中国情境下互联网约租车发展模式探究 [J]. 中国
　　　软科学，2015 (10)：36 – 46.

[39] 程絮森，杨波，王刊良，等. 电子商务商业模式及案例 [M]. 北京：清华大学
　　　出版社，2022.

[40] 陈雪频. 一本书读懂数字化转型 [M]. 北京：机械工业出版社，2020.

[41] 李峰，陈雪频，包晨星. 全方位领导力 [M]. 北京：中国友谊出版公
　　　司，2017.

[42] 林光明. 敏捷基因：数字纪元的组织、人才和领导力 [M]. 北京：机械工业出
　　　版社，2019.

[43] 盘和林. 战 "疫" 或加速数字经济发展 [N]. 经济日报，2020 – 02 – 18 (3).

[44] 罗志恒. 新冠疫情对经济、资本市场和国家治理的影响及应对 [J]. 金融经济，
　　　2020 (2)：8 – 15.

[45] 王成. 战略罗盘：新时代下持续增长的战略逻辑 [M]. 北京：中信出版集
　　　团，2018.

[46] 杨国安，尤里奇. 组织革新：构建市场化生态组织的路线图 [M]. 北京：中信
　　　出版集团，2019.

[47] 中国企业数字化联盟. 2021 数字化转型白皮书 [R]. (2021 – 02). http://
　　　www. d1net. com/uploadfile/2021/0218/20210218d1net_whitepaper. pdf.

[48] 陈雪频. 一本书读懂数字化转型 [M]. 北京：机械工业出版社，2020.

[49] 陈冬梅，王俐珍，陈安霓. 数字化与战略管理理论：回顾、挑战与展望 [J].
　　　管理世界，2020 (5)：220 – 236 + 20.

[50] 刘继承. 数字化转型 2.0 [M]. 北京：机械工业出版社，2022.

[51] 伯克豪特. 新零售战略：提升顾客体验的营销之道 [M]. 北京：人民邮电出版
　　　社，2019.

[52] 刘导. 新零售：电商＋店商运营落地全攻略 [M]. 北京：机械工业出版
　　　社，2019.

[53] 董永春. 新零售：线上＋线下＋物流 [M]. 北京：清华大学出版社，2018.

[54] 美团外卖袋鼠学院团队. 解构外卖新业态：重塑增长 [M]. 北京：电子工业出
　　　版社，2019.

[55] 杨浩. 直播电商 2.0 [M]. 北京：机械工业出版社，2020.

[56] 中国连锁经营协会. 无人零售：技术驱动商业变革 [M]. 北京：机械工业出版
　　　社，2018.

[57] 秋叶，张伟崇，秦阳. 直播电商实战一本通 [M]. 北京：人民邮电出版
　　　社，2020.

[58] 左美云. 智慧养老：内涵与模式 [M]. 北京：清华大学出版社，2020.

[59] 刘尚海，陈博. 智慧健康生态系统及生态链研究 [J]. 中国科技论坛，2015
　　　(4)：41 – 45.

［60］程絮森. 读懂元宇宙［M］. 北京：中国人民大学出版社，2022.

［61］YOO Y, HENFRIDSSON O, LYYTINEN K. Research commentary-the new organizing logic of digital innovation：an agenda for information systems research［J］. Information Systems Research，2010，21（4）：724－735.

［62］YOO Y, LYYTINEN K J, Jr R, et al. The next wave of digital innovation：opportunities and challenges：a report on the research workshop' digital challenges in innovation research［M］. Social Science Electronic Publishing，2010.

［63］FICHMAN R G. Real options and IT platform adoption：implications for theory and practice［J］. Information Systems Research，2004，15（2），132－154.

［64］CHENG X, FU S SUN J, et al. An investigation on online reviews in sharing economy driven hospitality platforms：a viewpoint of trust［J］. Tourism Management，2019，71：366－377.

［65］CHENG X, SU L, LUO X, et al. The good, the bad, and the ugly：impact of analytics and artificial intelligence-enabled personal information collection on privacy and participation in ridesharing［J］. European Journal of Information Systems，2022，31（3），339－363.

［66］CHENG X, FU S, VREEDE G J. A mixed method investigation of sharing economy driven car-hailing services：online and offline perspectives［J］. International Journal of Information Management，2018（41）：57－64.

［67］CHENG X, SU L, YANG, B. An investigation into sharing economy enabled ridesharing drivers' trust：a qualitative study［J］. Electronic Commerce Research and Applications，2020（40）.

［68］FELSON M, SPAETH J L. Community structure and collaborative consumption：a routine activity approach［J］. American Behavioral Scientist，1978（21）：614－624.

［69］HE S, QIU L, CHENG X. Surge pricing and short-term wage elasticity of labor supply in real-time ridesharing markets［J］. MIS Quarterly，2021，46（1）.

［70］CHENG X, FU S, VREEDE T, et al. Idea convergence quality in open innovation crowdsourcing：a cognitive load perspective［J］. Journal of Management Information Systems，2020，37（2）：349－376.

［71］HERBST M. The rise and fall of strategic planning［J］. Tertiary Education and Management，1998，4（2）：153－157.

［72］WU JING, ZHANG FENG, SUN YI, et al. Fight against COVID－19 promotes China's digital transformation：opportunities and challenges［J］. Bulletin of Chinese Academy of Sciences，2020，35（3）：306－311.

［73］CHENG X, FU S, DRUCKENMILLER D. Trust development in globally distributed collaboration：a case of US and Chinese mixed teams［J］. Journal of Management Information Systems，2017，33（4）：978－1007.

图书在版编目（CIP）数据

数字经济与数字化转型/程絮森，杨波，王刊良编
著 . --北京：中国人民大学出版社，2024.1
ISBN 978-7-300-32336-7

Ⅰ.①数⋯ Ⅱ.①程⋯ ②杨⋯ ③王⋯ Ⅲ.①信息经
济-研究 Ⅳ.①F49
中国国家版本馆 CIP 数据核字（2023）第 220557 号

数字经济与数字化转型

程絮森 杨 波 王刊良 编著

Shuzi Jingji yu Shuzihua Zhuanxing

出版发行	中国人民大学出版社				
社 址	北京中关村大街 31 号		**邮政编码**	100080	
电 话	010 - 62511242（总编室）		010 - 62511770（质管部）		
	010 - 82501766（邮购部）		010 - 62514148（门市部）		
	010 - 62515195（发行公司）		010 - 62515275（盗版举报）		
网 址	http://www.crup.com.cn				
经 销	新华书店				
印 刷	唐山玺诚印务有限公司				
开 本	787 mm×1092 mm 1/16		**版 次**	2024 年 1 月第 1 版	
印 张	15 插页 1		**印 次**	2025 年 1 月第 3 次印刷	
字 数	358 000		**定 价**	59.00 元	